帮你学语文

采蜜集

状物篇

《帮你学语文》编写组　编著

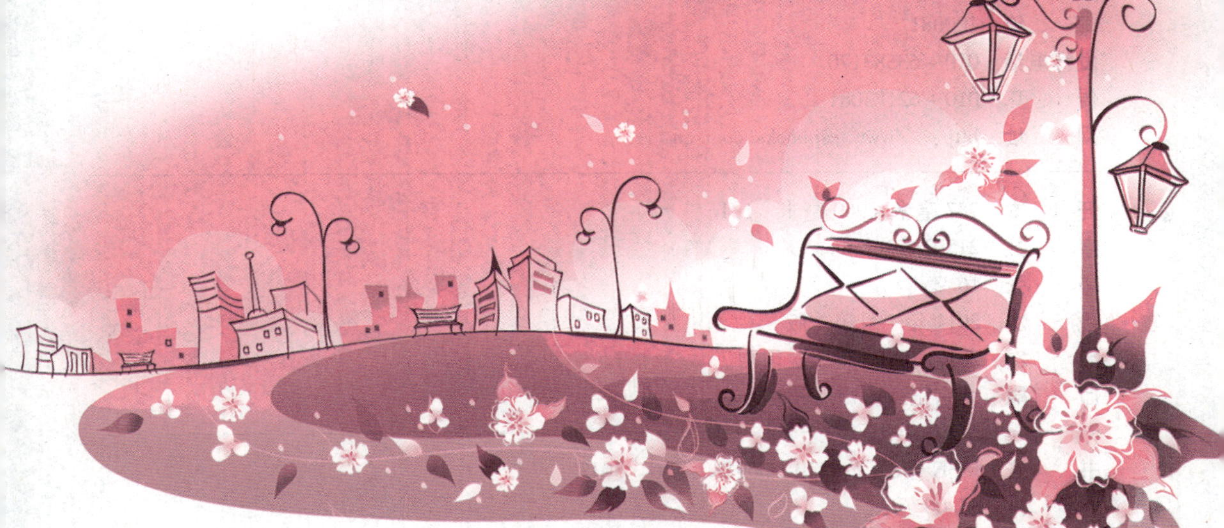

科学普及出版社
·北　京·

图书在版编目（CIP）数据

帮你学语文. 采蜜集. 状物篇 /《帮你学语文》编写组编著. —北京：科学普及出版社，2011.7（2017.5 重印）

（新编家长辅导丛书）

ISBN 978-7-110-06918-9

Ⅰ. ①帮…　Ⅱ. ①帮…　Ⅲ. ①作文课-小学-教学参考资料　Ⅳ. ①G624.203

中国版本图书馆 CIP 数据核字（2017）第 081955 号

策划编辑　徐扬科
责任编辑　吕　鸣
封面设计　耕者设计工作室
责任校对　林　华
责任印制　徐　飞

出　　版　科学普及出版社
发　　行　中国科学技术出版社发行部
地　　址　北京市海淀区中关村南大街 16 号
邮　　编　100081
发行电话　010-63583170
传　　真　010-62173081
网　　址　http://www.cspbooks.com.cn

开　　本　787 毫米×960 毫米　1/16
字　　数　215 千字
印　　张　16.25
版　　次　2011 年 7 月第 1 版
印　　次　2017 年 5 月第 2 次印刷
印　　刷　北京正道印刷厂

书　　号　ISBN 978-7-110-06918-9/G·3013
定　　价　35.00 元

目录

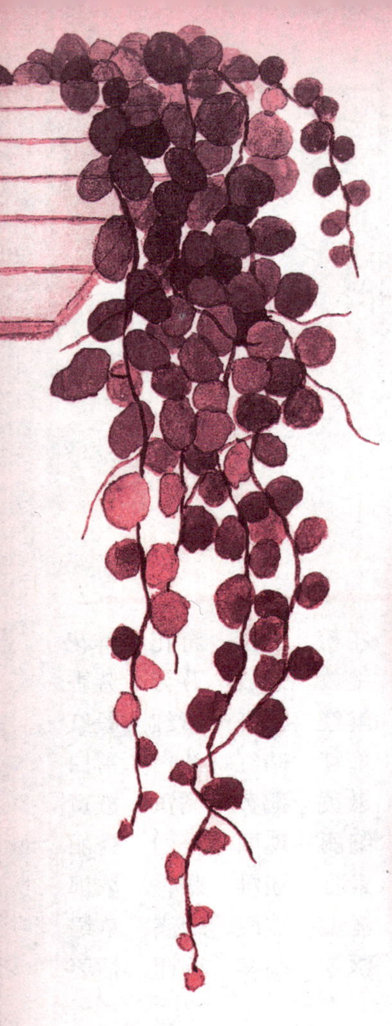

植物

花草
树木
瓜果蔬菜
经济作物

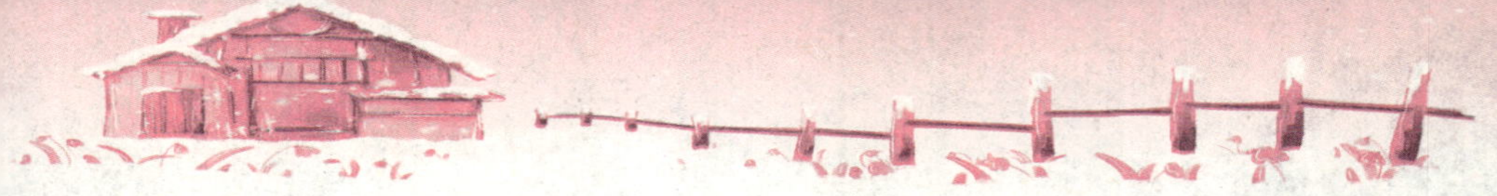

花

好词

花木 花卉 花朵 花蕾 花苞 花心 花蕊 花瓣 花粉 花蜜 奇花 鲜花
野花 花香 含苞 含蕾 吐蕊 绽开 开放 盛开 绽放 怒放 芬芳 芳香
清香 幽香 淡香 暗香 醇香 甜香 火红 朱红 鲜红 深红 紫红 殷红
嫩红 嫣红 淡红 桃红 浅红 粉红 绯红 酱红 绛红 暗红 洁白 雪白
素白 乳白 粉白 米黄 金黄 杏黄 土黄 淡黄 嫩黄 鹅黄 橘黄 橙黄
焦黄 淡紫 粉紫 浅紫 深紫 淡青 鲜艳 艳丽 绚丽 瑰丽 美丽 秀丽
娇美 娇艳 娇嫩 绚烂 美观 娇弱 俊美 姣美 素雅 淡雅 馨香 浓郁
馥郁 斑斓 婀娜 迷人 明媚 晶莹 舒展 欣喜 洋溢 点缀 缀满 草绿
翠绿 墨绿 挺拔 飘舞 摇曳 摇摆 碧绿 飘落 飘零 凋零 凋谢 枯萎
萎败 萎谢 萎蔫 脱落

一朵朵 一片片 一瓣瓣 一串串 一团团 一簇簇 一丛丛 一缕缕 一丝丝
一阵阵 一连串 红艳艳 红彤彤 红扑扑 金灿灿 绿油油 绿盈盈 绿茸茸
绿茵茵 粉团团 蓝晶晶 蓝湛湛 清幽幽 羞答答 软绵绵 水灵灵 水汪汪
白花花 苹果绿 鹦哥绿 橄榄绿 沉甸甸 颤悠悠 娇滴滴 欣欣然 美滋滋
白嫩嫩 甜滋滋 甜津津 黄澄澄

百花吐蕊 百花吐艳 百花盛开 百花怒放 百花竞放 百花齐放 百花争艳
百花争春 百花争妍 百花绚丽 百花竞艳 百花飘香 百花丛生 鲜花盛开
鲜花朵朵 鲜花怒放 鲜花似锦 鲜花苒苒 鲜花开放 鲜花明媚 鲜花满园
繁花似锦 鲜艳夺目 繁花满树 繁花满园 繁花盛开 繁花争艳 鲜嫩欲滴
春花烂漫 春花吐蕊 春花盛开 春花怒放 鲜美无比 红花似火 红花怒放
红花艳艳 红花映日 山花遍野 山花烂漫 山花朵朵 山花盛开 山花似锦
山花依旧 山花嫩黄 奇花映日 奇花似锦 奇花烂漫 奇花异草 奇花异葩
奇花四溢 奇葩异卉 奇葩异草 花枝招展 花蕊殷红 花繁叶茂 花繁蕾密

花蕾满枝 花红叶绿 花洁如玉 花叶扶疏 花影摇曳 花团似锦 花色迷人

花红柳绿 花朵盛开 花香鸟语 花团锦簇 花儿朵朵 花满柔枝 花朵娇媚

花色艳丽 花香醉人 花涛香海 花香阵阵 花香袭人 花香四溢 花香馥馥

奇香满园 花朵点点 争鲜竞艳 争妍斗艳 争艳竞俏 争芳吐艳 争奇斗艳

争艳斗妍 争艳斗丽 争艳斗奇 争艳比俏 争妍竞秀 奇形异状 千枝吐蕊

千姿百态 万紫千红 万花竞艳 千枝百朵 千枝万朵 含苞待放 含苞欲放

含苞吐蕊 含苞吐萼 含蕾欲放 绽苞怒放 含笑迎风 含笑开放 蓓蕾初开

蓓蕾初绽 芳香馥郁 芳花吐蕊 芬芳扑鼻 芬芳馥郁 香飘万里 香气袭人

香气不绝 幽香醉人 浓香扑鼻 异香扑鼻 清香扑鼻 喷芳吐香 馨香阵阵

香飘四季 浓郁芬芳 疏影暗香 俏丽芬芳 金桂飘香 姹紫嫣红 琼花玉叶

妩媚动人 如霞如雾 灿如云锦 名花飘香 满身金色 如雪似霜 宛如美玉

皎洁如霞 绯红万顷 端庄典雅 五颜六色 五彩斑斓 五彩缤纷 白里透红

白中透黄 白里间红 黄白交辉 雪白芬芳 富丽堂皇 花姿俊美 国色天香

漫山红遍 璀璨夺目 晶莹欲滴 妩媚多姿 如诗如画 竞相开放 傲然怒放

洁白无瑕 朴实无华 凌霜傲雪 色香双绝 辉煌夺目 瑰丽万状 雍容典雅

雍容华贵 傲然挺立 菊傲严霜 光洁翠绿 兰挺幽香 不畏寒霜 兰挺幽芳

玉兰郁香 沁人心脾 艳如红霞 清香四溢 溢光流彩 四野飘香 灿如云锦

烂如锦屏 烂漫绚丽 红如胭脂 群芳斗艳 群芳竞艳 群芳争艳 群芳满园

首冠群芳 亭亭玉立 玉洁冰清 灿若云霞 春桃吐蕊 桃吐丹霞 桃点红斑

桃花嫣红 桃红杏粉 杏娇疏雨 杏花团团 桃红李白 桃红梨白 漫山杜鹃

杜鹃盛开 玫瑰花开 榴花似火 石榴大红 茉莉芳香 牡丹花王 风姿绰约

荷花盛开 荷花清香 荷花亭亭 荷花娇艳 绿叶撑伞 美不胜收 莲荷映映

碧绿如玉 莲花并蒂 淡淡清香 络绎不绝 翩翩起舞 毫不逊色 层层叠叠

茶花怒放 玉兰郁香 秋兰飘香 秋菊飘香 秋兰葳蕤 群芳簇拥 菊花竞放

玲珑俊秀 春兰秋菊 体态婆娑 菊傲严霜 春梅绽雪 斗雪红梅 梅花傲雪

红梅报春 头顶寒风 红梅映雪 扎根冰雪 红梅俏艳 寒梅怒放 腊梅馨香

碧叶亭亭 荷叶圆圆 四时不谢 风姿妩媚 仪态万千 俏丽高雅 昂然挺立

素洁高雅 独傲霜雪 出泥不染 喷香吐艳 娇艳欲滴 鲜丽娇媚 野花缤纷

野花散落 野花如锦 野花丛丛 黄花似金 桃李妖娆 缕缕清香 迎春怒放

怒放争艳 百花凋零 百花凋谢 落英缤纷 纷纷飘落 落红遍地 色彩绚丽

色彩鲜艳 色彩斑斓 绚丽多彩 叶绿如翠 变幻莫测 神秘奇特 青枝碧叶

红白相间 绿肥红瘦 花红草绿 花香无比 蔷薇娇艳

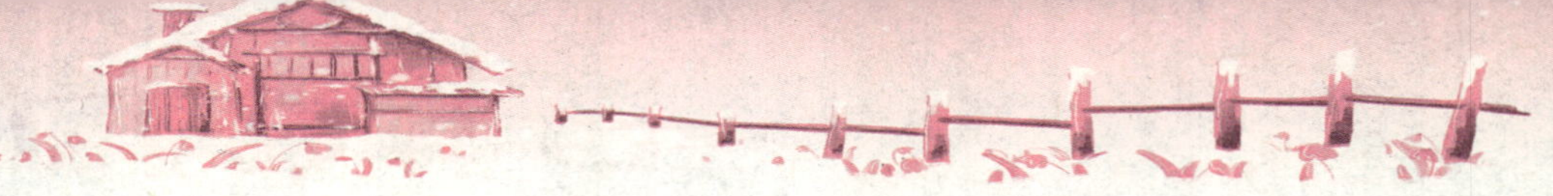

月季

好句

1. 月季红艳艳的花儿在枝头昂首怒放，颜色是那么浓，那么纯，没有一点杂色，简直像一团燃烧的火焰。

2. 看那含苞待放的花蕾，有的傲然挺立在枝头，有的藏在叶子底下，它们都耐心地等待着根的喂养、叶的抚育，时刻盼望着出人头地的那一天……

3. 盛开的月季花，千姿百态，各自吐着芳香，有的浓郁似蜜甜，有的淡雅似茶香，满园飘散着香气。

4. 月季花池里，花开正艳，犹如绮丽的彩霞落入了人间。

5. 月季花很艳，红中泛白，呈胭脂色。

6. 这些小刺又尖又硬，好像在提醒我：只许观赏，不准乱摸！

7. 月季的茎又细又长，墨绿色的茎上长着许多暗红色的小刺。

8. 月季的叶子是深绿色的。奇怪的是，叶子的四周带着软刺，就像一个小齿轮。经过仔细观察，我发现这些叶子除了枝端的一片，其余的都是对生，它们就像一对对可爱的双胞胎。

9. 春天来了，正是百花齐放的时候，各种花都争先恐后地开放了。月季也不示弱，开放出一朵朵迷人的花，远远望去漂亮极了；走近看，花瓣一层一层的，像个美丽的少女。

10. 浓郁的花香，在清新的空气里飘散着，一阵阵沁入人的肺腑。

11. 那棵月季，乳黄色的花朵足有碗口那么大，花瓣半开半合，层层相扣，淡黄色的花蕊随着微风飘着清香。

12. 那种米黄色的月季花，花瓣像是用薄溜溜的黄绢精心制作成的，黄得细腻，娇嫩欲滴，用鼻子闻一闻，甜香甜香的，沁人肺腑。

13. 这月季花很艳，红中泛白，呈胭脂色，像小女孩的脸庞，那么秀丽，那么可爱。

14. 月季花开了，那花瓣层层叠叠，微微下卷，在阳光的照耀下，花瓣犹如涂上了一层明油，光泽而明丽。

15. 月季花的枝、花、叶浑然一体。它们之间你挤我拥的，好像只有这样才能表现出它们的友好关系，给寒冷的冬天增添了几分暖意。

16. 娇美可爱的月季花仰着粉红的小脸羞涩地微笑。

17. 那万花丛中的月季，那红艳欲滴，月月更新的花朵，给人一种清新向上的感觉。

18. 月季花很香，老远就闻见。它的香气中，带着一丝香味，叫人闻了还想闻。

19. 花盆里的几株月季正在吐艳怒放，散溢着幽微的清香。

20. 月季花的颜色真多，有粉红的，有深红的，有玫瑰红的，还有橘黄和银白的……五颜六色，美丽极了。

21. 一阵风吹来，月季花散发出阵阵清香。我用鼻子一闻，觉得挺舒服的。

22. 月季花季季开花，却不知疲倦。

23. 月季花的形状很特别，那花瓣的形状呈三角形，相互重叠在一起，好像一个彩色的漩涡，淡淡的粉红色又使她像一位美丽的少女静静地吸收着滋润的阳光。

好段

1. 夏天，是月季花旺盛的季节，月季花开的更多了。“金翡朱红”的花瓣，一面金黄，一面大红，仔细观察花朵，正着看嫣红妩媚，反着看金黄富丽；婀娜多姿的“春之舞”在晚风中摇曳，宛如春姑娘的倩影；“向日葵”花真像一盘向日葵，花蕊又密又大，花瓣整齐，围成圆圈，但她比向日葵更秀美。月季花品种繁多，有

的颀长，有的矮小；有的花如绒球，有的潇洒豪放。但它们都散发着浓郁的香味。当你劳累一天回到家中，在紧张的学习中，嗅一嗅花香，那睡意、疲惫顿时全消。

2. 月季花的颜色非常多：有粉红的，有深红的，有玫瑰红的，还有橘黄和银白色的。那花儿有的才展开两三片花瓣，有的含苞待放，有的只是花骨朵儿，有的盛开着，像一张张笑脸。

3. 月季的花期很长，一年四季，月月都能开花，因此人们给它起名叫“月季”。它不但花美、味香，而且适应性很强。无论是栽在花盆里，还是长在路旁；无论是严冬，还是酷暑，它都能顽强地生长，把它强大的生命力展示给人们。

4. 时隔一夜，那几朵月季花便竞相开放了。那花朴素大方，花瓣层层叠叠，微微下卷，在阳光的照耀下，花瓣犹如涂上了一层明油，光泽而明丽。整株花昂首挺胸，如同打了胜仗的将军。它贪婪地吮吸着春天的甘露，享受着温馨阳光的沐浴。花瓣的中间有金黄色的花蕊，花蕊顶端粘着花粉，散发着诱人的芳香，引来一群蜜蜂。蜜蜂“嗡嗡”地奔忙劳动，伴着可爱的月季花，美化着宁静的小院。

5. 风吹动着，月季花随风摇曳，不管是谁，走进我家宁静的小院，经过它的身旁时，都会感到它在朝着你点头微笑；当你停下脚步，欣赏它的时候，就会觉得那花香扑面而来，沁人心脾。当人们啧啧赞叹它时，我的心里呀，简直是乐开了花。

6. 月季那奇特的形状，高贵的颜色，会使人忍不住去抚摸她，那感觉好像是少女滑润的丝绸长裙；柔软的花茎又更加突出月季花那娇嫩的花蕾，好像少女的脸庞。月季花的叶子成羽毛状，青绿色的叶子上有一层白色的粉末。那些叶子有的像一块翡翠雕刻而成，有的又像一块玲珑的青色玉碑。

7. 月季花的茎又细又长，墨绿色的茎上，长着许多暗红色的小刺。这些小刺又尖又硬，好像在提醒我：只许观赏，不准乱摸！月季的叶子是深绿色的。奇怪的是，叶子的四周带着软刺，就像一个个小齿轮。经过仔细观察，我发现这些叶子除了枝端的一片，其余都是对生的，它们就像一对对可爱的双胞胎。

8. 古人曾用“天下风流月季花”的诗句来赞美月季。说它“天下风流”，倒也不见得。论艳丽，不及牡丹、芍药；论素雅，不及寒梅、春兰；论香韵，不及兰花、茉莉……但是论花期，它们都不及月季那么长。在北方，它能从 5 月开到 11 月；在南方，几乎可以常年开放，月月花红。既斗炎炎烈日，又伴雪里梅花，真是“一丛春色入花来，便把春阳不放回”。从这一点讲，月季确算是“天下风流”了。

9. 月季花，顾名思义就是一年四季都会开花。月季花颜色鲜红、粉红、乳白，红的像火，粉的像纱，白的像云。哦！月季花，你真的像传说中的月光下的美女一样。啊！我爱月季，我更爱被月季花点缀得如此绚丽的春天。

10. 常言道：红花虽好，还须绿叶相扶。月季花的叶子刚长出来时是嫩绿色的，经过太阳的照射才逐渐变成了深绿色。绿色叶子相映，把月季花衬托得娇滴滴、水灵灵的。月季花的枝子十分特殊，长满了尖利的小刺。我想，这可能是它自卫的武器吧！

11. 几场春雨的浇灌，月季绿葱葱的，在那茂密的绿叶中藏着许多含苞待放的花骨朵，有的饱胀得像要破裂似的。时隔一天，那一个个花骨朵竞相开放了。颜色是那么浓，那么纯，没有一点杂色，远远看去就像是一团燃烧的火焰。

12. 这是一棵美丽的月季，枝头上盛开着一朵美丽的花。它舒展着水红色的花瓣，吐露着鹅黄色的花蕊，微风吹过，不时地飘来阵阵沁人心脾的幽香。

13. 冬天，在暖和的花房中，月季花竞相开放。红的像火，白的像云，粉得像霞。还有的花和叶子一样颜色，翠绿欲滴，生气勃勃，别有特色，像一块翡翠雕刻而成，枝、花、叶浑然一体。它们之间你挤我拥的，好像只有这样才能表现出它们的友好关系，给寒冷的冬天增添了几分暖意。

14. 过了大半个月，那些半张嘴的花蕾，一夜间撑破了绿色的罩衣，露出了娇红的脸庞，开出了一朵绚丽多姿的花朵。月季花里里外外共有五层花瓣，就像一个在舒展着衣裙的女孩，颜色红得可爱。花瓣里面有一丛银丝状的花蕊，真像一个个害羞的小姑娘躲在漂亮的花裙里。一阵微风拂过，几丝花蕊就像在对我招手微笑。

荷花

句

1. 满塘的荷花荷叶，远远望去就像碧波上荡着点点五颜六色的帆，煞是好看。

2. 绿叶丛中，一枝枝荷花亭亭玉立，像娇羞的少女，满脸绯红，微微含笑。

3. 七月，是荷花最灿烂、最鲜艳的时候。瞧呀！湖面上这一团“火”，那一团“火”。真是美不胜收。

4. 荷池里一片片、一簇簇的荷花，蓬蓬勃勃、轰轰烈烈地盛开着，远看像一团团红云，一层层丹霞。

5. 一朵纤尘不染的白莲，从水中钻出来，宛如一位白衣少女，羞涩地卧在碧枝翠叶与波光水影之间。

6. 那洁白无瑕的荷花，犹如冰雕玉琢一般，格外惹人喜爱。

7. 荷花的花瓣，洁白如玉，花瓣里托着深绿色的莲蓬，莲蓬向上的一面有许多小孔，里面睡着荷花的种子。

8. 一朵朵荷花紧紧依偎着碧绿滚圆的荷叶，在轻柔的雨丝沐浴下，显得更加清秀、雅洁、妩媚、可爱了。

9. 碧绿的水面上，漂浮着一片片荷叶，上面托着几粒水珠，那水珠真像顽皮的小孩在玩耍，从荷叶这头滚到那头，真有趣。

10. 如果说荷叶是翡翠，荷花是白玉，那么荷叶和花瓣上滚动的水珠就是一颗颗晶莹的珍珠了。

11. 静静的湖面上布满了碧翠欲滴的荷叶，像是插满了密密麻麻的伞似的，把湖面盖得严严实实。

12. 荷塘边，杨柳依依，迎风摇曳。一眼望去，只见朵朵荷花，好像娇羞的小姑娘，亭亭玉立在碧叶之中。

13. 婆娑起舞的莲蓬，像一盘盘碧绿的珍珠。

14. 满湖田田的荷叶，碧绿如翠，小金箭荷花正在盛开，红玉般的花瓣光艳诱人。

15. 娇艳的红莲，花瓣嫩红，像涂着胭脂似的。

16. 荷花下面是一杆碧绿的茎，一直插到水下的污泥里，还由粗壮的根长出一节节鲜美的莲藕。

17. 湖中的荷叶挨挨挤挤，就像一个巨大的碧盘；一朵朵白的，粉红的荷花，冰清玉洁，看了叫人觉得浑身清爽自在。

18. 池中长满了翠绿的荷叶，一片挨一片，一片挤一片，一眼望不到边，满目碧绿。绿叶丛中，偶尔冒出几朵粉红色的荷花。

19. 荷叶上随风滚动的水珠，映着太阳的光晕，空气仿佛也流溢着隐隐的清香。

20. 湖面上葱翠的荷叶，托出朵朵芙蓉，如同少女粉红的面颊。

21. 夏末，荷花凋谢了。可它结出的莲蓬成熟了，鼓鼓的“肚皮”沉得抬不起头来，正等待着人们把它摘下来食用。

22. 在那翠绿的荷叶丛中，一枝枝亭亭玉立的荷花，像一个个披着轻纱在湖上沐浴的仙女，含笑伫立，娇羞欲语。嫩蕊凝珠，盈盈欲滴，清香阵阵，沁人心脾。

23. 美丽的荷花仰起了清秀的脸，花瓣上托着一滴滴晶莹的水珠，像一颗颗闪光的珍珠。绿叶红花互相映衬，更显出荷花的美丽。我情不自禁地说：真是万绿丛中点点红啊！

24. 那片片荷叶，像撑开的一张张绿伞，有的轻浮于湖面，有的亭立在碧波之上，似层层绿浪，如片片翠玉。

25. 那莲蓬像一只只盛满稀罕物的小碗，随着风儿轻轻摇动，似乎在向人们骄傲地炫耀自己。

26. 荷花的一脉脉绿茎上长出一个个花骨朵，鲜嫩嫩、油亮亮的，在阳光的照耀下，就像点点繁星，闪烁着银白色的光芒。

27. 荷花出于淤泥之中，却那么雅洁；它面对太阳火辣辣的照射，却从没低下头。在我眼里荷花是真正的“翠盖佳人”。

28. 碧绿的荷叶上滚动着莹莹露珠，晨风送来了幽幽的荷香。

29. 月光下仿佛碧玉一样的荷叶挺立在水中，连成一片，是那样亲密无间。

好段

1. 春天，细雨濛濛，池里的荷叶慢慢地钻出水面，嫩绿嫩绿的像新月一样，这儿一片，那儿一片。一到夏天，荷叶像一张张大圆盘似的挨挨挤挤。清晨，晶莹透明的露水在荷叶上晃动，一阵风吹来，荷叶上的露珠像断了线的珍珠一样往下流。

2. 曲曲折折的荷塘上面，弥望的是田田的叶子。叶子出水很高，像亭亭的舞女的裙。层层的叶子中间，零星点缀着些白花，有袅娜地开着的，有羞涩地打着朵儿的；正如一粒粒明珠，又如碧天里的星星，又如刚出浴的美人。微风过来，送来缕缕清香，仿佛远处高楼上渺茫的歌声似的。

3. 满塘的荷花荷叶，远远望去就像碧波上荡着点点五颜六色的帆，煞是好看。翡翠般的荷叶像一个个大圆盘，一个挨一个。那上面的小水珠，滚来滚去，像断了线的珠子。荷花的颜色，有白的，有粉的。白的像玉一样纯洁，粉的像霞一样艳丽。微风吹过，飘来缕缕清香，真令人心旷神怡。花骨朵也有不少，它们含苞待放，像雨后春笋，胀鼓鼓的，高高地托出水面，特别引人注目。

4. 初夏的微风轻轻拂过水面，一朵朵荷花便跳起欢快的舞蹈。有的像刚揉开睡眼的小姑娘，含苞欲放，花骨朵像火炬似的举得高高的；有的已竞相开放，露出娇嫩的小莲棒。晶莹的露珠在碧绿的荷叶上滚来滚去，像碧玉盘里光华四泻的珍珠。荷叶在水面上漂浮，荷花的颜色绚丽多彩，粉的那么娇艳；白的那么纯洁。

5. 荷花的颜色有粉红的，有乳白的。乳白色的荷花只有四五个花瓣儿；粉红色的要略多一些，花朵开得也大。荷花的花瓣有点像柳叶，顶端尖，中间宽，靠近花托的部分逐渐变细变平。越是长在里面的花瓣就越小，越嫩，越艳。花瓣中心簇拥着的是莲蓬。最初，莲蓬是鹅黄色的；渐渐地，变成淡绿色；最后，变成深绿色。这时候，莲蓬里的籽粒也就可以吃了。我最喜欢吃莲籽，削开薄薄一层绿衣，里面是一颗胖墩墩的乳白色的果实，入口之后，一股淡淡的甜香，独具一格，所以总也吃不够。荷花的叶子很大，顶在头上，很像一顶绿色的遮阳帽；铺在水上，又像漂着一块绿布。荷叶下面的柄也是绿色的，带有许多小刺，用手掰折可以拉出细细的长丝。

6. 荷花已经开了不少了。荷叶挨挨挤挤的，像一个个碧绿的大圆盘。白荷花在这些大圆盘之间冒出来，有的才展开两三片花瓣儿，有的花瓣儿全部展开了，露出嫩黄色的小莲蓬，有的还是花骨朵儿，看起来饱胀得马上要破裂似的。

7. 这朵荷花旁边有一朵含苞欲放的花蕾，花瓣紧紧地抱在一起，活像一个熟透了的大桃子。荷花周围尽是撑开的绿伞似的荷叶，上面有许多小水珠，在阳光的照耀下，闪闪发亮，就像晶莹的珍珠。

8. 荷花仰着洁白的笑脸，身上披着几片浑圆墨绿的荷叶衬衣，多美啊！它散发出淡淡清香，挺着碧绿如玉的茎干，像一位亭亭玉立的少女在眺望远方。荷花的花瓣呈瓜子形、洁白无瑕，花里托出一个小碗似的深绿色的莲蓬。莲蓬上长着许多小孔，里面睡着荷花的种子宝宝。远远望去，荷花瓣就像一个精巧的玉色摇篮，莲蓬就像婴儿似的躺在里面。一阵微风吹过，荷花轻轻摇曳，就像慈祥的母亲在摇动着摇篮，哄自己的孩子快快入睡。

9. 在碧绿的荷叶丛里，娇艳的荷花，有的盛开着，有的还是含苞欲放的花蕾。在盛开的荷花里，人们可以清楚地看到花心里的小莲蓬。荷花有一种特殊的清香，随着夏日的凉风，阵阵吹来，沁人心脾，引得蜻蜓在上面欢乐地飞来飞去，鱼儿在水中快活地游来游去。

10. 一到夏天，荷花似小姑娘临风翩翩起舞。走近一看，荷花千姿百态，有的昂首挺胸，像一个个勇敢坚强的小卫兵；有的好像在向游人们行注目礼；有的荷花衬托在大玉盘似的荷叶上，开着粉红色的荷花；有的低垂着脑袋，仿佛遇上了什么不顺心的事；有的荷花含苞欲放，有的荷花花瓣展开，露出黄嫩的小莲蓬；有的几朵荷花好似在比美，竞相开放；有的倾斜着脑袋，好像一个个小博士，在思考问题；还有的几朵荷花躲在一个角落里，好似一个个胆怯的小姑娘。此时的我，被这如梦如画的场景所陶醉，荷花真不愧有“出污泥而不染”的美称。

11. 在那绿叶的映衬下，荷花有的舒展怒放，粉红的花瓣，金黄的花蕊，仿佛在畅怀大笑；有的花苞初绽，像在启口说话；有的含苞待放，有如羞涩的姑娘低头不语。

牡丹

好句

1. 牡丹花富丽华贵，雍容典雅，千百年来，一直被人们推崇为花中的极品，备爱人们的喜爱。

2. 你看那朵朵艳丽的牡丹在春风的吹动下，摇动着自己美丽的“身躯”，多么像一个害羞的小姑娘在翩翩起舞呀！

3. 朵朵牡丹昂首怒放，显示自己的绮丽多姿，随风翩翩起舞。

4. 牡丹花那绿叶托着圆圆的花骨朵，好像翡翠盘里盛上了光彩的珠子。

5. 牡丹的颜色多种多样：红的、粉的、黄的、红中带白的……它们正在明媚的春天竞相开放。

6. 春天来了，各种花都争先恐后地开放着，在诸多的花丛当中，深情的牡丹风姿绰约，亭亭玉立，以其浓艳的姿容技压群芳，实在不枉“国色天香”之称。

7. 五月初夏，各色牡丹鲜艳富丽，红色的似火球，白色的似玉盘，黄色的似金碗，绿色的似碧冠。

8. 放眼望去，山上那郁郁葱葱的树木下，密密麻麻的全是牡丹花，它们一簇簇，一片片，开满晴空，使你分不出哪里是叶，哪里是花，美丽极了！

9. 鲜红的牡丹花瓣重重叠叠的足有七八层，被翠绿的叶子映衬着，好像一团团温暖的火。

10. 牡丹的颜色多得不可胜数：白、粉、黄、红、绿、紫、黑、蓝，比朝霞、云霓的色彩还要丰富。

11. 从远处看，它像一个粉色的绣球；从近处看，它粉中透着一丝白色。花瓣层层叠叠，犹如在花的海洋里泛起了涟漪，在绿叶的衬托下显得更加美丽了。

12. 一棵牡丹五个分杈，一夜工夫开出了十朵花，朵朵都比碗口大，像雪球似的，灼灼地闪亮，香味漫遍了整座院子。

13. 绿牡丹盛开的时候，花朵像一团团绿色的绣球，翡翠般晶莹透亮。

14. 如果你在夜间看见这种白牡丹，它就像一团团冰球，闪闪发光。

15. 那含苞欲放的，真像一位腼腆的小姑娘，不肯向人们露出笑脸；半开着的，像一位纯洁的少女，用白嫩的手捧托着脸庞；那完全盛开的，更加动人，她开朗地向人们露出美丽的笑容。

16. 有一种花呈玫瑰色，花瓣就像用绒布精心制作的。细看，花瓣上似乎还落了一层细小的水珠，在温暖的阳光下，泛出晶莹的光。

17. 那种叫“火炼金丹”的牡丹，初开时，呈水红色；盛开时，似五月的石榴花喷红吐焰，红光耀眼。

18. 睡在细嫩的花蕊深处的露珠，被太阳的金箭拨开了眼睛，闪动着成串的光辉。

19. 在鲜亮挺拔的绿叶陪衬下，那个大的含苞待放的花蕾，犹如一支巨大的神笔，雄姿勃勃，皎洁饱满，光彩夺目；它身着紫红色的外装，仿佛羞羞答答，不肯立刻绽开，只悄然露出丝丝洁白的内衣。

段

1. 春季来临时，鲜花便竞相开放，争奇斗艳，把花园打扮得五颜六色、富丽堂

皇。在诸多的花丛当中，深情的牡丹风姿绰约，亭亭玉立，以其浓艳的“姿容”技压群芳，实在是不愧于国色天香之称。

2. 牡丹园内，花团锦簇，五彩缤纷。有灼灼如火的“洛阳红”，玉骨冰心的“夜光白”，端庄秀丽的“魏紫”，还有最美丽的“火炼金丹”……真是万紫千红，叫人目不暇接，眼花缭乱。

3. 四五月里……牡丹花悄悄地开放了。它花冠大如碗，有粉红色的、金黄的、紫色的、黑色的、绿色的……花瓣肥厚，花蕊很多。牡丹花妩媚美丽，香气扑鼻，它一朵花一般能开四五天呢！真不愧为花中之“王”。

4. 从远处看，牡丹像一团团棉花，更像堆在枝头的白雪；从近处看，它的花瓣白嫩细腻，花蕊像玉盘中盛满的珍珠，泛着清淡的光彩，自然、和谐。贴近一闻，一股清香夹带着泥土的芳香顿时扑鼻而来，让人感到心旷神怡。

5. 这些牡丹各有各的色彩，各有各的美丽，各有各的芳香。虽然说它们都很好看。但是我总觉得还是“火炼金丹”为最美。它初开花时为水红色，盛开时喷红吐焰，红光耀眼，似五月的石榴花，又如少先队员的红领巾，实为红花之冠。花瓣颜色内外一样，最红一色，盛开时呈半个球形。花瓣八十至二百枚；花与叶齐平或稍藏于叶下，称为珍品。“火炼金丹”的叶子是黄绿色，比较厚实，也比较硬。正由于它的独特，给小花园增添了乐趣。

6. 牡丹花开得正浓艳，一朵一朵手掌大小的花压满了枝头，鲜红的花朵重重叠叠的足有七八层，被翠绿的叶子映衬着，好像一团团温暖的火。小蜜蜂钻进金黄的花蕊里，染上一层鲜花粉，又匆匆地飞走了。

7. 院子里摆着四盆牡丹：一盆红牡丹赛过天边的朝霞，一盆白牡丹如同皎洁的白雪，一盆绿牡丹像晶莹的翡翠雕就，一盆黑牡丹丝绒似的闪着亮光。

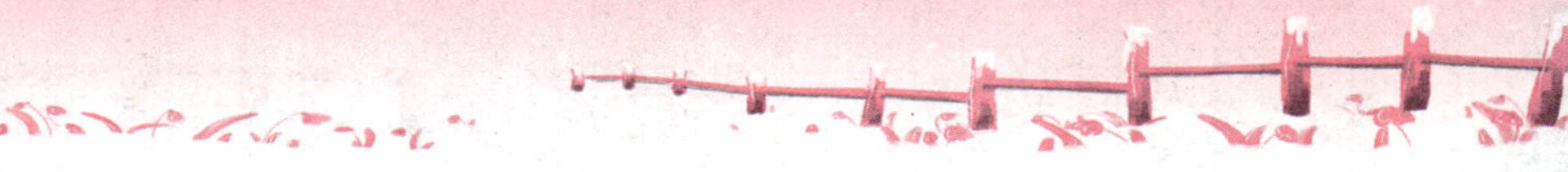

玫瑰

1. 和平玫瑰的枝条蓬勃向上，她的花朵丰满，色调淡雅，初开时呈淡黄色，慢慢变深，转为粉红色。

2. 那朵朵花儿就像一只只玲珑剔透的小花盘，里面的花蕊像是被托着的一盘诱人的奶黄蛋卷，有的花盘中还嵌着一颗颗闪亮的珍珠。

3. 殷红的玫瑰花似绒绣，花瓣上闪亮着晶莹的露珠，那清香就从那俏丽的瓣层间吐放出来。

4. 纯白略泛绿光的“白雪山”，像辉映在高山之巅的皑皑白雪，压在那婀娜多姿的嫩绿枝丛上，使人顿觉清爽。

5. 她不像牡丹一般娇艳，也不像睡莲一般含羞，却有着一种朴实端庄的美；她散发出缕缕幽香，虽然不像丁香那样令人陶醉，然而沁人心脾。

6. 一朵朵含苞欲放的玫瑰花如同娇羞妩媚的少女，笑脸含春，喜迎游人。

7. 那重瓣玫瑰花，枝繁叶茂，花瓣千层，花大如盘，艳如朝霞，炽如烈焰，令人望去不觉热血沸腾。

8. 只见无数朵娇艳的玫瑰花点缀在万绿丛中，晨风把撩人的浓香散向四方，真香啊！

9. 更喜人的是那红肥绿瘦的香水玫瑰，被压得倾斜的花枝上，排着一朵朵绯红的花朵，层层叠叠，团团簇簇，散发着湿润的香气，真像一滴滴香水飘洒在空中。

10. 玫瑰树枝繁叶茂，郁郁葱葱，翠枝上盛开的玫瑰花红如霞。

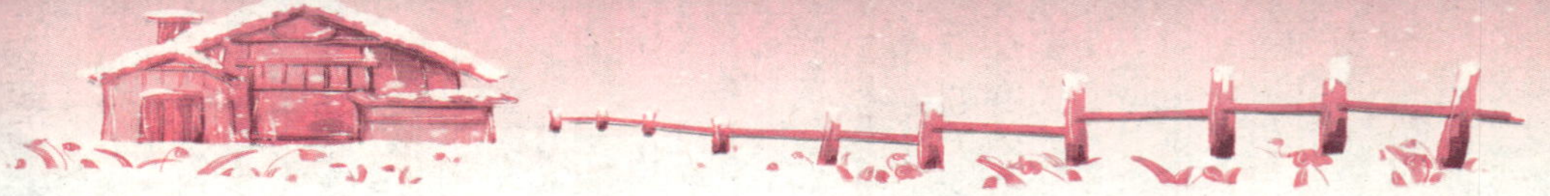

好段

1. 玫瑰花开得十分好看，淡黄色的花朵看上去十分典雅、庄重。玫瑰花瓣的边上泛着粉红色，覆着茸毛，含着晶莹的水珠，勃发着一派生机，散发着一阵阵诱人的清香。

2. 温暖的太阳从玻璃窗射进来，照在这盆花上，花瓣似乎在伸展，花苞也似乎在伸展。在花丛上飞旋的那只蜜蜂忽然落到花苞上来，起初它犹豫了一阵，随后它翘起了后身，使劲地把头往花苞的裂缝里一钻，好像是决心要吸尽花蕊中的蜜似的。不知它是吃醉了呢，还是睡着了，它再也没有把头伸出来。就在这时，第一个花瓣张开了，接着第二个花瓣也张开了，第三个花瓣也张开了……看啊，玫瑰花儿果真开了。开了一朵完整的，粉红色的花！

芍药

好句

1. 那芍药花一朵朵浓艳夺目，真像燃烧着的火团。

2. 四月份，一株株芍药都长了一尺多高，干粗叶茂，一颗颗露珠儿大小的花蕾绽在枝头。

3. 过了半个月，芍药的芽儿破土而出，嫩嫩的、尖尖的、红红的。家乡的大地像铺上了一块块黄底红花的大地毯。

4. 和煦的春风吹过，蓓蕾一颗颗都长大了，露出了笑脸，粉红色的花瓣儿裂开了。

5. 芍药花开了，粉红色的花瓣儿映红了小姑娘的脸，映红了火热的农家生活。

6. 多么美的芍药花啊！湖石根下，曲径两旁，一丛丛，一球球；丹红的、绛紫的、米黄的、雪白的，都在笑靥迎人。

好段

1. 到了四月份，一株株芍药都长成一尺多高了。粗壮的干、繁茂的叶，一颗颗露珠儿大小的花蕾绽在枝头。在阳光的沐浴下，在春风吹拂中，蓓蕾一颗颗都长大了，露出了笑脸，裂开着粉红色的花瓣儿，新鲜迷人。远看，那芍药盛开的地方多像一块块绿底红花的大地毯。一群群天真活泼的小姑娘穿红戴绿玩耍在花旁，各种色彩的蝴蝶张开柔美的翅膀，穿插飞舞，聚集在花丛中，使人眼花缭乱，分不清哪儿是花，哪儿是蝶，哪儿又是小姑娘。

2. 杜鹃早已凋零，芍药正在竞放。湖石根下，曲径两旁，一丛丛，一球球；丹红的、绛紫的、米黄的、雪白的，都在笑靥迎人。你捧一朵花在手里会觉得它战战兢兢，似乎不胜娇羞；花气袭人，浓香沁人肺腑，你好像要醉倒在花下。

3. 芍药花的香气引来了一群群小蜜蜂，它们提着小花篮，飞来飞去，马不停蹄地忙着采花蜜。勤劳的小蜜蜂在花丛中嗡嗡嗡地边歌边舞，好像在赞叹芍药的美丽和鲜艳。

茉莉

好句

1. 茉莉的花朵雪白雪白的，花蕊放出阵阵芳香，这幽雅的清香常常使人如醉如痴。

2. 那盛开的茉莉花，似白银铸成的花骨朵，又像玲珑的明珠，缀满在翠绿的叶片中。

3. 茉莉花在绿叶的陪衬下，似碧玉盘中镶嵌的颗颗明珠，又如蓝天上里悬挂的点点繁星。

4. 茉莉花那雪白的花瓣，像冰片一样透明，水灵灵的。

5. 茉莉的茎细长而挺拔，那碧绿的叶子呈椭圆形，乳白色的叶脉，清晰可见。远远望去，茉莉就像一位亭亭玉立的少女，楚楚动人。

6. 茉莉花不喜欢在人前夸耀自己的颜色，只有在夜里，人家看不见时，才轻轻展开洁白的花蕾，从纯净的花心里吐出一缕缕清香。

7. 茉莉花的花朵不大，但是细腻、洁白、晶莹，像是玉雕成的。

8. 一丛茉莉，它那碧绿的叶子托着好多的蓓蕾；蓓蕾咧开了小嘴，吐着一股股芳香。

9. 茉莉花开了，一朵朵雪白的小花呈现在我们眼前。虽然很小，却香气袭人，它清艳含情，姿态俊秀，风度潇洒。

10. 一朵朵洁白如雪的白花在花茎的扶持下，衬托着绿叶，是那么清新、淡雅。清风吹来，它摇曳着，一股股幽幽的清香沁人心脾。

11. 我惊喜地俯下身，把鼻子凑近花瓣，用力一吸，啊，那悠悠的一股清香，顿时在心胸间荡漾。

好段

1. 茉莉刚长花苞时，人们只能看见龙爪一样半开半合的萼片，而小小的花蕾却往往是藏而不露。后来萼片长到一定程度，慢慢扩散，花便露了出来。这时的花蕾长得很快，不出几天就会开放。花朵完全开放后，很像荷花的花朵，只是很小，花冠比一分硬币还小。

2. 茉莉花茎短而粗，稳稳地托起枝叶花朵；它的叶是椭圆形的，翠绿欲滴，叶脉发白，清晰可数，叶片却多得数不清；它的花从绿叶间探出头来，显得那么小巧玲珑，精致可爱；它的花瓣层层分开，形成朵朵圆形的小白花；只见那白色的花润如玉、白如绢、轻如纱，散发阵阵清香；还有那含苞欲放的花骨朵儿，也是那么馥郁清香，仿佛要和盛开的花争个高低！茉莉花在绿叶的陪衬下，似碧玉盘中镶嵌的颗颗明珠，又如蓝天上悬挂的点点繁星。

3. 风停雨住了，只见茉莉那墨绿色的叶子真是“翠绿欲滴”，更令人感到万分惊奇的是绿叶中竟然夹杂着无数个晶莹如玉的花苞！傍晚，那花苞全绽开了，满院子都飘着茉莉的香味。

4. 盛夏时节，茉莉开放了。细长的花瓣雪白雪白的，像冰片一样透明，像雪花一样柔软，水灵灵的。它的花蕊是淡黄色的，上面满是花粉。那桃形的花骨朵也很惹人喜爱，就像白玉雕成的。茉莉花有着浓郁的清香，要是在屋里放上一盆，那整个屋子就会沉浸在甜蜜的香气中。

5. 当春姑娘唤醒万物的时候，茉莉花也长出了新芽。新抽的枝条毛茸茸的，很招人喜爱。新枝顶端有一对嫩绿的小叶子，就像刚出世的婴儿睁着一对小眼睛，好奇地望着这个神奇的世界。

兰花

好句

1. 兰花那淡黄、浅绿的花瓣上点着紫红的胭脂，显得又风雅、又华贵。

2. 这些兰花，花盖着叶的，花箭亭亭玉立；叶盖着花的，叶间花团锦簇。

3. 兰花盛开了，那花似乎是白玉雕成的，在青葱的绿叶烘托下，看上去那样素洁高雅，纤尘不染。

4. 兰花一脉脉绿茎上长出了一个个花骨朵，鲜嫩嫩的、油亮亮的，在阳光的照耀下，就像点点繁星，闪烁着银白色的光芒。

5. 雪兰那又细又长的墨绿色的叶片，四散抛洒开去，就像故意弄开的蓬乱的头发。

6. 虽然兰花开放时没有桃李的灿烂、牡丹的雍容华贵、水仙的冰肌玉骨，但却另有一番说不出的动人风韵。

7. 兰花的颜色是非常丰富的。白色的，洁白如雪；绿色的，碧如翡翠；红色的，绯如朝霞；紫色的，艳如锦缎；藕色的，淡雅清新。

8. 兰花的花瓣有像荷瓣向里反卷的，有像梅花瓣的，有像水仙的，有像柳叶的，还有像竹叶的，但都潇洒自然。

9. 每一朵兰花的花蕊里都凝着一滴碎露——古人所说的兰膏，晶莹得像一颗清泪。

10. 兰花是我国十大名花之一，有着“香祖”、“国香”和“王者之香”的美誉。

11. 最有趣的是“跳舞兰”，它金黄金黄的，仿佛一位害羞的少女穿着一身华贵的外衣，迈着轻盈的步伐跳起了舞。

12. 我喜欢兰花的素雅、幽香。它使我陶醉，使我流连忘返！啊！我赞美它！

好段

1. 兰花的花茎上面绽开了一朵朵白色的小花，那小花逐渐地伸展开放，很快呈现出三个花瓣来，像一种电风扇的扇页，有趣极了。白色的兰花下衬托着绿色的花茎、花叶，远远望去像一片小草上覆盖着疏疏落落的白雪，十分美丽。难怪有人说它“冰肌玉骨志高洁”。的确如此，它不与群芳争艳，也不与万卉争春，只是默默地、无偿地奉献出阵阵清香。

2. 蝴蝶兰的白瓣红心就像一只只美丽的蝴蝶，在微风中张开柔美的翅膀在花丛中翩翩起舞，采集花粉。当你走近香水文心兰，一股迷人的清香便会迎面扑来，它那洁白的花瓣上有红色的斑点，格外美丽；蜜糖文心兰黄澄澄的，花心是红色的，也带着蜂蜜的香味，闻了真想吃一口，它还像一条金光闪闪的项链，特别漂亮；各色秋石斛的花有着各种各样的颜色，叶片绿油油的，看起来就像五颜六色的大花坛，十分引人注目。

3. 春天，在深山幽谷，田野小径，河边溪旁，盛开着各种各样的兰花。蓝莹莹的草兰，紫艳艳的马兰，粉红色的韭兰，雪白色的葱兰，还有像彩蝴蝶般的蝴蝶兰。

4. 兰花的叶子呈长条形，尾端尖尖的。刚长出的叶子是嫩绿色的，后来渐渐转成深绿色的。春天一到，兰花就长出几根细长的花茎，花茎的顶端还长着朵朵花蕾。到百花盛开的时候，花蕾就绽开了。每朵花有5片浅绿的花瓣，尾部是半圆形。花瓣内侧的下方，还有一片长形披针状的小花瓣，白嫩嫩的，特别引人注目。花朵中央是浅绿色的花蕊，花蕊上有两枝深黄的花粉束，不断地散发着清香。

菊花

好句

1. 每逢秋风来临，露水成霜时，树叶脱落了，群花萎缩了，唯有菊花迎风而立，傲霜怒放，五彩缤纷，千姿百态。

2. 菊花的花瓣是一条条的，中间的花瓣向里卷着，就像鹰爪一样，四周的花瓣向外舒展，略微弯曲，又有些下垂，好似金黄色的瀑布倾泻而下。

3. 瑟瑟的秋风给大地抹上了一层淡淡的金色。就在这百花凋谢的季节，秋菊却傲霜怒放。

4. 美丽的菊花一朵挨一朵地开放着，鲜鲜亮，好像一匹宽幅的刺绣锦缎。

5. 金黄色的雏菊，像是些毛茸茸的小珠儿，在微微的秋风中滚来滚去。

6. 菊花开了，绽出了第一朵，黄澄澄的，仿佛是一束焰火。

7. 那种叫“黑牡丹”的黑菊花极为珍贵，粗壮的枝条配着浓绿的叶，中间托着黑而透紫的大花朵，真像一条乌龙卧在一座黑池之中。

8. 这些菊花千姿百态，绚丽多姿。有的小巧玲珑，有的层层叠叠，有的洁白如玉，有的红中衬黄。

9. 窗台上放着一盆墨菊，翠绿欲滴的枝叶，托着几朵盖碗大小的点漆似的花朵，散发着一股股醉人的清香。

10. 那里确有一大丛悬崖菊，从夕照中，从崖顶金黄地倒悬下去，就如金色的瀑布一般。

11. 当百花凋谢，百叶枯黄时，菊花却傲然挺立，像松柏那样经风霜，耐严寒。

12. 那几丛金鸡菊生长在崖边，在太阳下金闪闪地随风摇晃，好像在向孩子们招手。

13. 白线菊，那纤细的花瓣像粉丝一样又细又白，自然下垂，像美女的秀发披在肩上。

14. 看那朵朵菊花，红的似火，白的如云，粉得像霜。

15. 那一株株的金丝菊和龙须菊，绽开了茶盏大的花朵，垂下一条条金黄闪亮的丝瓣。

16. 深秋一到，寒霜袭来，那些在春夏盛开的花卉渐渐枯黄、凋落，唯独菊花傲霜怒放，为秋气肃杀的冷落季节增添了无限生机。

17. 一簇簇的野菊在冷风中披着阳光颤巍巍地挺立着，像许多小手招摇着。

18. 菊花的姿态万千，有的一枝独秀，风流潇洒；有的群芳簇拥，体态婆娑；有的玲珑俊秀，生动传神。真是千姿百态，惹人喜爱。

19. 美丽的菊花，你独占秋色，不与百花争春，这种精神是多么可贵呀！我爱你，菊。

20. 菊花的样子不相同，有的含苞待放，有的蓓蕾初绽，有的迎风怒放，千姿百态，使人百看不厌。

21. 这一束芬芳的山菊花，那黄色的小花含着露水，披着银露，展示着那顽强的生命力。

22. 路旁的田野里、山坡上，野菊花金黄金黄的，像星星点缀蓝天一样，装饰着广阔的原野。

23. 草地上随处可见斑斑点点、五颜六色的野菊花，阵阵淡雅的馨香在微风中飘荡着。

24. 菊花真会打扮自己，个个发型都很特别。有的似“板寸”，显得精神抖擞；

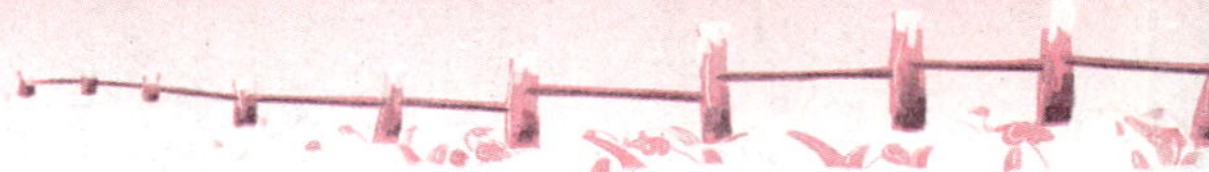

有的像“披肩式”，显得很幽雅；有的似“爆炸式”，还真时髦呢！

25. 菊花是十大名花之一，称为“寒秋之魂”，还与梅、兰、竹并称“四君子”。

26. 墨菊的叶子不大，但是青翠欲滴，稀稀拉拉地长在茎上，如同几个绿色的贝壳挂在树枝上。花朵也不大，可颜色却很少见，是很深的紫色，像黑色的那种。靠近花朵闻闻，没有多香的气味，香气却像有了色彩，梦幻般地笼罩着我的全身。

27. 当仲春的朝阳柔柔地沐浴着大地时，野菊花欣欣然露出了焕发着勃勃生机的身躯，纤细的茎柔而韧，随风摇曳，娇小的花瓣溢彩流光；淡黄的花蕊里，一汪汪的露水亮晶晶、娇滴滴的，好似含情少女眼中的泪水，似落非落，摇摇欲坠，既有梅之洁、兰之幽，又有竹之雅、莲之清，一切都是那么富有神韵。

好段

1. 一盆金红色的菊花吸引了我。它花朵很大，长着金丝银线般的花瓣，有的向上翻卷着，有的向外伸展着，闪着金光。这是什么花啊？这么好看，这么挺拔！我思索着。这盆菊花仿佛看出了我的心思，花朵在微风吹动下频频点头。啊！想起来了，这盆叫“铁甲将军”，它浑身都是宝，花瓣可以磨碎做菊花精，是清凉可口、营养丰富的好饮料；还可以制药、酿酒为人们治病。

2. 这五彩缤纷的菊花为携着瑟瑟寒意的秋天增添了几抹绚丽的风景。白的像雪，红的似火，黄的赛金，粉的如霞，绿的似翡翠，紫的更是美艳……它们的花瓣润如玉，轻如纱，好似一轮轮小太阳，照得人心暖暖的，令人感觉不到一丝寒意；又像一弯灿烂皎洁的新月，使人好像立于百花争艳的初春。

3. 在公园里，喷水池前，两盆大菊花傲然怒放，数百朵小菊花环绕簇拥，争妍斗芳，真是一派佳境啊！池东边的花白似雪，池西边的花黄如金，阳光之下黄白相映，分外清新沁人。池沿上，开满了淡雅洒脱、华丽多姿的悬崖菊。株株枝条悬垂而下，朵朵小花密似繁星。它们肩并着肩，膀挨着膀，神态不一，各具情趣，或似孔雀开屏，或如银河落地，或若蛟龙探海……真是仙客窈窕，妙趣横生。站在这花池前，人们仿佛置身于一个奇妙无比的世界里。

4. 这里展出的菊花，有的含苞欲放，有的盛开吐蕊，有的似刚出浴，有的尽露精髓……一株株、一盆盆、一丛丛、一堆堆。红的似火，黄的如金，绿的像玉，白的若云。一时间，五光十色，满堂生辉。恍惚间，我宛如进入仙境。看，那菊中佳品“绿牡丹”，花瓣丰腴，色如翡翠，鲜艳欲滴，惹人喜爱；出人头地的“帅旗”，蕊黄叶阔，外金内朱，如初升的朝阳，可称得上菊“军”之帅；与“帅旗”相映生辉的是娇柔妩媚的“静女”，它花瓣如丝，垂发低首，不似“帅旗”风风火火，却娴静优雅，妩媚多情，给人另一种美的享受。

5. 大厅中间有两座宝塔形的三层花台，菊花更是朵朵奇妙，千姿百态，使人目不暇接。有的花瓣如同伸出无数小手的“千手观音”，有的花瓣长而弯如“海底捞月”，有的像螃蟹那样张牙舞爪，还有的像紫绣球……最惹人喜爱的还是“羞羞答答”，片片细长的花瓣一齐下垂，真像一个做错了事的小姑娘那样低着头。

6. 我赞美菊花的百态千姿。“高原之云”花瓣紧裹在一起，犹如一朵飘浮在高山之巅的白云；“金龙献爪”如金蛇狂舞；雪白的“千尺飞流”似飞流直下的瀑布，大有一泻千里之势；“赤线金珠”俊逸洒脱，花丝像一根根鲜红的丝线，只顶端有一点点金黄色，赋予它此名倒是满贴切的。

7. 阳春三月，细雨如丝。山河里，小道旁，石缝里，那些不显眼的地方，山菊花舒展开了那柔嫩的、淡绿色的、像锯齿一样的叶子。贪婪的叶子，由淡绿色变成墨绿色，它长出一尺来高的杆子来，杆子顶上长出一个小小的、圆圆的花苞，秋风吹来，山菊花就张开了金黄色的花朵，对着太阳微笑。

8. 人们常说：“大山的精灵是野菊花。”于是，每次郊游看到野菊花，我的心中就涌动着一股兴奋之感。我小心翼翼地挖了两株带回家，栽在花盆里，无微不至地照顾它。奶奶说：“野菊花不能栽在花盆里。”几天后，野菊花渐渐枯萎，我恍然大悟：野菊花不贪图优越条件，她所眷恋的是生她养她的大山，所在乎的是和风沐雨的自由。在她身上，我隐约看到了中华民族艰苦朴素等传统美德。这便是野菊花——大自然的女儿，大山的精灵。

9. 假日，走在崎岖的山路上，秋风吹来，一阵清香扑鼻。我举目四望，啊，是山菊花。我高兴地快步走去，蹲在花丛边，闻闻这朵、嗅嗅那朵，仿佛自己也成了山菊花。悬崖边、峡谷中到处都有菊花那超凡脱俗的俊俏面庞。无论是星星零落，或蔓延数丈，皆不媚不俗、不卑不亢，凌凌然有君子之风。虽然环境恶劣，然而野菊花却默默无闻地生长着，对生活憧憬着，因为她深知：“与命运抗争，其乐无穷。”

10. 这菊花从一人多高的花架上喷涌而出，闪着一片辉煌夺目的亮点点儿，一直泻到地上。活像一支艳丽动人的凤尾，一条被舞台灯光照得烁烁发亮的长裙；更像一道瀑布——一道静止、无声、散着浓香的瀑布，而且无拘无束；又仿佛女孩子们洗过的头发，纷乱地穿插垂落，带着一种山林气息和野味儿。在花的世界里，惟有凤尾菊才能有这样奇特的境界。

11. 进入秋季，这满目秋菊，黄的放着金光，白的似雪般晶莹，红的胜似火焰，粉的如流霞绚烂；广场上、公路旁、小径边，尽是傲然怒放的秋菊。谁说万紫千红只出现在春天？看秋意渐凉的园林秋景是如此的绚丽壮美！

12. 每逢秋季降临，露水成霜时，树叶枯黄了、鲜花凋谢了、唯有菊花迎风而立，傲霜怒放，千姿百态，五彩缤纷。大的像团团彩球，小的像盏盏精巧的花灯；花儿白似雪、红似火、粉如霜。菊花在百花凋零时独自开放，为大自然增添了生趣。到冬天，它虽叶落，但根植于泥土之中又孕育着新的生命。来年春天，它们又会蓬勃地生长起来，并且更多，更美……

13. 你看那菜菊的花也很漂亮。花瓣像紫如意一样，一层层、一圈圈，围着花蕊有秩序地排列着，花蕊上沾满了金黄色的小绒球，还不时地散发着宜人的清香。再看整个花坛，有的才展出几个花瓣，有的大开着，有的“咬”着个小嘴迟迟不肯“笑”出来，它们在叶子的簇拥下，显得更加骄嫩，更加鲜艳！

14. 菊花色彩斑斓，品种繁多：有黄菊，龙爪菊，更有奇特的墨菊……它们姿态各异、生机盎然。妩媚的花瓣借着阳光闪耀着美丽的光彩；挺立的菊花多像一群亭亭玉立的仙女迎风翩翩起舞。啊，朵朵奇姿异彩的菊花，不时飘出缕缕袭人的清香；秋风吹来，那花犹如浪，那香犹如风。使整个公园成了花的世界，花的海洋。

15. 还有一种八月菊，叶子是椭圆形的，边缘还长着许多小齿，像小锯。叶子有大有小参差不齐。有的叶子垂下来，为了吸收更多阳光，更好地进行光合作用，积蓄更丰富的养料。

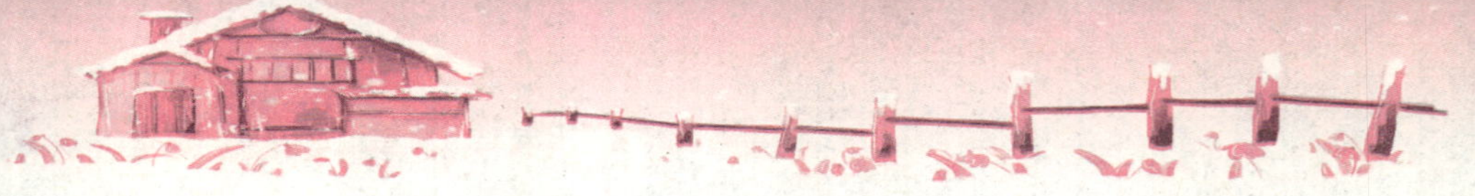

杜鹃

好句

1. 清明前后，在那翠绿的山野间，漫山遍野开满了血红血红的红杜鹃。就像天鹅绒的裙子，缀满了鲜艳的花朵。

2. 杜鹃花就像一把彩伞，又像一个大火球，花簇繁茂，色彩缤纷，瑰丽夺目，壮观异常。

3. 杜鹃花，绽放在漫山遍野，红的，白的，粉的，点缀在绿草如茵的山坡路旁；盛时，一片花海，如一袭粉红的轻纱，又似一条乳白色的地毯。

4. 山坡上，泉水边，到处开满了红闪闪的杜鹃花，每一枝花都像朝霞一样的鲜艳。在夕阳的辉映下泛着梦幻似的光泽，远远望去，似一片幽幽燃烧的火焰。

5. 杜鹃花经过精心培养，往往一树发蕾数百，叠锦堆秀，密密层层，生机盎然，非常好看。

6. 杜鹃花正盛开，白的如棉如雪，红的如火如血，一丛丛点缀在修竹中间。

好段

1. 清明时节，杜鹃鸟从那遥远的南方归来了。当人们听到杜鹃鸟啼叫的时候，杜鹃花烂烂漫漫地开遍了山野。一簇簇红艳的花朵，朱如丹砂，灿若蒸霞，映得那翠绿的春山一片火红。

2. 杜鹃花有几种颜色：红的、紫的、黄的。红的似火，紫的似茄，黄的似金，美丽极了！开始，它的叶子先从顶部变红。又从长叶子的地方，滋长出了一束束由三片花瓣组成的花朵。远远望去，像一只只展翅欲飞的花蝴蝶，又像一个个小花篮；远看，每片花瓣中间都长着一条像火柴似的花蕊。花瓣开始长出的时候像叶子，颜色红绿相间。过了一段时间，那三片花瓣渐渐变红或变黄……变得比叶子薄了。但它的脉还看得清楚。奇怪的是花中间长着三条花蕊。过了一段时间，在它的顶部像火柴头的地方，又长出了黄中带白像星星似的小花朵。真是花中有花。

3. 看，杜鹃花的花海里翻腾着杜鹃花的波涛！在它们上面，千百只彩蝶，展翅飞翔，美丽得向阳光炫耀。蜜蜂成群，在芳香中散播嗡嗡的音波。生物世界，无不被这植物世界里的最美丽的杜鹃花激起了嫉妒之情。

水仙

句

1. 水仙的根像一个胖娃娃，显得十分可爱。根部也像个洋葱头，有些白色的须子像老爷爷的胡须一样。翡翠般的叶子呈剑形，和大蒜简直没有什么区别。

2. 水仙的培养方法很奇特，在一个水盘中靠几粒石子固定住花朵，凭一些清水就可以生存，难怪被人们称为“凌波仙子”。

3. 水仙花生长在冬季，不管天气怎样寒冷，它依然枝叶繁茂，生机盎然，给人们送来春意。它是点缀元旦、春节最重要的冬令时花。

4. 牡丹花，之所以被人们尊为“花中之王”，是因为它富丽、华贵；而水仙花，虽无“花王”之尊，却以它的纯洁、芬芳，使人陶醉。

5. 水仙盛开、腊梅花怒放；微微轻风，淡淡的清香飘来。

6. 那盆水仙花，花盆里的水清亮亮的，叶子绿盈盈的，花儿白丝丝的，恰似“凌波仙子”在水上飘浮。

7. 水仙那玉色的六角花瓣儿向四周伸展着，捧着中间一圈小巧玲珑的金色花蕊儿，宛若酒杯。

8. 水仙花像一位仙子，亭亭玉立地站在清澈的水中。当微风轻轻吹来时，小花微微晃动，好似在扭动那柔美的身躯，轻轻地跳起迷人的舞蹈。

9. 水仙花的叶子翠绿欲滴，挺拔直立，像一把绿色的剑。

10. 当您走近仙花的时候，会被一阵阵清香所陶醉，如果在您的房间里养一盆水仙花，它就会用它那独特的清香调节您房间的空气。

11. 水仙的花瓣润如玉、白如绢、轻如纱；花蕊是淡黄色的，花瓣雪白雪白的，仿佛涂上了一层银粉，美丽极了。

12. 水仙是我国十大传统名花之一。水仙叶似翠带，花如素裳，水养后陈设观赏，非常典雅美观。

13. 水仙那修长的叶，娇嫩嫩，湿润润，绿盈盈，仿佛是百花女神发出的春的令箭。

14. 水仙花开了，乳白色的花瓣，蜡黄色的花蕊，在狭长翠绿的叶子衬托下，显得十分秀丽淡雅。

15. 水仙与污泥无缘，雨花石是它的“土壤”。远看水仙花，像一位“水中仙子”，亭亭玉立地站在清澈的水中。

好段

1. 已经开放的水仙，从顶端的绿叶间咧着一张俏皮可爱的“嘴”，抽出洁白的花朵，亭亭玉立。花的形状像一把倒挂着的小白伞，中间的花蕊是黄的。花丝像孔雀的羽毛，不时散发着阵阵清香，沁人心脾，显得格外高雅。

2. 水仙花素来美其名曰“凌波仙子”。的确，它那动人的身姿使人一见倾心，顿生爱慕之情。在我家写字台上就摆着一盆水仙花。白嫩的鳞茎里抽出好几条嫩绿的枝叶，在纵横交错的绿叶间，错落有致地开着几朵洁白无瑕的小花，花中嵌着一束黄金般的花蕊，散发出一股浓郁的芳香。一阵微风吹来，小花连连点头，似乎牵着水晶衣裙，在水石之上翩翩起舞，使人见了心旷神怡，如醉如痴。看着花儿秀丽的神韵，闻着那沁人的清香，心里感到由衷的欣慰，更加喜爱水仙花了。

3. 我家有盆水仙花，它可漂亮了！只见中间那一丛叶子里面，在一根高高的花枝顶端，两朵素洁清雅的花儿互相偎依着，含笑不语，沐浴着清晨的霞光，时时散发着淡雅的清香。六片雪白的花瓣向四周伸展着，中间一圈嫩黄的花蕊又俏皮地直立在花瓣上。几丝鹅黄的花蕊互相簇拥着，羞涩地低着头。花盆里的水清亮亮的，叶子绿盈盈的，花儿白丝丝的，恰似凌波仙子在水上漂浮。

4. 水仙花的姿态是那样的小巧秀丽，鲜艳的叶子伸得高高的。那含苞欲放的花骨朵儿好像一个个害羞的小姑娘，真叫人喜爱；那盛开的花好像在对我微笑，那么秀丽淡雅。它的花瓣润如玉，白如绢，轻如纱；花蕊是淡黄色的，花瓣雪白雪白的，仿佛涂上了一层银粉，美丽极了。

5. 一天早晨，水仙抽出了一根花茎，花茎上长出三个像小扁豆一样的花骨朵，外面还包着一层透明的皮。春节前夕，花骨朵绽开了笑脸，雪白的花瓣密密层层的，中间是金黄色的花蕊。怒放的花儿低垂着头，像一把倒挂的小伞，花瓣还散发着淡淡的清香。

6. 几天以后，水仙的花骨朵儿顶破了它外面的膜，外层的花瓣向外伸展，里面的几层花瓣还紧紧地合拢在一起。慢慢地，整朵花全开了。洁白的花瓣儿一层一层，鹅黄色的花蕊，在绿叶的衬托下，显得多么秀丽。花儿散发着清香的气味，还带着一点甜味。水仙花的叶子修长。碧绿碧绿的，细细看，外面还有一层“白霜”。碧绿的叶子衬托着白色的花朵，多么秀丽淡雅的水仙。

茶花

句

1. 翠湖的茶花多，开得也好，红彤彤的一大片，简直就是那一片彩云落在湖岸上。

2. 虽然它没有玫瑰那样吸引人，又没有郁金香的浓郁香味，但我爱它的美丽朴素，爱它的无私奉献，更爱它那纯朴的品质和高尚的品德。

3. 山茶花的花形很美，它潇洒地舒展着，有单瓣的，也有重瓣的，还有叠成六角形或八角形的。

好段

1. 茶花开得很繁，花色有白有红，点缀似的散在繁茂的深绿色枝叶之中。那白色的山茶花像高山飞瀑溅出的水花一样晶莹，一样清凉，沁人心脾。油光碧绿的枝叶中间托出千百朵重瓣的大花，那样红艳，每朵花都像一团烧得正旺的火焰。

2. 茶花开了，火红火红的。在那细细的、软软的春雨中，它更显得别有一种风姿。雨，一丝丝，组成了一幅乳白色的纱巾；花，在春雨中绽放。一簇簇红红的鲜花套印在纱巾上，配着嫩嫩的叶儿。

3. 那漫山遍野的山茶花红得这样鲜艳、火热，阳光一照，仿佛千万颗红星在眼前灼灼闪耀；微风一吹，又好像千万面旗帜在飘扬。

4. 我看那红色的山茶花，既有玫瑰般艳丽的色彩，又有月季般完美的造型，点点花蕊如同颗颗金星，散发出迷人的金光。远远望去，多像一个个红灯笼挂在枝头呀！白色的山茶花也很美，一层又一层，有的大方地张开笑脸，告诉我们春天的来到；有的则害羞地把脸藏进叶子里，含苞欲放。远远望去，似块块白玉挂在树梢。

5. 雨过天晴，茶花碧绿的叶子更加细腻油滑，花儿也更加娇艳了，略略透明，像刚洗过山泉浴似的。花蕊中，那晶莹的水珠似眸子眨呀眨的，玲珑剔透，不夹杂一丝混浊。

昙花

好句

1. 昙花形状像喇叭花，可花瓣却像仙人球花。猛一看，花是白颜色的，像白玉；仔细再看，却是白里透黄，好看极了。我用鼻子一闻，一股诱人的香味，简直把我陶醉了。

2. 一朵朵碗口大小的昙花，骄傲地挺立在枝头。层叠的花瓣向外舒展，里面伸出一根根金线样的花蕊。它是那么鲜嫩，那么白净，就像一位可爱的小姑娘的笑脸。

3. 傍晚，昙花婆娑的枝上开着一朵很大的花，看起来沉甸甸的，洁白的花瓣一层一层，整整齐齐。

4. 昙花那筒裙似的花托拢不住丰腴的白玉般的花苞，渐渐地绽开，雪白的花瓣轻轻地探了出来。

5. 昙花那层层花瓣一张一跳地迸开，它那紫红色外衣，仿佛羞羞答答，不肯立刻绽开，只悄然露出丝丝洁白的内衣。

6. 夏天一个星光灿烂的夜晚，昙花决定把积累的营养释放出来。只见那层次分明的花瓣，缓缓地张开。由于昙花素雅洁白而清香，又在晚上开放，故有“月下美人”的雅号。

7. 昙花那一片片花瓣像是水晶雕成的，连一条条花脉都看得清清楚楚。花心洁白柔软而花边透出鹅黄，好像被一缕缕轻纱笼罩着。美得叫人击掌叫绝。

8. 昙花的花瓣迅速地伸展着，层次分明，如精雕细刻，玲珑剔透，组成硕大的花朵，娇丽、典雅，雍容华贵，恍若白衣仙女下凡。

9. 你看昙花那一根根娇嫩的花蕊，像露珠似的，晶莹透亮。那沾满花粉的花蕊，在花瓣的簇拥下，显得美丽多姿，让人一看就心旷神怡，那扑鼻的浓香令人陶醉。

10. 深红色的宫灯似的花苞向下弯曲着，原来是萼片托着洁白如玉的花朵。每片洁白的花瓣，像柳叶状，薄得像纸，光亮透明。

好段

1. 昙花快要开了！紫色的花柄托起很大的昙花，洁白的花瓣整齐地一层包一层，特别有趣的是大嘟嘟沉甸甸的花朵自己颤悠悠地抖动着，在颤动中花瓣慢慢地舒展开，露出漂亮的真面目。密密的、细细的花丝从花蕊中旋转地伸出来，花丝顶部是黄色的略膨大的花药，这是雄蕊。昙花的雌蕊长得很特别，被包围在雄蕊中，比花丝粗一些，也是白色，尤其是顶端的柱头，开着一朵小小的类似菊花的白花。

2. 昙花开了！在长带形的绿叶间，一枝娇嫩的花蕾正微微颤动。筒裙似的花萼托不住丰腴的花苞，紧裹着的花苞锁不住美丽的花神。看，雪白的花瓣开了，一片片像仙女轻舒玉臂；接着，一束米黄色的花丝从花中徐徐伸出，其中一根华表似的蕊柱高高翘起……美丽的昙花以惊人的速度奇迹般怒放了，吐出了浓郁的馨香。

3. 傍晚，昙花随着时间的流逝，出现了一个又一个微妙的变化。过了一会儿，花瓣慢慢张开，宛如玉制的紧口“杯”。从顶部看去，一颗颗芝麻大小的嫩黄的花蕊伸出花外，独具风姿。花朵由小变大，成为一个巨大的、洁白无瑕的花。用手轻轻摸去，柔软得好像一段丝绸一般，真可谓“天下第一奇景”。从远处看，昙花既像一块纯洁美丽的玉石，又仿佛一位亭亭玉立的少女。这时，一阵阵清新淡雅的香味微微散出。我觉得比什么花香都好闻，我深深地被它陶醉了！可过了几个小时，美丽的花瓣萎缩了。真是“昙花一现”。它为了把自己的美献给人间，不惜牺牲自己的生命，精神可贵！

4. 这盆昙花宽而厚的大片大片的叶子好似镶上了皱褶的裙边，花身竟有一米多高。眼看雪白的花瓣从花托中间轻轻地探出来，接着成束的米黄色的花蕊徐徐绽出，中间一柱状的白蕊高高翘起，花瓣一层层分开来，最外层的使劲往后翘，形成一朵圆形的大白花。只见那白净的花瓣润如玉，白如绢，轻如纱。多么娇媚，多么诱人，多么可爱！随着晚风的吹拂，花朵颤动着，阵阵昙花香气散发在空气中，沁人心脾。美丽的昙花，以惊人的速度奇迹般地怒放了，悄悄地散发着清香。

5. 昙花开得很大，足有碗口那么大，悬挂在叶子上。雪白的花瓣翘起来，层层叠叠，外层细而长，里层像荷花的花瓣那样宽而短。花蕊像一只只正想飞翔的凤凰，在月光下更显得迷人。

米兰

1. 米兰的叶子近似椭圆形，中间还有一道不深不浅的小沟；这些叶子有的肥厚浓绿，有的娇嫩青翠，都闪着亮光。

2. 米兰四季常青，开花时，香飘十里。那油绿清新，芬芳馥郁的米兰，谁能不爱它呢！

3. 那株枝叶茂盛的米兰，开满了像小米一样黄灿灿的小花。多么迷人的米兰花啊！

4. 米兰花的香味，既不像玫瑰花那么浓烈，也不像桂花那么细腻，更不像梅花那么清淡，它自有一种幽远高雅的芳香。

5. 米兰那卵形的小叶子绿莹莹的，不但绿得可爱，而且绿得很有层次，靠近根部的呈深绿色，顶端呈嫩绿色。

每到米兰开花的季节，枝丫间便生出一串串花穗。绿色的花穗上，缀着密密麻麻像小米粒大小的小花球，不几天工夫，小花球由绿变成金黄，满院飘散一种浓郁的香味。“米兰”的名字，可能就是由此得来的吧。

桂花

1. 春天的桂花树，树冠圆圆的，远远望去，真像一朵朵巨大的嫩蘑菇。

2. 春天细雨如丝，桂花树贪婪地吮吸着春天的甘露，慢慢地抽出嫩红的新芽，像一朵朵红花开放在万绿丛中。

3. 桂花小小的，花瓣是白色的，花蕊立在花瓣中间。因为有这清香的花蕊，桂花蕊成了桂花家族中的佼佼者。

4. 桂花盛开了，那黄澄澄的小花，一团团、一簇簇，枝头像洒满了碎小的金子，一股股清香沁人心脾。

5. 夏天，桂花树满树的绿叶仿佛涂上了一层绿色的油彩。一阵微风吹来，桂花树舒展着它那四季常绿的枝叶，随风微微摇动着，在阳光下闪着绿光。

6. 路边的桂树，远远望去，那桂花像是五彩缤纷的小礼花。含苞欲放的桂花更美，花骨朵鼓鼓的，好像饱胀得马上就要破裂似的。

7. 公园里的桂树，婀娜多姿，青翠欲滴。那像小米般大小的黄色花粒，一簇簇，一串串地挂满枝头，发出阵阵醉人的清香。

8. 每到秋天，桂花树舒展着碧绿的枝叶；椭圆形的叶子，发出绿莹莹的光泽，枝头上都缀满了米粒大小的花蕾。花蕾逐渐开放，一簇簇金黄色的花朵挂满枝头，散发出浓郁的香气。

9. 那一丛丛一簇簇挺拔秀丽的桂花，显得格外高雅、华贵，远远望去，像是在绿色布上点缀着一粒粒金子，又像是一个个小娃娃扒开绿叶笑眯眯地往外瞧。

好段

1. 我仔细观察桂花，那花小小的，黄黄的，非常可爱。我采了几朵放在手上，闻了闻，香气扑鼻而来。我把桂花放到胸前的口袋里，在我的身上也洋溢着桂花的香气。

2. 春天到了，春雨降临了，细雨如丝，桂花树贪婪地吮吸着春天的甘露。它们慢慢地抽出了嫩红的新芽，新芽是红褐色的，像一朵朵红花开放在万绿丛中，像刚落地的婴儿一样娇嫩。春天的桂花树，树冠圆圆的，远远看去，真像一朵朵巨大的嫩蘑菇。

3. 每当春雨绵绵的时候，雨像落叶一样轻，像牛毛一样细，像线一样长，密密地洒向大地。这时桂花树伸展开它的嫩枝，一片片椭圆形叶子在濛濛细雨中欢笑着。桂花树的嫩叶刚刚长出来时，是红色的，远看像一朵红花点缀在绿叶丛中，渐渐地又变成嫩绿色的。生长很久的叶子则是墨绿色的，看上去使人感到很舒服。每当秋高气爽、秋风习习的时候，桂花盛开了。它的花朵很小，由四瓣合成，中间有几丝花蕊，然后又由几朵小花构成一丛丛一簇簇的花球长在花枝上。

4. 正是桂花盛开的季节，满目堆青叠翠之中，点缀着一簇簇米黄色的小花。它是那么素雅，那么大方，那么充满生机，叫你不能不刮目相看，特别是它那浓郁的幽香，几乎渗透了每个空气分子，熏得人都要醉了。

5. 烈日炎炎的夏姑娘来到了，爱唠叨的蝉躲在浓密的叶丛中扯着嗓子“好热好热”叫个不停。此时，桂花树枝叶繁茂，远远望去，好似一朵朵美丽的绿云，又像姑娘们喜爱的绿头巾。下课了，同学们在桂花树浓密的绿阴下自由自在地玩耍嬉戏。在这凉爽的环境里他们显得多么高兴、快乐。

6. 啊，桂花，你默默无闻地散发着自己仅有的一点点花香，这难道不伟大吗？愿每个人都能像你一样散发着自己仅有的一点“花香”！

7. 桂花的颜色多种多样。银桂，白白的，使您感到它纯洁无比；金桂，金灿灿的，像满天的晚霞。每当你在环湖散步的时候，每当你在公园游玩的时候，每当你在庭院歇凉的时候，每当你在街头巷尾戏耍的时候……总会有一股清甜的幽香扑鼻而来，你会情不自禁地深深地吸上几口气。这时，你会赞叹不已地说：“真香啊，真香啊！”桂花不仅香而且美，并且用途非常大，可以制成桂花糖、桂花面，香料……

8. 一进桂花园，就可以看见洁白如玉的桂花，美丽的花蝴蝶在上面翩翩起舞，园里幽香四溢，同学们交口称赞平凡而又伟大的桂花。

9. 中秋时节快到了。你看，一个个小小的米黄色的花苞从枝叶间冒出来了，花骨朵小小的，小得可怜，被茂密的枝叶遮住了，不仔细很难看出。桂花虽然小，但是只要你一不注意，一夜之间就会满树桂花。一串串金铃似的小花在绿叶的衬托下显得异常美丽。桂花不但花好看，而且很香。秋天如果你走到林阴路上，就会闻到

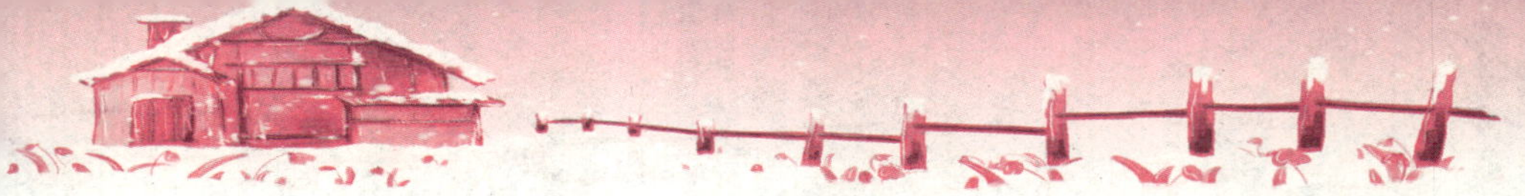

一股沁人肺腑的花香。要是全市每个角落都有桂花的话，恐怕游人走在路上也会醉倒呢。

10. 那棵高大的桂花树，枝繁叶茂，夹绽着金黄色的花蕊……春天，它悄悄抽叶，不去争春；夏天，它为住房遮阴，招来阵阵清风；秋天，它又迎着秋霜，吐蕊扬花，把芬芳送进窗口；冬天，它枝叶扶疏，不畏严寒。

11. 严寒的冬天降临了。经不起严寒的树木早早地枯萎了，落叶了，可是桂花树依然傲然挺立。它的叶子越来越厚、越来越硬，颜色越来越深了。它虽然没有夏天那油绿的光泽，但满树的枝叶仍然精神抖擞，奋发向上。你看，它们正屹立在路边，经受住一次又一次严寒的袭击，准备迎接新一年的明媚春光！

梅花

好句

1. 那里有雪花似的缀满山坡的梅花，层层叠叠，如海的波涛。

2. 在这迎雪傲霜的梅花世界里，一股股沁人心脾的香气令我们陶醉了。

3. 梅花劲枝横斜，花蕊喷吐幽香，袭人而来，令人心醉。

4. 每当腊梅花儿开时，梅花骨朵纷纷吐出丝丝花蕊，裹满了腊梅的整个枝干。梅花的花瓣是柠檬黄的，很小、很香，但非常美丽。

5. 前几天，那树上还只是一些玉米粒一般大小的花苞，想不到今天竟然在这风天雪地里，赌气似的绽开了花瓣儿。

6. 红色的梅花似一堆红红的火焰，赐予人一种生命力，一种爆发力。

7. 远望红梅，一团团，一簇簇，像燃烧的火苗，十分热烈，十分耀眼，把残冬留下的痕迹都驱尽了。

8. 一进家门，一股芳香扑鼻而来，令人心情舒畅。梅花花香四溢，即使你不靠拢梅花，也会被梅花的芳香所陶醉。

9. 远远就闻见一股细细的清香，直渗进人的心肺，这是梅花。红梅、白梅、绿梅，还有朱砂梅，一树一树的，每一树梅花都是一首诗。

10. 刺梅的花蕾是深红色的，开放的花朵是粉红色的，花蕊是鲜黄色的。花蕊如头发一样细，花蕊最上端还有点点黑色。

11. 在严寒的冬天，腊梅昂首怒放。腊梅的花瓣有五片，呈蜜桃形，中间是几根细细的花蕊。整个花朵都是黄色，只有花蕊头上顶着星星点点红色的花粉，经风霜扑打，均匀地落在四周的花瓣上。

12. 山路一转，顿时满山遍野的梅花树映入我的眼帘。虽然还是早春，梅花却已绽蕾吐艳，笑立枝头了。

13. 那是腊梅，只见那半开半含的花，玲珑剔透之致，每一朵金黄油亮，似用蜜蜡浸过。

14. 一大片娇艳夺目的梅花，像桃色的云，像迷漫的雾，像透明的泡沫，比飞絮更轻柔，比雪还耀眼。

15. 人，必须经过无数次失败与无数次困难，才会与腊梅一样发出那样的香气。

16. 粉红色的梅花似一片红霞，黄色的梅花似金黄的明月。

17. 论模样，腊梅并不出众，既没有兰草清秀的枝叶，更没有玫瑰娇艳的花朵，只有幽甜的芬芳，为我们增添欢乐。

18. 腊梅那布满枝头的散发幽香的小花，宛如一片黄云，把人的心都沁醉了。

19. 梅花开得正盛，一根枝条凝成一串白雪，散发着沁人肺腑的清香。

20. 远看，一丛丛、一簇簇的梅花仿佛一朵朵红云。含苞欲放的花骨朵，好像是害羞的小姑娘。

21. 那腊梅花白里透黄，黄里透绿，花瓣润泽透明，像琥珀或玉石雕成的。

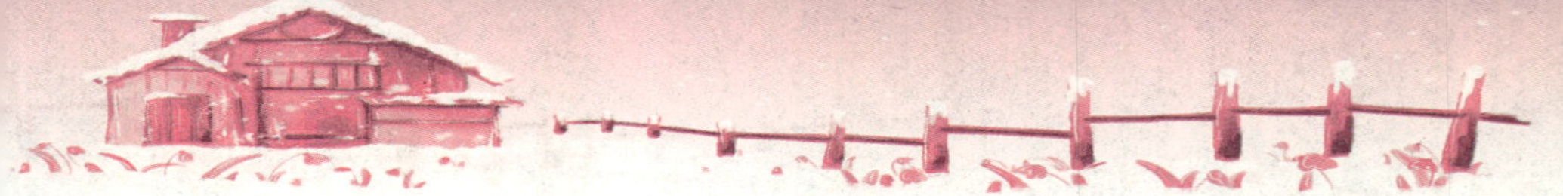

好段

1. 这里的梅花确实名不虚传，不仅数量多，品种也好。粉梅像霞，白梅如雪，绿萼梅白中隐青，晶莹淡雅……最引人注目的要算朱砂梅了。近看，坚硬的树干屈曲而上，褐色的老枝，铁铸似的，向四面伸展。老枝上抽出一些挺拔的新枝，缀着一朵朵朱红的花，褐丝，金蕊，宛如无数美丽的红蝴蝶，停歇在嫩绿的新枝上；远望，满山红梅，一团团、一簇簇，像燃烧的火苗，十分热烈，十分耀眼，把残冬留下的痕迹都驱尽了。

2. 放眼望去，满园是喷红吐翠的梅林，风摇花枝，四野飘香，宛如片片彩云，铺落在白雪皑皑的山坡之间。它们又像一群群热情奔放的姑娘，正向着风雪迷濛的山野和寒波滚滚的湖水，向着贪恋梦乡的花卉，大声呼唤：春天来了！春天来了！

3. “梅花香自苦寒来。”腊梅之所以那么香，是经过严冬的考验。做人，难道不也应该这样吗？人的一生，不可能是一帆风顺，畅通无阻的，总会遇到一些“暗礁”之类的问题。当我们遇到困难时，不要畏惧，不要退缩，也不要被困难所吓倒；而要努力、去奋斗，去想办法战胜困难，这才会享受到成功的喜悦，分享到丰硕的果实。

4. 每当梅花那黄色和暗紫色的花瓣向人们绽开笑脸，一簇簇的花朵在寒风中摇曳，散发出阵阵清香时，就令人心旷神怡。“梅花香自苦寒来”。吹拂梅花的不是轻柔的春风，而是凛冽刺骨的寒风；滋润它的不是清凉柔和的雨水，而是寒冷的冰雪；照耀它的不是和煦的阳光，而是寒冬里的一缕残阳。经过与严寒风雪作斗争，梅花才绽开出美丽的花朵。

5. 梅花那种疏影横斜的风韵，清雅宜人的幽香，也是其他花卉所不及的。梅花有个特点，愈是老干枯枝，愈显得苍劲挺秀，生机盎然。梅花的香浓而不艳，冷而不淡。

6. 只有它——腊梅，头顶寒风，扎根冰雪，昂首怒放。它那灰褐的枝干和黄色的花朵点缀在严冬的大雪中，给冬天的大地增添了美丽的色彩。

7. 腊梅是在数九寒冬迎着雨雪开放。“众芳摇落独鲜妍”，天越冷，开得越精神。腊梅开得旺盛时，几乎满树是花。那花白里透黄，黄里透绿，花瓣润滑透明，像琥珀或玉雕成的，很有些玉洁冰清的韵致。

8. 梅花是淡红淡红的，有好几层花瓣，衬着金黄色的花蕊，非常好看。树枝上还有许多花骨朵呢！春风吹来，送来阵阵清香，花儿好像在向我点头微笑。满山梅树连成一片，远远望去，真像粉红色的云彩。

9. 我不爱芳香扑鼻的蔷薇，不爱华贵的牡丹，不爱娇艳的樱花，我爱的是为人们报春的梅花。它的枝干遒劲有力，根须紧紧抓住泥土，任凭风吹雨打。花多数是粉红色的，都是五瓣的，中间有嫩黄色的花蕊，好像五个卫兵保护着至高无上的国王。

10. 梅花的枝干真是千姿百态，有的像弯弯曲曲的龙，有的像人舒展着的肩膀，还有的像珊瑚。往远处看，只看一片红、一片黄、一片白，五彩缤纷，眼睛看不过来了，真像到了梅花的海洋。

11. 梅花是冬天仅存的花朵？还是春天最早开放的花枝？它知道冬天里人间的寒冷，先送来了唯一的花枝，然后才长绿叶……梅花恐怕是万花之中，带着最多的心意，为别人忙碌的花枝了……

12. 当积雪压断枝头的时候，百花凋谢，梅花踏着风雪来了。而当冬去春来，万物苏醒，百花满园的时候，梅花却又一人先去。是追逐风雪而去呢，还是把它引来的春天留在人间？

13. 梅，自古以来就受到人们的称赞。要说古人赞美梅的诗句，就更是数不胜数了。“众芳摇落独鲜妍，占尽风情向小园”便是一个例子。梅独自傲立于风雪之中的顽强精神，确实令人感慨万千。

桃花

好句

1. 桃树先开花，后长叶。它的叶子细长，像条小小的船，夏天满树碧绿一片。

2. 繁如群星的花蕾随着桃枝在春风里欢快地摇曳着，那片片桃林仿佛成了红雨纷扬的世界。

3. 春天，桃树抽出了嫩绿的幼芽，略带红色，小骨朵一天天鼓起来，露着红嘴圈儿，像抿嘴含笑的小姑娘，羞羞答答地互相拥挤着，谁也不肯第一个绽开笑脸。

4. 每年春天，粉红色的桃花竞相开放，满枝头都是花，太阳一照，闪耀着绯红色的光彩。蝴蝶在上面跳舞，蜜蜂在上面采蜜。

5. 惊蛰以后，桃树枝头的蓓蕾惊醒了，东一枝西一枝，那些嫣然微笑的花朵，喷出醉人的芳香。

6. 桃花含苞欲放，一点一点的红，浅浅的，淡淡的，抹在袅袅娜娜的枝条上。

7. 桃林蓓蕾初绽，密密的枝丫上好像挂满了银色的微型的灯泡，串串洁白的花苞珍珠似的晶莹闪耀。

8. 徜徉在桃花林中，恍若置身于铺锦流霞的桃花源仙境之中。香风过处，桃花呢喃细语，赏花人顾盼流连在这如诗似画的美景中。

9. 春天，纷繁的桃花在晨光中开得格外喧闹，密密匝匝，宛如一片朝霞。

10. 一株株桃树，托起一团团、一簇簇的花瓣，如点染了胭脂，红得耀眼，美得醉人，像姑娘扬起的笑脸，粉红粉红，洋溢着青春的光彩。

11. 这桃花初开是白色的，如脂、如玉、如雪，是那么娇嫩，那么水灵，那么晶莹，那么透亮。

12. 近看那桃花，红瓣粉蕊，喷焰吐火一般殷殷亮红；远观那满岭似罩着赤云绛雾，竟像天空悬着一大团红彤彤的云彩，真迷人呢！

13. 桃花园的桃花，远观气势磅礴，如海如潮；近观俏丽妩媚，似少女初妆。

14. 阳春三月，满树的桃花开得火红火红，一朵朵，一团团，堆在一起，似天上的霞光，像孩子的笑脸。

好段

1. 春天，树上开出了朵朵的桃花，散发出阵阵清香。开放的桃花像小姑娘一样漂亮。朵朵桃花都有五个花瓣和黄白色的花蕊，特别好看。这些漂亮的“小姑娘”沐浴着金色的阳光，吸收着甘甜的雨露，引得蝴蝶、蜜蜂在她们身边飞来飞去。

2. 每逢春天，在桃树那红润的枝条上，开满了美丽的花朵，有白色的、有粉色的，每种花都不甘示弱，争先恐后地把自己经过长时间孕育的花蕾开在枝头，一簇挨着一簇，一团连着一团，在春风中欢笑着、抖动着，每朵花瓣都向四面绽开，把粉红的、雪白的脸含羞似的面向人们。

3. 春天，正是桃花盛开的季节，桃园里一片粉红。桃花共有五个花瓣，花蕊是黄的，花蕊中的花丝像孔雀的翎毛一样美丽，它们像簇拥着公主正在翩翩起舞的宫女。桃花有的已经怒放，像一张张俊俏的脸蛋儿，朝我们微笑；有的含苞欲放，像一个个害羞的小姑娘；有的还只有一个个花骨朵。

4. 这里的桃花确实名不虚传……大都是重瓣的。猩红的热情，粉红的妩媚，那白瓣上洒着点点红斑的，则显得端庄淡雅。一球球，一簇簇，一片片，把残留的一丝春寒都驱尽了。

5. 春天，百花齐放，万枝吐绿，桃树也开花了。那一个个花苞，在绿叶的掩映下，悄悄地张开了花瓣，好像是一群害羞的小姑娘。再过一些时候，那狭长的绿叶再也遮不住桃花粉红的花瓣了，花儿从绿叶中探出头来，贪婪地吮吸着雨露。在微风中，花儿来回地摆动，像喝醉了酒一样。那些还没有开放的花蕾，似乎听到了姐姐们的呼唤，也争先恐后地相继开放，把田野打扮得更美了。

6. 每当万紫千红的春天来临，花坛里的桃树就伸展出无数条枝丫来。粉红色的

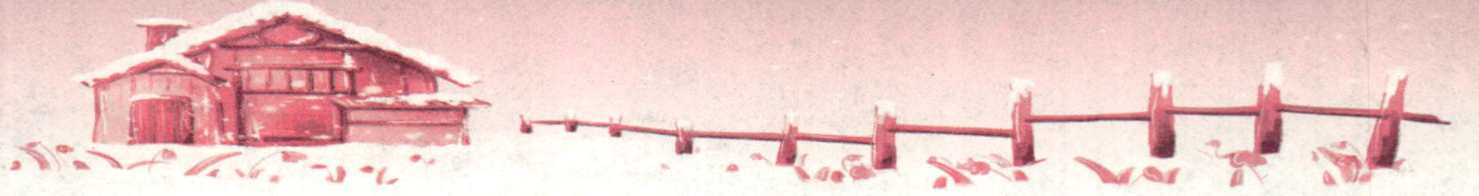

桃花一朵挨一朵，挤满整个枝丫，它们就像一群顽童，争先恐后地让人们来观赏自己艳丽的风姿。

海棠

好句

1. 春天，娇嫩的绿叶中，一簇簇洁白如玉，薄如轻纱的海棠花盛开了。花儿们挨挨挤挤，密密匝匝，开满枝头。

2. 这海棠花长得非常旺盛，新叶是嫩绿的，老叶是碧绿的，翻卷起来的叶边上都镶着一圈艳丽的枣红色。

3. 海棠花的花骨朵像刚刚睡醒的娃娃，噘着红红的小嘴巴。海棠花开放了，一簇簇粉色的花沐浴着朝阳，衬着绿叶，显得娇艳妩媚。

4. 一阵风吹来，满树的海棠花飘然而下，好似下了一场花雨，伴随它们飘来了一股馥郁的幽香。

5. 海棠花淡雅、娴静，它藏在叶子中间悄悄地开放，从不单独地炫耀自己。

6. 这海棠花的叶子碧绿碧绿的，摸在手上毛茸茸的。手掌形的叶子藏在密密的花下，只偶尔探出头来瞧瞧外面的世界。

7. 几棵大海棠树，开满了密密匝匝的淡红色的花，这繁花从树枝开到树梢，不留一点空隙，阳光下就像几座喷花的飞泉。

8. 海棠花有四瓣。花瓣的根部是白色的，再向上渐渐变粉，最上端粉里透红，红得那么可爱，就像一颗颗亮晶晶的红玛瑙。

9. 我喜欢银星海棠，因为它的生命力很强，茎粗壮，是墨绿色的，叶肥大，花鲜艳。从远处看，它茂密翠绿，高大挺拔。

10. 一朵朵淡红色的小花，一片片绿里透着些暗紫的叶子，一根根四通八达的茎，凑成了那一树美丽的海棠。

好段

1. 清明节过后，它那娇嫩的枝叶间长出了一个个发白的小花蕾，而且有三四朵浅粉色的小花已经开放了。那一朵朵小花是由四片两两相对的花瓣组成的，花瓣中间还长着一簇金黄色的花蕊。远远望去，那一朵朵小花活像一只只小蝴蝶在翩翩起舞。

2. 春天，娇嫩的绿叶中，海棠花盛开了，花儿们挨挨挤挤，开满枝头。那海棠树呀，简直是花树，是玉树。沁人肺腑的花香，真叫人心醉。我捡起一朵随风飘落的海棠花，定睛细看，只见五片洁白无瑕的花瓣将鹅黄色的花蕊裹在中间，其姿态是那样娇柔美丽。一阵轻风吹来，满树的花瓣飘然而下，好似下了一场花雨，伴随它们飘来了一股馥郁的幽香。我置身于此情此景，真有一种飘飘欲仙之感。

3. 初夏时节，秋海棠吐出新芽，在暖洋洋的屋子里，它张开别致的嫩叶，煞是喜人。它的叶子绿中有白，银中带红，赤里还含着绛紫色，颜色鲜艳，五彩缤纷。叶面非常离奇，凸凸凹凹，褶褶皱皱，宛如夏季年轻姑娘穿的花泡泡纱裙。它栽种在花盆里，四五片花叶子就像几条花被子，把花盆表面遮盖得严严实实，可以想见叶子之大了。

4. 海棠花的色彩十分奇特，最外圈是紫色的长形花瓣，里面是洁白的一圈，甚是醒目，紫得发黑的花蕊上撒满了密密的黄星星。有的花儿开得那么旺盛，像成熟了的向日葵；有的含苞未放，有的才绽开了一个小小的口子，尖尖冒出一簇紫色花瓣；有的则怕羞似的躲在叶片后面不肯露面。它们一朵靠一朵，挤挤挨挨地挤出了花盆，远远看去，像一朵盛开的大紫花，煞是引人注目。

5. 每当秋色驻足人间，它便绽开蓓蕾，在绯红的小花托上，张开白里透红的花瓣，露出清雅的笑脸。黄色的花蕊就像是披着艳装的蝴蝶的触须。也就在这新蕊初绽的几天里，它们总是喷吐出沁人心脾的清香。这香气既不像桂花那样馥郁刺鼻，也不像牵牛花那样轻淡无味，而是清香适宜，别有风味。

玉兰

好句

1. 那傲立枝头的白玉兰，清爽圣洁，像身披白纱的少女，亭亭玉立着，摇曳腰枝，宛如舞着的少女。

2. 绿叶和青枝间羞羞涩涩地探出了一朵朵洁白的玉兰花，宛如少女的纤纤玉指。

3. 一朵朵玉兰花白得胜过那皑皑白雪，丝毫没有人间庸俗的味道，使人见了有一种出尘脱凡的感觉。

4. 玉兰树上一大朵一大朵白花，就像无瑕的白玉。

5. 玉兰花迎着春风开了，一树洁白的花朵，像雪、像玉、像云、像飞溅的浪花。

好段

1. 朵朵白玉兰像一只只洁白无瑕的玉铃在风中摇曳着。侧耳倾听，好似有清脆悦耳的铃声随风传送过来。有的含苞欲放，像一枝枝白色的蜡烛独立枝头；有的争芳斗艳，散发着清雅的香味；有的倒挂枝头，好像在俏皮地呼朋唤友；有的斜插枝头，似乎在向人招手致意；有的好像一对情人，在一旁低头窃窃私语；有的像白蝴蝶，面对浩瀚的蓝天振翅欲飞。

丁香

好句

1. 那株紫丁香到了暮春，满树便开出紫色的小花。那花并不艳丽，像笔尖大

小，绽放开来，却纯净雅洁，犹如一片紫色的迷离的雾。

2. 一树烂漫怒放的紫丁香，宛如一团远方飞来的云霞，在早晨的阳光下飘浮翻动。

3. 紫丁香盛开的时候，花先呈淡粉色，接着就变成了淡紫色，形状像天上的小星星。

4. 丁香花开了，整个园子漾满了紫色的波浪，馥郁的香气酒一样地在空中弥漫，使每个人都感到沉醉的滋味儿。

5. 一簇簇丁香花，紫色的显得那么华贵，白色的是那样洁白无瑕。它们相互簇拥着，在微风吹动下，多像一个花的摇篮啊！

6. 一棵棵葱绿的紫丁香挂着晶莹的露珠，舒枝展叶，散发出阵阵香气。

7. 月光下白的潇洒、紫的朦胧，还有淡淡的、幽幽的清香，非桂非兰，在夜色中的人也能分辨出这就是丁香。

8. 最惹人眼的是那一簇白丁香，如雪、如玉、如绢、如飞溅的浪花，洁白的花串凝集着细密密的雨珠，显得楚楚动人。

好段

1. 远远看去，丁香树就像一株株落满了晶莹雪花的圣诞树，圣洁而诱人；近看，那层层叠叠的花穗是由一个个精致的小花组成的。每朵小花有四个小水滴形的花瓣，两个一组，像一对对小翅膀向空中伸展着，又像伸出的一双手挥手致意，轻风吹过，丁香树散发出一阵淡淡的芳香，令人心旷神怡。

2. 丁香花虽然没有玫瑰、牡丹那样的艳丽色彩与婀娜身姿，然而却有着胜似它们的浓郁的芳香。每年春季，丁香一开，满院都弥漫着沁人心脾的幽香，傍晚香气更浓。它的味儿是甜的，闭上眼睛深深吸一口，就好像到了梦一样的香海中。风儿一吹，那幽香被送得很远很远……

3. 每当阳光明媚的春天到来，丁香花总是最先开放。无论是在公园里，街道旁，或在我们可爱的校园里，到处都有它的身影。它的花骨朵儿是紫红色的，一串

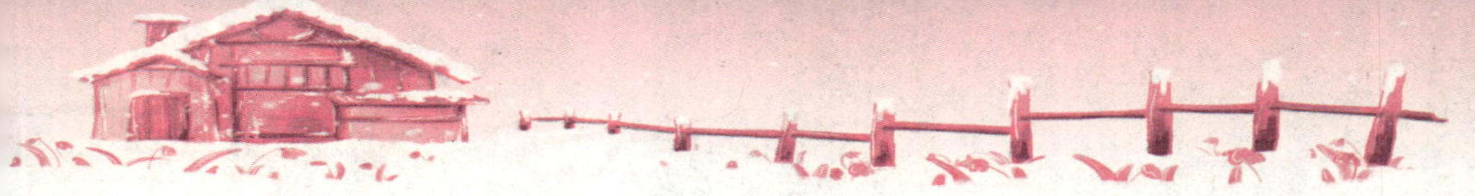

串，好像红透了的高粱。它盛开的时候，芳香扑鼻，离得很远就可以闻到，到处都飘扬着浓郁的沁人肺腑的香味。当花凋谢后，那郁郁葱葱的叶子又布满了树身，给我们的夏天带来了美丽，带来了旺盛的生命力。

梨花

好句

1. 果园中栽满了梨树，此时正是梨花盛开的时节。远远望去，那一簇簇雪白的梨花，如团团云絮，漫卷轻飘。

2. 若说白莲像俊美少女的皮肤，兰花像无瑕的白玉，月季像冬季的白雪。那么这梨花它就是“集了一切白色花种之大成，是白色之魁首的王冠”。

3. 阳春三月，漫山遍野开满了梨花。放眼望去，一片花的海洋，每一棵梨树都好像是一把白花绿底儿的太阳伞。

4. 山坡上，一片片雪白的梨花，粉红的桃花，在阳光里流泻着醉人的光彩。在近处看梨花，树稀花疏，好似一幅轻笔淡墨的山水画，清淡、恬雅。

好段

1. “梅花雪，梨花月”，月下梨花更有一番风韵。“梨花院落溶溶月”。夜色朦胧，星月凌空，“云满衣裳月满身”的梨花，清辉漾漾，在微风中轻轻晃动，偶尔有几片落花，好似月光在闪烁，月色与梨花完全融合在一起了。这是一种多么美妙的境界呀，怎能不令人神驰而陶醉怡悦！

2. 如果一株一株看，梨树就像冒出来的一股一股喷泉，那花朵，就像是雪白的浪花，又像明灿灿的珠宝。这梨花一簇簇、一层层，像云锦似的漫开铺去，在和暖的春光下，如雪如玉，洁白万顷，流光溢彩。

3. 梨花是美丽动人的，它雪白雪白，是那么纯洁，又那么娇丽。它那黄嫩的小叶芽儿，在春风里微微婆娑着。那簇簇花儿就在这叶芽中间开放着，嫩黄衬着雪白，非常协调，又特别醒目。一阵风吹来，花枝一起一伏就像翻滚着雪白的浪花。

4. 这梨花，集滚成一团，一簇簇，一层层，像云锦似的漫天铺地。如果站在远处眺望，它就像明灿灿的珍珠缀成的项链，挂在这新兴古城的脖颈上。

5. 瞧，那一片梨花像一匹白绫悬挂在山角，又像天女披着白纱在起舞，高高低低缀满白花的梨树，犹如起伏的雪山，好壮观！雪白雪花的花，仿佛一顶被雪覆盖的大伞，又好似终年积雪的一座山峰。在雪白的梨花中，树枝上有一个翠绿色的叶芽正在钻出来，好像山上的雪正在不时地融化着，树下一条条河沟里清水在流动，像"雪山"下涓涓的细流。

其他花

句

1. 那千百朵笑脸迎人的鲜花，仿佛正在用清脆的声音微微低语：春来了！

2. 百合花春来破土而出，入夏蓓蕾初绽，它的叶子青翠欲滴，那翠玉般的腰身，直挺有力。

3. 每一片蝴蝶花，都像有一只只大彩蝶在采蜜。花瓣在细雨中微微地颤着，像是蝴蝶摆动着双翅，欲飞欲停。

4. 扶桑的红花盛开时，红艳艳的花朵挂满枝头，远看宛如朵朵红云，近看好似腾腾烈焰。

5. 鲜红的野百合花，大朵大朵的野芍药，紫色的马兰花，白色的野菊花，正如丝绒锦绣，装饰着这无边大地。

6. 夜来香，碧绿的茎长得非常粗壮。狭长的绿叶，交错排列在主茎和枝杈上部，每一个叶片的底部都蹿出一个花莛，顶着一个绿里透黄的花蕾，花开放了，展开了四片小巧玲珑的黄色花瓣。

7. 蔷薇自有一种妩媚，蔷薇之色娇艳欲滴，说它灿烂似锦，毫不为过。

8. 美人蕉鲜艳的花朵似红莲映水，红得耀眼。微风吹来，片片花瓣像美丽的蝴蝶，翩翩起舞。

9. 在满屋的盆景中，那盆盛开的君子兰特别夺目。君子兰那独特的伞状花序，宛若一顶美丽的桂冠，端庄秀逸，落落大方。

好段

1. 吊兰一年四季常青。叶色碧绿，确实惹人喜爱。吊兰长到一定时期，叶缝中便会抽出一条长长的花茎。花茎上长着小小的花蕾，花蕾外面还穿着一件绿色的外套。花儿雪白雪白的，好像一朵朵小雪花，非常美丽。

2. 百合花不但秀丽无比，而且价格昂贵，曾使无数人为之倾倒，为她吟诵赞美。百合花怒放时能释放出强烈的挥发性物质，能净化大气，防止空气污染，还能兴奋人的神经，使人心情舒畅。

3. 蟹爪兰长得郁郁葱葱，分不出哪是枝哪是叶，墨绿扁平的藤蔓一溜朝下长，就像撑开的绿伞，下面小巧玲珑的花塔，像绣着红色的花边。

小草 寸草 水草 干草 青草 绿草 碧草 芳草 劲草 香草 嫩草 幼草 春草 杂草 野草 茅草 荒草 孤草 黄草 残草 娇草 枯草 翠草 异草 萎草 萋草 衰草 草木 草色 草丛 草原 草地 草坪 草滩 草皮 草甸 草泽 草茵 草花 草枝 草绿 翠绿 嫩绿 新绿 深绿 浅绿 淡绿 墨绿 碧绿 青翠 娇嫩 细嫩 摇曳 摇摆 茂盛 坚韧 顽强 轻盈 茵茵 护养 枯败 枯黄 萋萋

一丛丛 一簇簇 毛乎乎 毛茸茸 水灵灵 青茵茵 青幽幽 绿油油 绿茸茸 绿茵茵 绿莹莹 绿盈盈 黄灿灿 黄澄澄 绿汪汪 娇嫩嫩 娇滴滴 软绵绵

一碧千里 小草含青 小草碧绿 水草丰茂 天涯芳草 生机勃勃 生机盎然 万物复苏 长青之草 山花杂草 芊芊野草 风吹草动 杂花野草 奇花异草 水草丰美 茸茸浅草 草碧花黄 草木争春 草木欣荣 草木茂盛 草木苍翠 草翠林绿 草肥马壮 草长莺飞 草绿花红 草浪起伏 草色青青 草枯叶黄 绿草如丝 绿如碧毯 绿草茸茸 绿满人间 绿草如茵 苍翠碧绿 莽莽草原 疾风劲草 芳草萋萋 野草丛生 风吹草低 草芽丛丛 春草繁茂 绿草葱葱 青草茂密 碧草茸茸 绿草如毡 草肥羊壮 浅草茸茸 绿草芳菲 阔叶高草 离离野草 萋萋芳草 满地杂草 嫩草油油 嫩草发芽 春草初露 春草发芽 绿草起伏 春草如丝 香花嫩草 新嫩的草 日渐衰枯 衰草连天 草枯叶黄 百草凋零 枯草一片 荒草连天 稀稀疏疏 牧草起伏 水草丰盛 水草茂盛 水草鲜美 野草遍地 茅草丛生 野草稀疏 野草莽莽 莽莽草地 野草芊绵 野草枯黄 枯草败叶 山草枯败 芳草天涯 芳草如茵 芳草鲜美 牧草舒青 山草茵茵 瑶草斗艳 蔓草丛生 杂草纵横 蒿草齐膝 异草争奇 百草争妍 百草丰茂 异草争奇 草浪翻滚 绿波翻涌 绿毡铺地 平整如毯 铺青叠翠 碧毡绿毯 满眼青翠 芳草铺地 草木萌生 牧草丰盛 蓬勃旺盛 争荣竞秀

芊丛葱郁　芊丛摇曳　春风吹拂　无限生机　充满生机　东倒西歪　百草凋残

好句

1. 春天一到，小草探出翠绿的小脑袋，一撮撮、一簇簇，呼吸着散发泥土之香的新鲜空气，喜迎春天的来临。

2. 小草用自己星星点点的绿草，织成了一块块绿茵茵的地毯。

3. 是谁把春天的信息最早地告诉人们？是迎春花？是布谷鸟？不，都不是，是那默默无闻的小草。

4. 青草从根的地方起都是发了黑的浓绿颜色，草尖在太阳底下闪着金属一样的光亮。

5. 一棵棵小草探着头向四周张望，空气是那么清新、湿润，还带着春草喷出的淡香味。

6. 小草儿悄悄地绿了整个山野，给故乡编织着春天的衣裳。

7. 小草给春天增添了勃勃生机，增添了新的光彩。不管是在贫瘠的土地上，还是在高山上、石缝中，都能见到它翠绿的身影。

8. 小草在微风的吹拂下晃动着，好像随着晨风在轻轻地唱歌起舞。

9. 看溪水中，那一簇簇嫩绿的小草，像柔软的绸带，像坚强的茎叶，一会儿在水面上轻盈地卷曲浮动，一会儿又舒展开来，比画的还要美。

10. 那一簇簇的小草顶破了地面，悄悄地探出了嫩绿的脑袋，神气地立在地面上。

11. 狂风暴雨，打得小草东倒西歪，可是雨过天晴，小草又抬起了头，擦去了脸上的泪珠，挺直了身子，朝着太阳微笑。小草多么坚强啊！

12. “谁言寸草心，报得三春晖。”人们赞美小草，是因为它扎根在大地上，给大地增色。

13. 在这个天地里，那碧油油的细草，那绿茸茸的苔藓，似乎也都散发着清香。

14. 风吼着卷来，雨箭一样射来，小草绝不向狂风暴雨低头、弯腰，迎着暴风雨，不屈不挠地俯伏着。

15. 小溪里的水草，被水推着，推着，悠闲地扭动着纤细的腰肢。

16. 新生的绿草，笑眯眯地瘫软在地上像是正和低着头身着黄衣的蒲公英在绵绵情话。

17. 春回大地，万物复苏，又是一年芳草绿，原野上的青草都换上了青翠的衣服，充满了生机。

18. 草叶上的露珠像镶在翡翠上的宝石，泛着五颜六色的光华。

19. 在绿茸茸的草地上，似乎到处响着“沙沙”声，那是新出土的小草，正和春风说着悄悄话。

20. 冰雪刚刚融化，小草就像一群活泼可爱的孩子，从大地母亲的怀抱里调皮地伸出一个个嫩绿的小脑袋，那么细弱，那么娇小。它们不畏严寒，迎着春风跳起欢乐的舞。

21. 悬崖上那一堆堆给秋霜染得红艳艳的小草，简直像满山杜鹃了。

22. 那一棵棵小草从酣梦中醒来，它们破土而出，舒展着它那幼嫩的绿叶。

23. 长长的水草随着流水波动，像风吹麦浪，荡漾起伏。

24. “离离原上草，一岁一枯荣。野火烧不尽，春风吹又生。”人们赞美小草，是因为它们有顽强的生命力。

25. 这些草，生长在那几乎不足两毫米宽的石缝中，腰杆也同那灰色墙砖一样，坚硬、笔直。

26. 秋天来了，秋妈妈忙着给树木花草披上金装，草地也变成了金色的海洋。

27. 秋天，小草脱落一身衣服，毫不吝惜地献给大地，使大地更有力地养育万物。

28. 那小草的颜色丰富多彩，一片片连起来，赛过巧手编织的花毯，活生生，

自然而又和谐。

29. 小草在绚丽的鲜花面前显得很单调，在参天的大树脚下又显得很弱小，然而飓风虽能把大树连根拔起，将鲜花刮得粉碎，却奈何不了扎根大地的小草。

好段

1. 雨落在小草上，看，草儿轻轻地在微风中摆动，雨珠顺着它那翠绿的茎滚下来，一滴一滴一下子钻到土里，又一滴一滴钻到另一棵小草的嘴里，找不着了。

2. 春寒料峭，小草便从泥土中钻了出来，晃动着它那黄绿色的尖脑袋，观望着它似曾相识的世界。它贪婪地吮吸着春天的甘露。不几天，那嫩绿而狭长的叶子便在春风中欢舞起来。无论在肥沃的原野，还是在贫瘠的山梁，它们都生机勃勃地生长着，并以自己翠绿的身躯点缀着大地，使春天更加绚丽。看到这一派生机盎然的景象，一股催人奋发向上的力量便会油然而生。

3. 冬天刚过，万物还在沉睡，是它——小草，第一个送来了春的信息。清晨，打开门一看，堤坡上冒出了星星点点嫩嫩的、淡黄的小芽，一个个像刚坠地的娃娃，挤眉弄眼地打量这个世界。过了几天，它们一个个又像魔术师玩魔术似的变了，多了，高了，绿了，在微风吹动下，欢快地抖动着身子向你点头微笑。

4. 周围是一片片野草，虽然已是秋天，依然碧绿碧绿的。而在崖坎水边长的都是苦胆草，开着金黄金黄的小花，它虽然比其他花儿开得迟，却装点了秋色，有着独特的芬芳，格外招人喜欢。

5. 小草是极普通而又平凡的。小草的叶子不多，只有三四片，窄窄的，可又青又翠。小草长得不高，紧紧依偎着大地母亲，默默地同伙伴们组成漫山遍野的新绿。小草没有亭亭玉立的身材，也没有绚丽多彩的花朵，更没有那诱人的芳香。但是，没有小草，花朵将会减色，大地将会失去它的美貌。

6. 春天回到了人间，万物复苏，大地一派生机，小草也偷偷地钻出来，一下子铺满了原野。举目远望，一碧千里，它们挺着嫩绿的身子，随风摇曳，那么柔软，那么耀眼。

7. 我轻轻地挪开石块，蹲下去仔细观察。那棵小草，它不是10厘米，基部大约五六厘米的部分，由于被石块压在下面，显得弱小，没有枝叶，就像市场上的豆芽一样；但它的顶部却惹人喜爱。它伸出石外，用力向上直起，一对小叶晶亮碧绿，整个顶部就像用绿色翡翠雕成一样，充满了蓬勃的生机。

8. 早晨的草原格外清新。辽阔无边的草原被红艳艳的朝阳镀上一层金。草叶上的露珠，像镶在翡翠上的宝石，泛着五颜六色的光华。红的，白的，黄的，蓝的，紫的……各色各样的野花，这一簇那一片，把碧绿的草原装扮得比花园还美。

9. 夏天的草美极了！看，那稠密的草儿像一条碧绿的毯子覆盖在堤坡上。傍晚时分，灿烂的晚霞给大地罩上了一层红纱帐。在江中戏水后的男孩们，躺在这天然的红纱帐遮盖的绿毯上，戴着草儿编成的“侦察兵”式的帽子，从坡上滚到了坡下，尽情地嬉闹。

10. 小草的根深深地扎进土层，伸向四面八方，可谓根深蒂固，脚踏实地。“疾风知劲草”，小草承受着各种考验。当狂风夹着暴雨疯狂地冲下来时，盆花早已搬进屋里，旷野上的花儿们也急急低下头倚在绿叶上，而小草却无遮盖，一片片、一丛丛傲立在原野上。风吼着卷来，雨箭一样射来，小草绝不向狂风暴雨低头、折腰，迎着暴风雨，不屈不挠的俯伏着。暴风雨终于弱了、消失了，小草更加郁郁葱葱，生机勃勃。大自然赋予了它们多么顽强的生命力啊！

11. 七月的草原，早晨空气格外清新，我缠着父亲在草原上漫步。幽幽的草香迎面拂来，红艳艳的朝阳正从地平线上冉冉升起，为辽阔的草原镀上一层金色。草叶上的露珠，像镶在翡翠上的珍珠，闪着五颜六色的光华。我看到草丛中夹着许多粉红色、白色、黄色或是蓝色的不知名的花，把草原装扮得十分美丽。

12. 你见过被压在石块下面的小草吗？为了要生长，它不管上面的石块怎么重，石块跟石块的中间怎么窄，总是曲曲折折地、顽强不屈地挺出地面来。它的根往土里钻，它的芽向地面透，这是一种不可抗拒的力，阻止它的石块终于被它掀翻了。

13. 我爱小草，爱它顽强的生命力。不论瘠薄的荒地，还是肥美的沃土，只要落下小草的种子，它就会顽强地萌发出来。它不用任何人浇水、施肥，只要一把黄土，一束阳光就能茁壮成长。春天，冰雪刚刚融化，许多娇贵的花还躲在温室里，

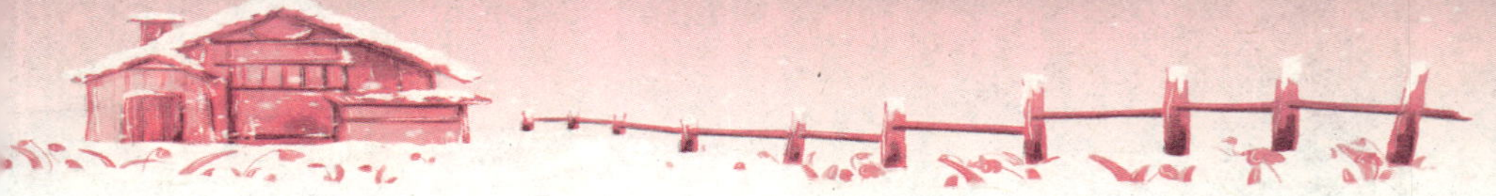

不敢走到外边来。而小草却像一群活泼可爱的孩子，从大地母亲的怀里调皮地伸出一个个嫩绿的小脑袋，那么细弱，那么娇小。它们不畏春寒，迎着春风跳起欢乐的舞。它们挺胸抬头、舒展黄绿的手臂，这群“绿衣小天使”第一个给人们带来了春天的信息。

14. 草很浅，稀稀疏疏，仿佛早春初萌，刚刚在寒冷的高岭之巅苏醒过来。嫩黄色的绿茸花，东一朵，西一朵，带着润湿的雾气灿开在草甸上，充满生气。

树木

好词

竹林　林木　树木　树林　树根　树干　树枝　树杈　树叶　树梢　树冠　树苗
树秧　树丛　年轮　林海　挺拔　俊秀　苍劲　苍老　粗壮　屹立　挺立　参天
苍翠　葱翠　葱茏　巍然　葱郁　葱葱　笔直　笔挺　挺直　颀长　修长　繁茂
浓密　茂盛　旺盛　茂密　挺秀　茁壮　弯曲　舒展　盘曲　婆娑　摇摆　起舞
伫立　青绿　阴郁　翠绿　青翠　郁郁　顽强　摇曳　繁盛　浩瀚　飘洒　飘落
飘荡　飘零　倒垂　原林　吐芽　歪斜　新芽　乔木　壮观　娇贵　轻盈　低垂
交织　茫茫　蔽日　灌木　金枝　枯败　枯藤　枯枝　败叶　落叶　凋零　园林
抽条　抽枝　残枝　幽静　杂树　果木
一簇簇　光秃秃　直挺挺　矮墩墩　绿森森
万木萌发　万木争荣　万木吐翠　万木苍翠　万木葱茏　万木蔽日　万顷苍翠
万木枯寂　密密匝匝　虬枝龙爪　枝丫重叠　嘉木林立　奇树古木　秀丽多姿
晶莹闪亮　婀娜多姿　茂盛如蓬　密林幽深　俊秀挺拔　傲然挺立　果树飘香
密不透风　攀天巨树　桃红柳绿　岁寒三友　竹苞松茂　新竹泛绿　竹树环合
竹影摇清　美竹显露　红枫似火　枫红如霞　茅竹葱翠　竹影婆娑　修竹繁密
野藤倒悬　古木参天　古木森森　古木阴森　古柏森森　古木阴翳　古木奇树
古柏丛竹　古松翠柏　古松蓊郁　古槐挺拔　古藤缠绕　巨树参天　一派生机
一碧千里　千姿百态　千树万枝　千枝万叶　山林莽莽　山林茫茫　山藤盘缠
生机勃勃　生机盎然　四季常青　千枝竞秀　林木参天　林海雪原　林木葱郁
林木葱茏　林海茫茫　林海浩瀚　林木葱绿　林木苍翠　林木青翠　树木林立
树木成行　树木成林　树木成荫　树木丛生　树木蓊郁　树木葱郁　树木苍翠
树木蔚秀　树木碧绿　树木繁茂　树木森然　树木遮天　树影斑斑　树叶婆娑
树绿荫浓　树影斑斓　树阴斑驳　树影摇曳　林木森森　林涛低吟　林木稀疏
林海如潮　林丰叶茂　林海无边　林茂竹翠　林海苍茫　林梢黛绿　树海茫茫

林涛起伏	林涛呼啸	林涛争鸣	林涛滚滚	松涛滚滚	松针如刺	松涛喧啸
松涛阵阵	松涛如海	松涛如潮	松涛争鸣	灌木丛丛	古树参天	古树郁苍
杂木丛生	绿树丛丛	绿树阴浓	绿树葱葱	绿树成荫	松柏葱翠	松柏常青
松柏行行	松柏茁壮	松柏苍郁	松柏摇曳	松杉夹道	绿柳垂地	绿柳婆娑
绿柳抽嫩	绿柳掩映	绿柳垂丝	绿柳千条	绿色长城	青树翠蔓	青松挺立
青松翠杉	青翠欲滴	青杉伟岸	青藤高悬	青松翠竹	青枝嫩叶	青松翠柏
青竹吐翠	青松叠翠	青松挺拔	碧树滴翠	春树萌芽	春树繁茂	春树葱茏
春风杨柳	大树林立	树干粗壮	天生奇态	老干虬枝	干粗如桶	清秀挺拔
高树森森	绿杨青榆	高大伟岸	高耸入云	高大威严	高大成荫	白杨绿柳
白杨钻天	白杨萧萧	乔松疏竹	紫荆红柳	苍松翠柏	雪松翠竹	翠柏青松
翠竹古柏	苍翠挺拔	翠如碧玉	翠绿欲滴	翠竹红枫	翠竹婆娑	柳枝拂拂
苍松挺立	苍松挺拔	苍松叠翠	翠柏蓊郁	翠柏肃森	翠柏丰茸	翠竹一片
翠竹成林	翠竹亭亭	翠竹扶摇	绿竹接天	苍翠欲滴	绿柳红桃	松柏槐榆
柳枝招展	柳吐绿珠	柳翠杨绿	柳枝新芽	柳絮飞飘	柳枝飘绵	柳丝新新
柳枝摇曳	柳丝千条	柳枝碧绿	柳丝新绿	柳丝曼舞	柳丝飘翠	柳树吐绿
柳丝摇曳	柳条挂珠	柳絮似棉	柳叶秀长	柳絮飘飞	紫藤古槐	劲松参天
劲松摇臂	劲松苍翠	丝丝分明	漫山遍野	劲松迎风	红松峥嵘	雪松挺立
雪压青松	松针堆翠	老柏成林	云杉挺立	红杉连天	杉木挺拔	岸柳成行
垂柳丝长	垂柳蓬茸	嫩柳舒黄	垂柳抚岸	缓柳低垂	垂柳袅袅	垂柳依依
郁郁垂柳	杨柳千条	杨柳青青	杨柳含烟	杨柳泛绿	杨柳垂金	杨柳叶绿
杨柳依依	杨柳摇曳	杨柳飞花	杨柳成行	白桦遍地	松柳成荫	葱绿苍翠
桑榆暮景	层林尽染	重重叠叠	树叶如盖	树高林密	树荫浓郁	桂树飘香
铁树开花	荆棘丛生	密林深处	绿叶红花	野荆丛生	紫藤倒挂	荆棘遍地
盘曲多姿	藤蔓缭绕	遮天蔽日	老树盘结	娇嫩青翠	藤蔓盘虬	满林飘香
深山老林	枝桠虬结	细枝粗干	枝干匀称	弯腰垂枝	朱藤翠叶	枝条茂密
遒劲挺拔	根株盘结	枝条腾挪	柔枝婆娑	松竹挺拔	丛竹古木	纷繁交错
新枝茁壮	树叶染翠	树林幽静	林荫蔽天	绿叶漫天	叶稠阴翠	轻烟柳影
枫叶簇火	红叶抖动	华盖擎天	顶天立地	苍苍莽莽	葱葱茏茏	黄叶满地
霜叶似火	根深叶茂	郁郁苍苍	抽枝发叶	枯枝发芽	繁枝密叶	枝粗叶茂
枯藤老树	枯枝老干	枝繁叶茂	树叶浓郁	伸枝展叶	枝青叶翠	叶摇枝动
青苍挺拔	茂林参天	峻峭挺拔	森林浓郁	雄伟峭拔	绿林成片	高大秀拔
倔强峥嵘	细嫩如丝	修直挺拔	奇美挺秀	顶风傲雪	刚劲挺拔	绿荫如帷
斗霜傲雪	矗立入云	匀称挺秀	直指青天	天生奇态	参差披拂	随风摆动
又高又壮	破土而出	新竹遍地	硕果累累	高大魁梧	平林漠漠	风扫残叶

枯株朽木	风扫落叶	枯枝败叶	枯枝残叶	哗哗作响	落叶缤纷	枯木逢春
迎风斗雪	傲然屹立	绿色长廊	盘根错节	枯枝如戟	枯枝烂叶	茂林秀竹
朽心枯枝	松涛呼鸣	烂枝朽干	枫林尽染	层林重叠	枫林似火	枯树断枝
茂林深篁	绿荫沉沉	森林茂密	姿态奇异	十分茂密	浓荫匝地	红绿相间
松林茂密	绿林笼罩	婆娑浓绿	枝茎交错	直插云霄	舒枝展叶	气势轩昂
陡峻危立	风霜雨雪	撑天巨伞	直刺苍穹	悬崖绝壁	怒耸云空	伸腰立枝

松树

好句

1. 冬天，花凋谢了，草枯萎了，许多树的叶子都落尽了，松树那像针一样的叶子却在寒风中摆动着，好像在说："我们不怕冷！"

2. 漫山遍野的青松，像是一片绿色的海洋。在绿色的海洋里，一株株年轻的松树碧绿欲滴，亭亭向上。

3. 这棵古松苍劲挺拔，气势轩昂地耸立在悬崖之巅，上拂蓝天，下临碧海。

4. 一棵棵松树，褐色的树干，足有碗口粗，笔直笔直的。

5. 满山松柏，在白雪的映衬下，变得更加苍翠。

6. 这些古松无不蓊郁苍翠，铁杆虬枝，各尽其态，表现出鲜明的个性和独特的风采。

7. 冬天，凛冽的寒风刮着，松树像巨人似的耸立着，把寒风卷起的沙粒挡住，与严寒进行殊死的搏斗。

8. 森林中最高最有豪迈气魄的就是那苍翠挺拔的青松，一棵棵高达几十米的松树，粗得一个人都搂不过来。

9. 我十分喜爱雪松，因为它不怕严寒酷暑，不怕风霜雨雪，总是那么苍翠，那

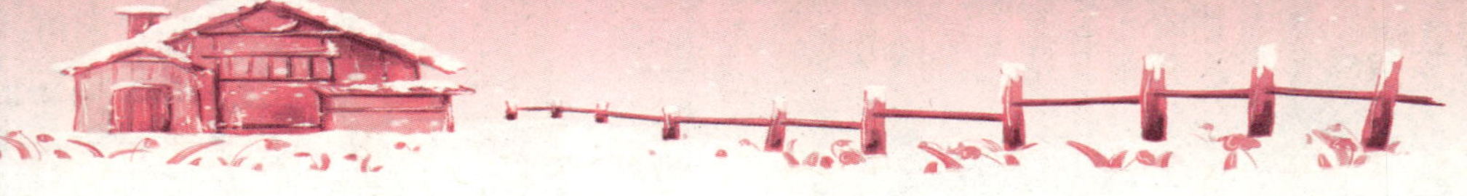

么生机勃勃。

10. 满树的松叶绿得可爱，活像一把张开的绿绒大伞，风一吹，轻轻摇曳。

11. 那些松树，不怕山高，把根扎在悬崖绝壁的缝隙，身子扭得像盘龙柱子，在半空展开枝叶，像是和狂风乌云争夺天日，又像是和清风白云嬉戏逗乐。

12. 唯有松树不畏严寒，依然苍翠地立在白皑皑的雪地里，像是有意在蔑视冬天。

13. 这里挺拔的塔松虽不及黄山的迎客松那样婀娜多姿，却像无数撑天巨伞直刺苍穹，阳光只能偷偷地从树丛的缝隙中射进来。

14. 园门的对面，有一株巨柏，树干粗大，树冠成圆锥形，最大部分直径不下两丈，顶部尖如锥子。整株树酷似一支巨笔，插在园里的天地间。

15. 那株雪松，伸腰立枝，像一座高耸入云的宝塔，既挺拔，又茂盛，连每一棵松针都是气昂昂的。

16. 松树冠如一团乌云，浓得吹不进风去，而那针叶缝里，却挂着一串串硕大的松塔。

17. 在这里，苍松翠柏，高低错落；繁花似锦，清香四溢。

18. 美人松的树干挺拔，扶摇直上青天，凌空展开她的绿臂，远眺像个美丽的姑娘。

19. 从古柏丛中攀缘而上，实在是清幽极了，空气里充满了柏叶的清苦味，似乎置身于琼楼仙阁的香火缭绕之中。

20. 那古柏树的皮，恰如刀凿的万千竖纹，从干上直扭到枝上去，显得倔强苍劲。

21. 最令人赞叹的就是那石岩的缝隙间，还生长着参天的松柏，雄伟苍劲，巍峨挺拔。它们使高山有了灵气，使一切的生命在它们的面前显得苍白逊色。

22. 从近处看，柏树像一个收拢的绿伞，离很远去看，又像一只只笔尖朝天的彩笔，倒插在大地上。

23. 森林里黑了下来，阵阵松涛，鼓荡流播着松脂的清香。

24. 山上长满了柏树，一棵树一个绿浪，层层叠叠卷上去，像一个立体的湖泊。

25. 蜿蜒无尽的翠绿的原始森林中，密密的塔松像撑天的巨伞，重重叠叠的桠枝间，只漏下斑斑点点细碎的日影。

26. 笔直的树身中间垂着润泽的、绿色的扁柏叶子，树顶差不多都是枯干的丫枝，那条条曲折的线条，好似宋元画家高手画出的一般，有笔力，有神采。

27. 在陡峻危立的绝壁上，一株株倔强的青松穿过乳白色的薄雾，在微风中婆娑起舞，好像有意向人们炫耀它那妩媚多娇的英姿。

28. 阳光照在嫩绿的柏树叶子上，珠光翠色，像被水泼过了一样，煞是好看。

29. 那柏树的主干挺拔，没有一点弯曲，枝叶茂密、厚实，尖尖的树顶插入白亮的夜空。

30. 山脚下，一株株原始古松，披鳞挂甲，挺着粗壮的躯干，互相挽着手臂，昂然挺立，怒耸云空。

31. 那株柏树躯干卷曲，枝条蔓生，婆娑多姿，犹如美女披纱，仪态万千。

32. 一株马尾松挺拔地长在山坡上，它那粗壮的枝丫，像有力的手臂一样，横伸向湛蓝的晴空；扇形的针叶，密密层层的，衬着天空朵朵的白云，在微风里抖动。

33. 柏树的叶子并不长，也不粗，但青翠、细腻，像一根根线，配上棕色的树皮，显得古朴、大方。

34. 岩洞上，一棵棵巨伞般的古松盘根错节，裸露的树根似蟒蛇，似钢筋，密密匝匝地箍在石壁上，仿佛要把整个岩石勒得透不过气来。

35. 这株柏树，长得枝茎交错，盘盘曲曲，好像一条苍龙悬空劲舞。

36. 我从小就非常喜爱松树，它那苍劲挺拔的姿态，它那呼呼作响的涛声，每每引起我无限的情思和遐想。

37. 松涛在我周围滚动，像潮水低沉地在山谷间喧啸。

38. 秋天，柏树的种子成熟了，散发出诱人的香味，招引来成群的鸟儿，它们在树上边吃边唱着歌儿。

39. 我们走进树林，只见松树的叶子还是青青的，松枝上挂着许多松球，散发着阵阵清香。

40. 柏树树冠下面大，上面小，树顶尖尖的，像一座绿色的宝塔。

好段

1. 森林中最富有豪壮气魄的要数那苍翠挺拔的青松，一棵棵高达几十米的松树，粗得一个人搂不过来。树干挺直、直伸到高空中，几乎与天上的白云相接。松树枝叶繁茂，遮住了蔚蓝的天空，林中便显得十分阴暗、凉爽。枝头上的小鸟在愉快地歌唱，那美妙动听的歌声回荡在山间。

2. 那卧龙松的枝叶并不繁茂，它的动人之处在于它的树干及枝杈的奇特造型。它的树干盘曲着，有着虬龙般的气势。它的根深深地扎入土壤，如龙尾；它的树冠冲出平台，悬浮在半空，翘首昂视，则像龙头。它那刚劲的枝杈像尖利的龙爪，伸向空中好像在抓挠着什么。这条龙跃跃欲试，仿佛欲起身飞腾入空。

3. 郁郁葱葱的柏树生长在古道两旁，就像在你的头顶布起了巨大的绿色幕布，又像是绿色的云彩，矮矮地飘在古道上空。你看这么多、这么大的古柏，疏密有致地排列在古道两旁，枝条交错、树叶密密匝匝。

4. 柏树，四季常青，枝如铁、干如钢，树叶密密匝匝，扁扁如鳞片一般。像天坛的九龙柏，从树身并列长出九根粗细差不多的树杈，就像九条龙要飞上蓝天似的，非常壮观。它是高达五百岁的古柏。在百花凋零，万木枯寂的寒冬，唯独它能傲然挺立在冰雪之中，鳞片般的树叶依旧苍翠如故。启发人们战胜困难，不忘拼搏。

5. 学校的大门两旁，长着几棵青翠高大的雪松。近看，雪松像一座座翠绿的宝塔；远眺，雪松像一把撑开的绿绒大伞，美丽极了。雪松的主干笔直，大约有两层楼那么高，最下边有大碗口那么粗，越往上越细。树干是灰褐色的，雪松的树皮皱巴巴的，好像饱经风霜的老人额头上深深的皱纹。雪松的每根枝条上都长满了茂密的叶子，细细的、尖尖的，就像一根根绿色的缝衣针。如果你用手轻轻地碰一下，就会有刺痛的感觉。

6. 教室门前有两棵高大的柏树。你看它们那圆圆的大“脑袋”、笔直的树干、密不透风的树叶。最引人注目的是柏树的叶子，仿佛是经过能工巧匠精雕细刻过似的。

7. 北风呼呼地吹着，严寒侵袭着大地。在这滴水成冰的日子里，花儿凋谢了，树木干枯了，万物都好像死了一般。这时节，最能吸引我的是那傲然挺立的松树。它直直的树干，绿色的身躯，刺儿一般的松叶，显得刚劲挺拔，风华正茂。站在它身旁的杨树虽然高大，但是在狂风的威胁下，只得脱下了绿色的外衣；站在它身旁的柳树虽然美丽，但是经不起严寒的袭击，只剩下光秃秃的枝条，随风摆动。而松树却不怕这些，它在狂风的呼啸声中翩翩起舞，寒冷在它面前甘拜下风。春天来了，濛濛春雨像乳汁一样哺育着万物。松树也在春雨的哺育下开花了，一朵朵黄色的小花长在枝头，迎着温暖的春风笑着，笑着……只要用手一碰树枝，那黄绿色的花粉就像烟雾一样落下，随着春风慢慢地飘去。

8. 漫山遍野的青松，像一片绿色的海洋。在这绿色的海洋里，一株株年轻的松树碧绿滴翠，亭亭向上。不管是日晒雨淋，还是霜欺雪压，它总是郁郁葱葱，青翠不减，铁骨铮铮，傲然苍穹。好一个树中的伟丈夫！

9. 柏树一年四季都是那样的青翠。不论是在万物复苏的春季，百花争艳的夏季，还是在披着金装的秋季，大雪纷飞的冬季，柏树的叶子总是郁郁葱葱，引人注目。

10. 美人松的树干挺拔，扶摇直上青天，凌空展开她的绿臂，远眺像个美丽的姑娘。她的细长挺拔，似姑娘苗条的体态；她的斑白树纹，似姑娘白皙的肌肤；她的婀娜多姿的树叶，像姑娘绿色的头巾。啊，美人松，你没有自己家族固有的男性的苍劲、古朴和严肃，你却有自己独特的女性青春、秀丽和活泼。

11. 冬天，白雪覆盖在柏树的枝叶上，它多像一个戴着大帽子，披着风衣在风雪中站岗的战士。在皑皑白雪的映衬下，柏树更显得英俊、威武。

12. 你到过黄山，见过黄山松吗？它们从悬崖绝壁的石缝中长出来，有些枝干长得像长臂伸出丈把远，有些枝干卷曲拐扭，甚至绕过旁边的枝干斜刺里往上长，有些倒悬下垂数丈之外，在空中探头探脑地作态。

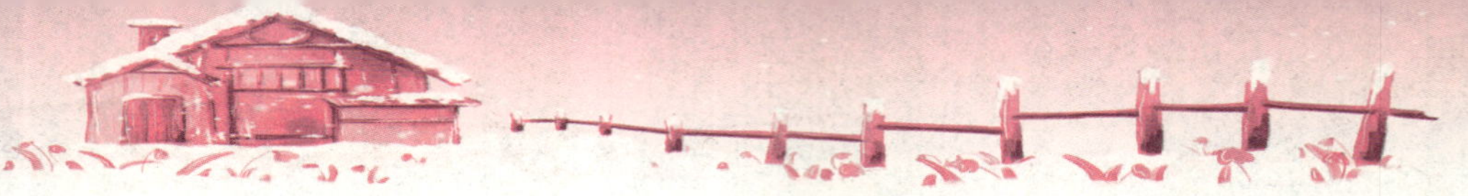

13. 在街心公园的花坛里，挺立着一棵棵高大挺拔，四季常青的雪松。它们上面尖，下面大，像一座座绿色的“小宝塔”。它们那威武的样子，又像一个个“士兵”，守卫着街心公园的安全。每当我走到这里，都要停下来，看上几眼。

柳树

好句

1. 一排排柳树上，都挂着鹅黄色的枝条，风一吹，就悠悠地飘起来。

2. 柳树枝条上已经鼓出鹅黄色的嫩芽，一个个就像鸡雏的小嘴。

3. 柔软长垂的柳条上粘满了绿豆似的嫩芽，远远望去，一片鹅黄嫩绿。

4. 那碧绿的、满河沿的柳树拖着长长的枝条，像美丽的秀发，掩着镜子般的潭水。

5. 远处柳树垂下柔软如丝的枝条，在春风的吹动下远远望去像一团团随风飘动的烟。

6. 每当“春风又绿江南岸”的时候，家乡的柳树又一次抽出了嫩芽，像一幅烟雾迷蒙的水墨画。

7. 河两岸已由嫩绿色变为深绿的河柳，拂动着新生的柔软的枝条，倒映在河面上，使河水也染上了绿色，仿佛一河翡翠向东奔流。

8. 春天到了，下了几场蒙蒙细雨，垂柳伸出了嫩绿的叶，贪婪地吮吸着春天的乳汁，“不知细叶谁裁出，二月春风似剪刀。”这正是春柳的写照。

9. 到处都如下了雪似的蒙上了一层柳絮，微风一吹，地上便卷起簇簇白色的浪花，好看极了。

10. 柳树具有坚强的品格，从不计较生存条件。校园里、公路旁、池塘边、小河岸，到处都能看到柳树那婆娑的身影。

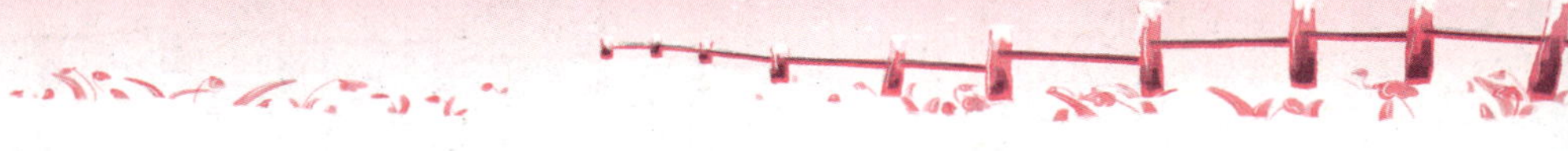

11. 岸边的柳，衔着倒映在湖里的柳，组成碧绿的长廊，给小湖增添了几分风度。

12. 柳丝纤细、柔长，在微风中荡着秋千，节奏均匀分明。

13. 漫天飞舞的柳絮，就像成群结队的白蝴蝶，嬉游在柳树枝头。

14. 失去了绿色的柳树，那纵横交错的鳞状树皮，像是一个沉默苍老的人脸上的皱纹。

15. 一株株柳树在微风中摆动着柔软的枝条，轻轻地擦过湖面，像美丽的姑娘在对着湖水梳理头发。

16. 矮小的红柳，稀稀落落地点缀着戈壁滩，像一蓬蓬绿色的头发。

17. 远看杨柳，绿得有如烟雾，晕得如梦一般；禁不住近去看时，枝梢却并没有叶片，皮下的脉络里楚楚地流动着绿。

18. 红柳不矮不高，一般长到三至五米，树身挺拔、苗条秀丽，花朵碎小，红色，从春开到秋，簇拥在一起，像挤在一起的红脸蛋，笑嘻嘻地翘首远方。

19. 等到桃杏刚刚红了枝条，杨柳那悠荡的长丝上很快就吐出了一点点的鹅黄，继而，一片片、一团团化作满空飞絮，铺满了小院，扑打着窗户。

20. 这棵树的枝干很细，枝干还向左轻轻地倾斜。柳树的叶子很特别，是一根根绿茎串着青翠的嫩叶组成的。

21. 那黑黑的柳树干弯弯曲曲的，多姿多态，嫩绿的树芽伏在柔软的枝条上看着像小绿虫子。风一吹，柳条妩媚动人。

22. 那柔嫩纤细的柳条在微风中摇曳，好像两位寿翁持着长胡子，凝着东方的旭日。

23. 这一株株柳树就像一个个新娘，头上垂挂着一串串碧绿的珍珠，迎风飘扬。

24. 柳枝上先拱出小小的柳芽，不久，它那光秃秃的身上就长出许多绿叶。那些绿叶在阳光的照射下，放射出耀眼的光芒。

25. 远远望去，千丝万条的柳枝在春风中尽情地摇摆着柔软的身子，多像是一个美丽的姑娘在抖动她刚洗过的、长长的发辫啊！

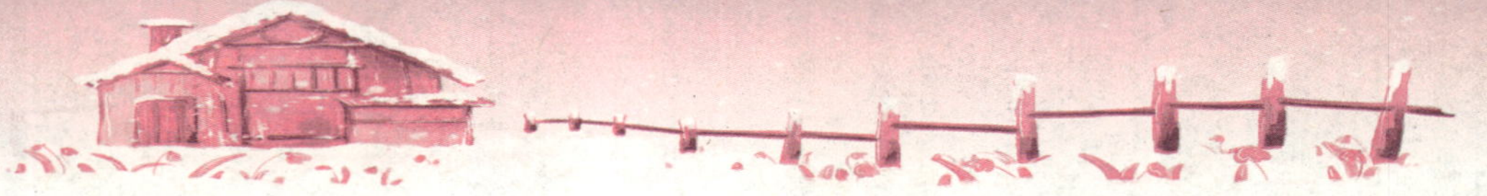

26. 杨柳披散地垂下纤细柔软的枝条，宛如刚洗过头没梳辫子的姑娘的长发。

好段

1. 春天来了，柳树经过了一冬的沉睡又开始发芽了，显出了它的生机。在那又长又细的柳条上长满了嫩绿的小叶子，柳条在春风的吹拂下，轻轻摆动，好像在对人们说：“春天来了，春天来了。”成行的岸柳，虽然是叶片早落了，新的叶子还没长出来，但那金线倒垂的柳丝、那挺拔的树干都已显出蓬勃生机。阳光下，树影倒映在水里，那景色更好看了：轻柔、潇洒、婀娜多姿。

2. 明媚的春天来到了。春姑娘给垂柳脱去灰白的衣裳，又换上淡绿的外套，让绿色的翡翠的云飞上枝头，让轻柔的枝条婆娑起舞。那柔嫩的枝条像许多纤细的小手愉快地接受姑娘的爱抚。它时而随着春姑娘跳起婀娜多姿的舞蹈，时而直垂向地面表演着精彩的杂技，每个动作似乎都在向赋予它生机的春姑娘表示感激之情。

3. 春雨过后，柳树吸饱了大地妈妈的乳汁，享受了太阳公公的温暖，显得可精神了！远远望去，千丝万条的柳枝在春风中尽情地摇摆着柔软的身子，多像一个美丽的姑娘在抖动她刚洗过的，长长的发辫啊！

4. 柳枝在初春时观赏才最为雅致，远望仿佛是一团淡绿色的烟雾；近看则给人以清新、恬淡的感觉。这时的柳叶柔细纤长，还带着细细的绒毛，像是少女朦胧的睡眼，无怪乎古人称之为“柳眼”。在李商隐眼里，“花须柳眼各无赖，紫蝶黄蜂俱有情”，但更妙的还是贺知章的咏柳：“碧玉妆成一树高，万条垂下绿丝绦。不知细叶谁裁出，二月春风似剪刀。”不管怎样，他们咏赞的皆是早春的柳。

5. 烈日炎炎，校园其他树木都被烤弯了腰，唯独这棵老柳树挺着胸脯。她顶着烈日，让我们在树荫下玩耍嬉戏，看书画画……我望着高大的柳树，仿佛见她已经大汗淋漓了，仍然为我们遮阳避暑。

6. 秋天到了，垂柳的叶子好像变轻变老了一般。飒飒秋风吹过，由绿变黄的柳叶满天飞扬，有的落到校园的操场上，有的飘到大路边，有的飞到小河里。秋天好无情哟！同学们都不约而同地去打扫落叶，把叶子细心地埋到垂柳的根部，使它变成养料，好让垂柳明年重发嫩芽，长得更加茂盛。

7. 春天，柳树像一个刚出生的婴儿，用尽全力，贪婪地吮吸着春天的甘露。柳枝上先拱出小小的柳芽；不久，它那光秃秃的身上就长出许多绿叶。那些叶子在阳光的照射下，放射出耀眼的光芒。夏天，柳树显得更加生机勃勃了。片片狭长的叶子好像一把撑开的绿绒大伞。秋天，柳叶失去了平日的翠绿变得枯黄了。冬天，树枝上虽然堆满了厚厚的白雪，但它还是那么生机勃勃。

8. 河边，湖畔那依依的杨柳确是大自然的骄子。风平浪静的时候，柳树好像一位温顺的长发姑娘，将满头青丝洒向水面。风一吹来，柳枝轻轻地拂过水面，平静如镜的河面泛起一道微波。

槐树

1. 月光下这棵古槐叶子是那样葱茏，枝干是那样粗壮，远远望去真像一位手执利剑的勇士，又像一个顶天立地的巨人。

2. 刚发出嫩绿小芽的槐树，像婴儿吮吸乳汁一样地吮吸着春天的甘露。

3. 每当春天一到，槐树就悄悄换上了它那身绿绸似的新衣，在春风中扭动起腰肢，跳起舞来。它身上的新装沙沙作响，好像在伴奏。

4. 大槐树高擎着宽阔的绿色大伞，一棵挨一棵地组成了苍翠的林带，成一条直线排在大街两侧的人行道旁。

5. 一棵高两丈多的粗壮槐树，由六个人手拉手，才能围起来。它的叶子碧绿，非常茂盛，像一把绿伞，为过往行人遮挡盛夏的骄阳。

6. 大槐树长着圆形的枝盖，挂满了黑绿色的叶子，开着一串串白中透黄的花朵，散着幽香，像是一个天然大帐篷，遮住偏西的阳光。

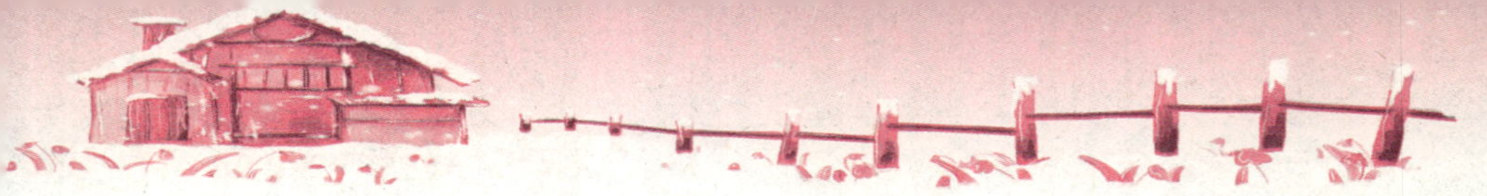

7. 院子角上的一棵老槐树一动也不动，繁乱的枯枝像是向天空撒了一面渔网。

8. 那一串串、一簇簇的槐花，在柔柔的春风中推扶着、拥挤着，交头接耳，窃窃私语，那神态活像一群在窝边“唧唧喳喳”争食的雪燕。

9. 白天，大槐树伸出了手臂为我遮荫；晚上，树叶沙沙低语，像老奶奶唱的催眠曲，使我很快进入甜的梦乡。

10. 在炎热的夏季里，无情的太阳烧烤着大地。这时正是槐树花开放的季节，槐树稠密的树叶绿得发亮，在远处看犹如一团绿色的“云”在“天空”中飘动。

11. 小槐树长得茂盛极了！那微弯的茎已经挺直，亭亭玉立，顶着一个绿色的半球形的树冠，好像一把绿色的伞。在那绿叶里，居然有三五簇小花在开放，几只蜜蜂在嘤嘤地歌唱。

12. 瞧这棵老槐树！树干如龙，树冠如云，好像一座大山平地而起，遮天蔽日，相当威风气派。

13. 漫山遍野的洋槐花怒放了，白茫茫的一片，与蓝天绿水相映衬，多么美的色彩呀！

好段

1. 到了五月，在静谧的夜里，杨槐花羞涩地开放，探头望着外边的新世界。那一串串、一簇簇的槐花，在柔风中推搡着、拥挤着，交头接耳。那神态，就像一群挤在窝边“唧唧喳喳”争食的雏燕。那像渗过蜜似的清香，溢满了各个角落，熏醉了整个村庄。

2. 一群孩子的篮里装着白生生的槐花，有的在衣襟上别着槐花，有的发辫上插着槐花，还有人不时地朝嘴里塞上一把槐花，吃得甜丝丝、香喷喷的呢。

3. 夏天，槐花开了，难道不怕被烤焦吗？槐花在春天里让别的花去争奇斗艳。夏天，那些鲜艳的花都“红”过头了，纷纷“败下阵”来，而槐树却给人们遮阳、纳凉。

4. 快到夏天的时候，老槐树开花了，一朵朵像扁豆花，但是它比扁豆花白得多，香得多，好像用白玉精心琢磨而成。一丛丛白花隐在绿叶中，像洁白的玉石缀在翡翠上一样和谐。它开放时先从一侧裂开，花瓣分外、中、内三层，外层的大花瓣包着中层的花瓣，中层的花瓣包着内层的花瓣。槐花的外表虽不是十分美丽，但它那雪白的颜色别有一番清新秀丽的韵味。

5. 粗粗看去，槐树好像没什么特点，但是只要仔细看，就会发现，槐树其实是平凡而美丽的树呢。那繁茂的绿叶丛中夹杂着一串串乳白色的花，这一丛，那一簇，绿白相间，互相掩映，有一种别致的美呢。

6. 我家的院墙东边，是一片不大的空地，长着十几棵树。那年，锯了一棵大槐树，不久就在树墩旁生出一棵小槐树来。小槐树真嫩，绿莹莹的皮，滑溜溜地闪着光，那么挺，那么长，像一棵竹，大有再长十尺不停息的势头。

7. 槐树的生命力很强，如果你把它的枝丫砍去，第二年它又会长出许多新枝条；如果你把它连根挖去，它明年又会长出一棵棵小树来。它顽强地生长着，一代又一代，终于长满了故乡的每个角落。

8. 金色的秋天来了，老槐树的树枝上挂满了一串翡翠珠似的槐树豆。有的刚刚长出来，水灵灵的；有的已经成熟。槐树那绿羽毛般的叶子，有的让秋风吹得金黄金黄，像小蝴蝶一样飘落到地上；有的依然碧绿，在秋风中摇曳。

杨树

句

1. 路旁几棵高耸入云的白杨树，美丽如画的叶子，反射着耀眼的光。

2. 这条小路的两旁种着一排排茁壮、挺拔的小杨树，它们一个个昂首挺胸，就像军容威武的战士那样，整整齐齐地守卫在路旁。

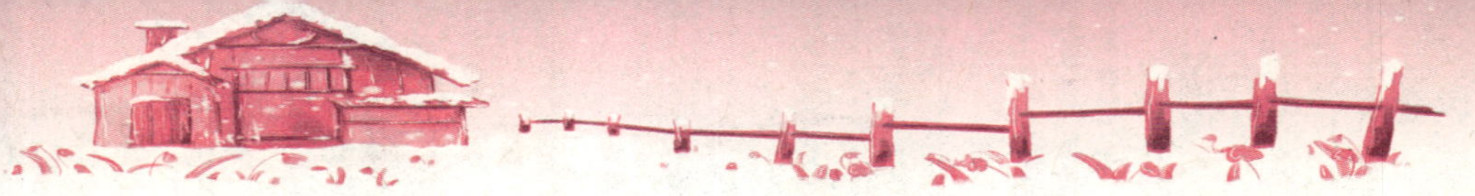

3. 路旁的钻天杨，像画家的毛笔，一排一排倒插，枝枝叶叶毫无拘束地向上伸延。

4. 杨树的叶子刚长出来时是圆圆的，前端突出一个小尖，远远望去，真像一个绿色的小桃。

5. 山坡上有几株大杨树矗立着，像把绿色的大扫帚，把蓝天扫得洁净如镜。

6. 好高的白杨树啊，如果你抬起头想看到树尖，连帽子都会掉下来；好茂盛的白杨树啊，在密密的树叶中连鸟的影子都找不到。

7. 钻天杨的主干挺直，枝枝相抱。它不嫌黄土高原的贫瘠，不畏西北风雪的严寒，生命旺盛，团结向上。

8. 大堤上一行白杨树，又高又大，挺立在半空中，树上挂着一蓬蓬油亮的、又圆又大的叶子，迎着河风微微飘动。

9. 秋风一吹，白杨树的片片黄叶似蝴蝶漫天飞舞又似从天而降的小手帕。

10. 细雨如丝，老杨树尽情吮吸着春天的甘露，光秃秃的枝头上，吐出了密密麻麻的花骨朵来。

11. 到了阳春三月，白杨卸去了冬天枯萎的服装，贪婪地吮吸着春天的甘露，吐出了嫩绿的枝叶。

12. 挺立在路旁的钻天杨，灰白的身躯泛出了淡绿色，梢头吐出密密麻麻的芽苞，在湿润的微风中轻轻摇动。

13. 早晨，翠绿的白杨叶上挂满了晶莹的露水珠，被冉冉升起的太阳一照，闪闪发亮，真像闪光的珍珠。

14. 毛乎乎的杨花长着褐色的毛毛，粉红色的小花紧紧挤在一起，藏在毛毛中，像是怕羞。

15. 太阳出来了，把大地镀上一片灿烂的金色，杨树叶像千千万万块黄金的碎片闪动着。

16. 夏天的白杨，枝繁叶茂，如同茁壮成长的小伙子一样，显得那样朝气蓬勃。

17. 白杨树的树干泛着一层淡淡的银光，繁茂的枝叶上荡漾着翡翠般的嫩绿。

18. 每到春天，老杨树先开出毛毛虫似的花。

19. 钻天杨的叶子撒了一层蓝莹莹的露珠，新鲜而明净，在晨光中折射出清冽的薄晖。

20. 毛茸茸的杨花弥漫在空中，插入你的衣帽，跳上你的发际，贴住你的面颊。

21. 沙滩上长满了翠绿的白杨树，那树分外挺拔，细溜溜的树身上沾满白醭，像涂了银粉，亭亭玉立，千百如一。

22. 湖边的春杨绽出娇小的嫩叶，明亮得像一片片银箔。

好段

1. 春雨过后，小杨树像刚吮吸完母亲的乳汁，比往常更加精神抖擞。它们伸出了新枝，抽出了嫩绿的新叶。叶片上的露珠晶莹透明，好像有无数的生命在颤动。在阳光的照射下，像用水冲洗过似的绿叶，绿得发亮。

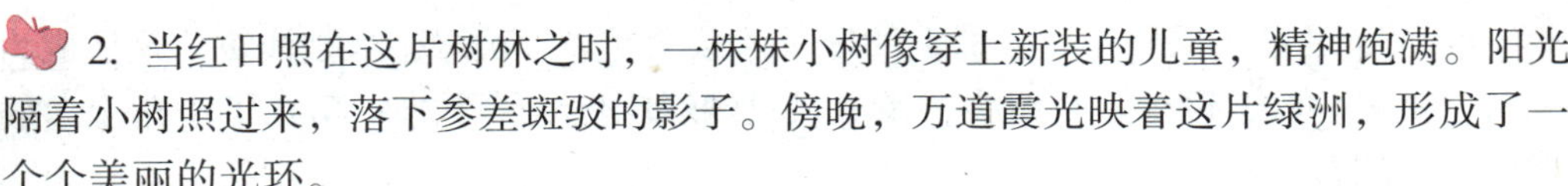

2. 当红日照在这片树林之时，一株株小树像穿上新装的儿童，精神饱满。阳光隔着小树照过来，落下参差斑驳的影子。傍晚，万道霞光映着这片绿洲，形成了一个个美丽的光环。

3. 你看，校园南小门旁的那排高大挺拔的白杨树上，挂满了好多“毛毛虫”。那“毛毛虫”是杨树的花。春风吹来，杨树上的“毛毛虫”在不停地摇动。杨树右边是两棵柳树，枝条上长出了翠绿翠绿的小芽。那小芽非常嫩，轻轻一碰，它就掉了。春风吹过，软软的柳条随风飘动，真像少女的长发。

4. 操场中央有一棵大杨树，笔直、粗壮的树干高过楼顶。我们仰起头来，才能看见它那像把大伞似的树冠。这棵树特别显眼。这不仅因为它高大，而且它有柔和的银白色的枝干，茂密的绿缎子似的枝叶。比起操场周围的槐树和松树来，它显得光彩夺目。大杨树静静地站在操场上，好像一位饱经风霜、慈祥和蔼的老人，低头含笑，兴致很浓地陪伴我们唱歌、跳舞、做游戏。一阵风吹过树梢，树叶哗啦作

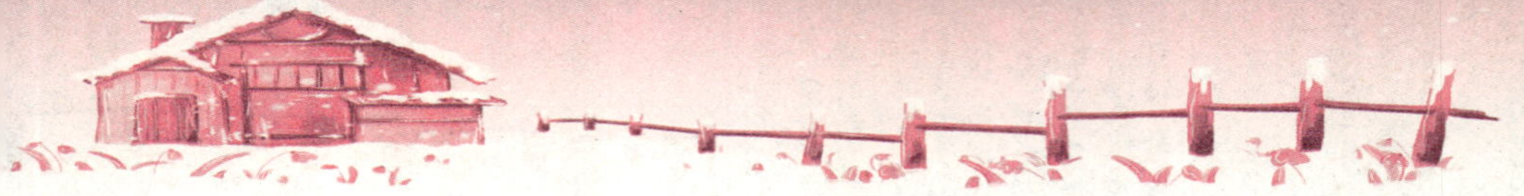

响，多么像老人发出的爽朗笑声啊！

5. 每到春姑娘来到时，它便长出了嫩叶，那小芽芽一个个像胖宝宝。当春雨哗哗下的时候，小芽芽们便拼命地吮吸着甘露；春风吹过时，它们唱得那么愉快。它们唱的春天之歌，歌声使穿天杨更加迷人。夏天到了，小宝宝们长大了，满树郁郁葱葱，阳光洒在每片树叶上，都像是镶上了金子。穿天杨没有丝毫的乏倦，还是那么挺拔，像卫兵守卫着整个城市。秋天，树叶变黄了，也掉下来了，可是穿天杨还没有“睡”，因为每晚它们都要“值班”。寒冷的冬天来了，穿天杨也并不害怕，它仿佛更高大了，在寒风中久久屹立，像一个没戴“帽子”的巨人。它们总能抵过寒风又迎接新的春天。

6. 夏天，正是白杨生长的鼎盛时期。这时的白杨树枝繁叶茂，更加郁郁葱葱。它用自己那茂密的枝叶遮挡住暴烈的阳光，让我们在树荫下读书、追逐、玩耍……夏日夜晚，老人们爱在树下下棋、聊天，小孩爱在树周围捉迷藏。

7. 秋天，各种花木都凋零了，这片白杨也落叶了。秋风吹过，片片黄叶满天飞舞，似群蝶，又似从天而降的小手帕。我们把它们攒成堆，准备冬天取暖。小白杨虽然没有了碧叶的点缀，但也没有失去昔日的风采，仍然迎风挺立，给我们以启迪。

8. 金色的秋天来到了，杨树上的叶子由深绿变成了黄绿，再是浅黄，最后成为深黄，被风一吹，翻了一个跟头，像一只只蝴蝶飘然飞了下来，落在了小路上，好像铺了一层黄地毯。

到了阳春三月，白杨卸去了冬天枯萎的服装，贪婪地吮吸着春天的甘露，吐出了嫩绿的枝叶。

9. 白杨树几乎光秃秃的了，枯叶落了满地。瘦长的树枝在寒风中摇摆，抖动着那即将洒向天空的残叶。这些黄得和金元宝一般仅存的残叶，整夜里像不停的秋雨，凄凄切切，离开了枯枝，回旋飘舞，落到地上。

10. 冬天，当白雪覆盖着大地的时候，谁不愿在这杨树林里抛雪球、扫雪仗？当你要退却或躲避雪弹时，白杨树会用它坚实的臂膀来掩护你。

银杏树

1. 好大的一棵银杏树，你看它根株盘结，枝繁叶茂，深深的土黄色的树纹，显得古朴、苍劲。粗大的树干上面伸展着树枝，簇簇折扇形的绿叶，精巧而又晶莹。

2. 夏天，银杏树简直成了一把撑开的绿绒大伞。那么多的绿叶，一簇堆在另一簇上，不留一点缝隙。叶子翠绿而明亮，显示着旺盛的生命力。

3. 银杏树的叶子很特别，不像梧桐树的手掌形，也不像别的叶形，它是独一无二的扇形。粗壮的枝干撑起满树的小扇叶，这一把把小扇子在微风中展示着它那美丽的舞姿，美丽极了。

4. 银杏树那粗壮笔直、银灰色的身躯，高大挺拔，活像一把巨伞，直插云霄。

5. 银杏树的细枝柔软地飘舞，像团绿色的云雾，遮掩着一座古香古色的建筑物。

6. 这棵硕大无比的银杏树，高大挺拔，气宇轩昂，笔直的树干中间伸出几条有力的臂膀般的树枝，将密密的树叶撑开，像一把大伞。

7. 夕阳将全部余晖慷慨地倾泻到银杏树上，使它更加璀璨夺目，犹如一朵金色的祥云，浮悬在苍茫的暮霭之中。

8. 夏天，是银杏树开花的季节。漆黑的夜晚，它偷偷地开花了，那小花像满树的星，熠熠发光。

9. 只见银杏树上挂满了果实，嫩的绿如翡翠，熟时亮似黄金。阳光映照，闪闪发光，形同颗颗珍珠！

10. 金秋，黄灿灿的银杏树缀满枝头，一阵萧瑟的风，把熟透的银杏哗哗啦啦吹落下来。

好段

1. 阳春三月，百花吐艳，银杏树越发富有生气，它悄悄地披上了一层绿纱。那刚刚舒展开的扇形的小叶子，显得那么嫩，那么绿，仿佛一夜春风把它们吹开了。绿叶中间开着无数的银杏花，花那么骄傲，都呈黄绿色，形状大小跟桑果差不多。

2. 这棵银杏树长得高大、挺拔。说他高大一点也不过分，它的树梢跟消防队的瞭望塔一样高，从远处也能看到银杏树的树顶；说它挺拔也够惊人的了，它的树枝全是往上长的，恨不得碰到天上的云。树枝多得像千手观音一样。

3. 秋天，银杏树更加引人注目，纵横交错的树枝上果实累累。那又圆又大的银杏果，一个挨一个，一个挤一个，它们被挤得翘起来，树枝被压得弯了腰。银杏果先是青的，成熟后变成金黄色，椭圆形，果实外面是一层很厚的带臭味的果皮，扒掉那层皮，里边就是一个白色的果核了。敲开果核的硬壳，里面是淡绿色的果肉，这果肉既好吃又是高级补品——名贵的药材。

4. 银杏树美极了。春天，枝头嫩绿的新叶在微风吹拂下，翩翩起舞，在阳光的沐浴下，闪烁着金子般的光芒；夏天，它像一把张开的大伞，每张叶片都紧密地合作着，把热风拂走，留住怡人的清凉；秋天，银杏熟了，圆圆的，可爱极了。秋风一吹，它们便伴随美丽的"花蝴蝶"纵身跃入土中；冬天，它似乎苍老了，却仍在风雪交加的日子里顽强地挺立着，守卫着这片古老的土地。

5. 秋天来临了，银杏树的叶子逐渐由碧绿变成淡黄，变成深黄后又变成土黄。这时，秋风吹来，那扇叶儿便随风脱离开树枝妈妈的怀抱，在空中像金蝴蝶似的翻几个跟头，舒展着婀娜的身姿翩翩起舞，最后轻巧地落在地上，睡着了。

6. 寒冬来临了，无情的北风"呼呼"地吹落了它那黄色的小扇似的叶子，可是它却毫不在乎。你看它傲霜斗雪，毅然挺立，就像顶天立地的巨人一样。

梧桐树

1. 看，那一棵棵高大、茂盛的梧桐树，枝叶重重叠叠，它们手拉手，肩并肩，像一对对亲密的朋友。

2. 小小的梧桐只有两只筷子那么高，像我的手指那么细。碧绿的树干顶上，顶着一颗褐色的芽，像用暗红色的宝石雕成的，上面布满细细的茸毛。

3. 在初春的暖风里，满天飘着梧桐树毛茸茸的黄色的飞花，像天上落下了奇异的雪。

4. 夏天，法国梧桐树伸出宽大的叶子，在校园上空撑开了一把巨伞，遮住了直射的阳光。

5. 战胜了凛冽的寒风，春风温暖了小梧桐，顶芽绽出了嫩叶，褐色成了鹅黄，不久转成翠绿。小手掌般的嫩叶，迎风抖动，像在向我们招手。

6. 那一片片梧桐的枯叶在秋风中纷纷飘落下来，好像满院都是飞舞的彩蝶。

7. 法国梧桐树上那鼓圆了的芽苞，已伸展开来，像一个个淡紫色的小喇叭，桠杈上吐出了半透明的青里带红的芽，就像小佛手一般。

8. 五彩缤纷的秋天到了，梧桐树枝上生出了一串串黄色的小果实，远看就像一个个小铃铛。

9. 梧桐树那疏密有致的枝条在夜空里舒展，一根枝条擎起一蓬紫微微的花串，笑望明月，舒蕊展瓣。

10. 梧桐的树皮很粗糙，一块块像一片片鱼鳞。长长的树枝向四周伸展，一片片树叶犹如一把把小蒲扇，组成了一个伞状树冠。

11. 放眼望去，零星的桐树，一树树繁花密朵，像团团乳白色的云雾，飘浮在

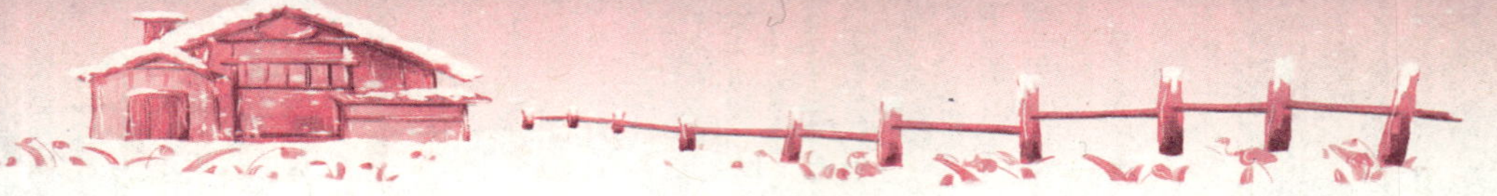

连片的冬水田亮晶晶的水光里。

12. 梧桐树的叶子黄了，一片片飘下来，像美丽的蝴蝶在空中飞舞。

好段

1. 春天，梧桐树抽出新芽。那芽绿得那么艳，那么鲜，那么可爱，它无声地向我们传递春天的信息。在那苦甜的春雨滋润下，芽渐渐长成嫩绿的叶片。叶片绿得像翡翠似的，一阵春风吹过，满树的小叶片颤动起来，非常好看。这时，梧桐树犹如戴上一顶美丽的绿色的冠冕。

2. 春天，梧桐树抽出嫩绿的小叶，整个街道笼罩在朦胧的绿雾中。阳光透过树叶，撒下斑斑驳驳的金光，人们仿佛置身于绿色的海洋中，享受着春天的绿意。夏天，烈日当头，火辣辣的太阳射下万道利剑，梧桐树伸展着茂密的枝叶，为人们遮荫，调节气温。走在那光斑点点的树荫下，觉得格外凉爽、惬意。秋天，梧桐树的球掉了，叶子黄了，一阵凉爽的秋风吹来，叶子打着旋纷纷飘落。这时清洁工把落叶扫在一堆，烧成灰烬，倒在花园里，给花做肥料。冬天，梧桐树的枝上挂满了白雪，仿佛是一朵朵盛开的梨花，点缀着这银装素裹的城市，使人感受到一种晶莹洁白、神奇、童话般的美。

3. 春天，梧桐树在春风的吹拂下，在春雨的滋润下，长出嫩绿的小芽，就好像探出来的小脑袋，好奇地欣赏着春天的美景；夏天，梧桐树在暴烈的太阳光照射下，长得枝繁叶茂，像一把把撑开的绿绒大伞；秋天，一阵凉爽的秋风吹来，变黄了的梧桐树叶如同接到命令一般，打着旋儿，不断地飘落，像一只只黄蝴蝶在翩翩起舞；冬天，梧桐树落光了叶子，树枝上堆满了柔软的雪，好像穿上了一件洁白的大衣，远远望去，玉树琼枝，粉妆玉砌，充满了诗情画意。

4. 每当我走进校门，就会看见一棵梧桐树。梧桐树又高又大，高得跟我们学校的三层楼差不多，大得一个人怎么也抱不过来。它的树干不太直，是银白色的，上面有许多“伤疤”。树枝有粗有细，有长有短，有的往上翘，有的往下垂，有的是平展的，多得数也数不清。每根树杈上都长着许多嫩绿的新叶子。春风一吹，一张张树叶像一只只摇摇摆摆正在走路的小鸭子的脚。我站在这棵梧桐树下抬头一看，梧桐树像一把绿绒大伞。下小雨了，我只要在梧桐树下，就不会被雨淋湿。炎热的

夏天，梧桐树能挡住太阳的万道热箭。课间，我和伙伴就可在梧桐树下面尽情玩耍。梧桐树多像一位忠实尽职的卫士，不管刮风下雨，也不管严寒酷暑总是把学校看得好好的。

榕树

1. 老榕树绿叶铺天盖地，像是从空中飘下了半天绿色的云雾，走进这云雾中，空气特别地清凉芬芳，沁人心脾。

2. 榕树躯干雄伟，绿叶参天，根深叶茂。一株大榕树的树荫，多么像一个露天的礼堂呀！怪不得几百年前，就有人称它们作“榕厦”了。

3. 老榕树那弯弯的树干撑起巨大的树冠，好似一把绿色大伞，茂密的枝叶把阳光遮得严严实实，只洒下细细圆圆的光斑。

4. 那棵大榕树，好像一把擎天巨伞，独木成林，遮住了大片地面。

5. 榕树那一把一把的气根，一接触到地面就会变成一株株的树干，母树连同子树，蔓延不休，独木可以成林。

6. 那棵古榕树，那有着深深裂痕的树皮，记载着无数次风雨的侵袭；那屈曲盘旋的虬枝，在向人们透露它艰难的成长过程……但在无数新苗中间，它却返老还童，更加郁郁葱葱，苍翠欲滴。

7. 古老的榕树，饱经沧桑，大多数枝干屈曲盘旋。

8. 榕树那墨绿色的叶子在任何季节都苍翠欲滴，闪着绸缎似的柔润光泽，给人沁凉、舒服的感觉。

9. 这株大榕树，每一片叶子都绿得发蓝，在阳光的映照下，满树好像垂挂着无数忽明忽暗的蓝宝石。

10. 老榕树根深叶茂，虬枝盘旋，像一个慈祥的长者，静静地站在绿草如茵的

湖畔。

11. 榕树树冠一团团，一片片，像左盘右旋的绿色巨龙，盘卧在大地上。

12. 从大榕树那无数的叶隙中筛下来的阳光，却像无数彩色的丝线，闪闪烁烁地交织在一起，仿佛一切绿色的生命都在欣欣地搏动。

13. 榕树枝枝交错，有的盘曲伸展，形成富有艺术美的曲径回廊；有的扭作一团，像雕龙刻凤的殿柱，疏密相间，撑起一座美丽雅致的宫殿。

好段

1. 这棵大榕树不是生长在肥田沃土中，而是扎根在巨大的板石上。它的根拔石而起，不到几天便一分为三，形成主干。它们相互靠拢，又有一定的间隙。许多笔直的像椽子粗、擀面杖粗的枝干，是古榕的数代儿孙。沿着它们往下去寻根，进入眼帘的则是一个界限模糊、互相拥抱着的浑然整体。只见根干交叉密织，简直成了一张无限大的树网。上覆浓荫，下托绿水，丝毫不受外界的侵扰。

2. 好茂盛的大榕树，整个树冠差不多能遮盖住我们的操场，椭圆形的叶片，一层层，长得密密麻麻，像一把绿绒大伞，把天空封得严严的，只能投下星星点点的光斑了。这棵大树主干很直，枝干很古怪地弯曲着。成千上万条气根从树上流水般地垂挂下来，像老爷爷的胡须。

3. 现在正是枝叶繁茂的时节，这棵榕树好像在把它的全部生命力展示给我们看。那么多的绿叶，一簇堆在另一簇上面，不留一点缝隙，翠绿的颜色明亮地在我们眼前闪耀，似乎每一片树叶上都有一个新的生命在颤动，这美丽的南国的树。

4. 榕树那粗壮和高大的躯干，多么像力大无穷的勇士；而密密层层的绿叶，竟像是勇士们撑起巨大的伞，在刚刚驱散了雾气的阳光底下显得苍翠欲滴。绿叶丛中有一簇簇深褐色的根须，紧紧地虬结在一起，有的像长在一起的藤萝，垂到了地面。

5. 天渐渐热了，榕树也变得枝叶繁茂，正处在这旺盛时期的榕树，伸出巨大的手臂，慈母般地环抱着奶奶家的窗口。我们也像它的孩子似的扑到榕树怀里，感到无比亲昵。

榆树

1. 春风轻轻吹拂，细雨悄悄滋润，榆树上那褐色的芽，变成柔黄泛绿的圆圆榆钱了。

2. 每当春暖花开的时候，漫山遍野的榆树，就好像与鲜艳的桃杏争妍比美似的，柔软碧绿的枝条上挂满微红的小花骨朵。

3. 五月间，正是百花争艳、百鸟争鸣之时，成熟的榆钱儿都像一个个小精灵，带着它金色的梦，离开树妈妈去旅游了。

4. 到清明节前后，那密密的榆钱儿便爆开了嘴，吐出片片圆圆的花瓣，拥拥挤挤，一嘟噜一串儿的，把那细细的枝条都坠弯了。

5. 春末，老榆树长出指甲盖大小的榆花，榆花也叫榆钱儿，圆圆的，白白的，中间厚，周围薄。春天，榆钱儿纷纷扬扬地飘落，树下像散了一地的铜钱儿。

6. 夏天，老榆树用它那茂盛浓密的枝叶，织成一把撑开着的绿绒绒的大伞，为同学们遮阳，就像一位慈祥的老奶奶守护着她的儿孙们。

7. 暴风吹来了，粗大的榆树像一个喝醉酒的醉汉，摇来晃去，还发疯似地甩起了胳膊。

8. 秋天，老榆树的叶黄了，叶片像一只只黄蝴蝶在空中飞舞，树枝却像一枝枝梭镖直往地上打。

9. 老榆树的树干像老人的脸，皱纹累累，带着斑痕，中间已经空了，树根弯弯曲曲露出地面，像蜘蛛把网抓得牢牢的。

10. 老榆树已经很老了，疙疙瘩瘩的树皮上布满了裂纹，就像老爷爷布满皱纹的脸。这是老榆树饱经风霜的见证。

11. 冬天，大雪纷飞，老榆树像一位巨人，站在风雪中，傲然挺立。

12. 老榆树的树身很粗很粗，树皮裂成了一块儿，一块儿，像大片的鱼鳞。

好段

1. 这榆树在园子西北角，来了风，它先啸；来了雨，这榆树就先冒烟了。太阳一出来，大榆树的叶子就发光，闪烁得和沙滩上的蚌壳一样了。

2. 炎热的时光来临了，阳光照进校园，照得老榆树枝叶充满生机。太阳像个火球，放射出火热的光芒。老榆树用它茂盛浓密的枝叶，织成一把撑开着的绿绒的大伞，为同学遮阳，就像一个慈祥的老奶奶在守护她的儿孙们。

3. 我们教室门前有两棵老榆树已经五十多岁了。在半个世纪的风风雨雨、严寒酷暑之中，它巍然挺立，像两个卫士一样守卫在大门的两侧。远看，它们的树冠，活像一个大扇面；近看，它的腰部直径约有一米多粗。真的，两个人手拉手都合抱不住它。它的躯干上，斑斑点点，又多么像那饱经风霜的苍劲强壮的老人啊！

4. 金色的季节来了，老榆树在秋风中哼着丰收的曲子。那满树的落叶，多像翩翩起舞的彩蝶呀！看到那些彩蝶，我们都沉浸在春华秋实的遐想中。

5. 大雪纷飞，老榆树像一位巨人，站在风雪中傲然挺立。鹅毛般的大雪，落在它的头上，西北风像一头猛狮向它扑来，仿佛要吃掉老榆树。一次、两次、三次……老榆树用它那顽强的意志，战胜暴风雪，它多么像战斗在云南边防线上的英雄啊！

6. 冰水流淌的四月初，榆树便冒出褐色的芽，逐渐变深绿。细雨悄悄滋润，微风轻轻吹拂。那褐色的芽，只那么一瞬间，便变成嫩黄泛绿的圆钱了。榆树像很得意的样子，细长的柔枝低垂下来，上面满是挤挤扎扎的榆钱儿了。这些榆钱儿圆圆的、白白的，中间厚、周围薄。微风吹过，榆钱儿纷纷扬扬地飘落，树下像撒了一地的铜钱儿。

枫树

1. 岸边一排排枫树，举着那被秋风染红的叶子，在微风中摇曳，发出轻轻的哗哗声，偶尔落了几片红叶，给发黄的草坪缀上斑斓的色彩。

2. 被云雾洗刷过的红叶，就如同沾着露珠的红玛瑙，闪闪发光。从东望去，山坡上仿佛飞过一团团流火，燃烧着……

3. 山腰之上，黄栌树丛生，枝叶如云，金秋时节，层林尽染，如火如荼，恰似少女红装。

4. 漫山遍野的枫树，火红的枫叶这里一簇，那里一团，像火苗在燃烧，像红绸在飘舞，把山冈点缀得更加富有生气。

5. 香山黄栌叶红了，一片片，一簇簇，夹杂在漫山遍野的松林之间，就像点点星火闪耀着红艳艳的光芒。

6. 满山的树叶子都变得彤红彤红的，在微风中像无数闪耀的火苗在燃烧。

7. 南峰上红叶满山，浓淡相间，层林似染，绚烂如锦。

8. 漫山的枫叶红了，红得像晚霞，像火烧云，它们好像在和寒秋挑战，真是“霜叶红于二月花”。

9. 许多杂树叶子变成金黄了，枫树的叶子却是一片火红，它们同翠绿的青松错落在一起，真是一匹人间少有的锦缎。

10. 那枫叶的红色，并不是单纯划一的，其中有枯黄的、粉红的，有玫瑰红的、绛紫的，真是姹紫嫣红，灿烂如锦簇，使人眼花缭乱。

11. 霜秋季节，眺望远处横迤的红色枫树的山峦，艳丽如花的红叶，如火如锦，映红了半边天空。

12. 这千树万树的红叶，愈到深秋，越加红艳；再加上蓝蓝的天空中，几朵雪白的云朵相映照，远远看去，就像在大火中燃烧。

13. 散生在常绿林中的枫树，有的高大挺拔，如旌旗飘扬，有的纤细娟秀，似鲜花好看。

14. 夕阳下，经过霜打的红叶，闪耀出奇异的金属般的光辉，那般璀璨，那般辉煌，简直是一朵玫瑰的霞，一蓬燃烧的火。

15. 初冬时节，那片片枫叶都红了，一阵风吹过，叶片就像是一些花瓣似的飘落下来。

16. 凝望四周，上下左右全都是翩翩的红叶，红得像一团火焰，阳光透过红叶，把草地都染红了。

17. 一棵棵枫树，火焰般瑰丽，赤红得奇异，乍一看，好似树冠是一蓬蓬熊熊燃烧的火光。

好段

1. 秋天，那遍布山坡的是枫树红叶。这些红叶的外形都不一样，有的长圆，有的扁圆，还有的像五角星。颜色也各有不同，青的嫩青，黄的深黄，红的鲜红，有的已是褐色，姿态万千，绚丽多彩，就像千万只色彩斑斓的蝴蝶，在明亮、高远的蓝天映衬下，显得更加惹人喜爱。凉爽的秋风吹过，叶子发出阵阵柔和的“沙沙”的声响。树枝轻轻摇晃，好像在向游人们频频招手、点头，亲切地说“欢迎，欢迎”。

2. 走近枫林，看那树身不但粗壮，而且高大，高高的树干上伸出无数枝杈。那片片红叶在微风中轻轻地抖动，不时飘飘悠悠地落下来，给山路铺上了一条红色的地毯。踩上去感到那么柔软，那么舒服。我轻捡起一片枫叶，那红彤彤的叶面上布着清晰的叶脉，边缘上长出均匀的锯齿。样子虽然像张开五指的小手，但颜色却像一团燃烧的火焰。

3. 在我们面前矗立着一棵高大的枫树。这棵树像一个顶天立地的老人，又像一个威严的哨兵，粗大、笔直的树干直插云霄。树尖上，那一簇簇红了的枫叶，像一团团火焰。登高从上往下看，偌大的树干像一把特别的“大红伞”，十分有趣。

4. 从温泉上山，一路所见苍翠的山峰，褐色的峭壁等等，而最引人注目的还是那一株株高大的丹枫。沿途只见峭壁间挺立着棵棵丹枫，枝繁叶茂，犹如覆盖着朵朵红云。而散生在常绿林中的枫树，有的高大挺拔，像旌旗飘扬；有的纤细娟秀，似鲜花朵朵，愈发显得鲜艳可爱，风韵动人。

枣树

好句

1. 枣树的叶子是椭圆形的，而且油亮油亮的，阳光一照，闪闪烁烁，像是给枣树缀上了许多绿色的宝石。

2. 不知什么时候，那些可爱的小黄花渐渐落了，花瓣脱落的地方，便长出了一颗颗亮晶晶的小枣，那么干净，那么光润，像颗颗绿色的珠子挂满枝头。

3. 一阵微风吹来，我闻到了一股沁人心脾的芳香，原来这浓香味是从枣树那米粒般大小的花朵里散发出来的。

4. 夏天，一棵棵挺立着的沙枣树上开满了银白色的小花，犹如一个个白色的喇叭，在微风中一颠一荡，奏出了生机勃勃的歌。

5. 进入八月，枣树上果实累累，一嘟噜一串串的红彤彤的大枣压弯了每个枝头，让人一看就生爱慕之心。

6. 秋天来了，树上挂满串串大红枣，好像为绿叶镶上了无数颗红宝石，在阳光照射下红绿逼眼。

7. 秋天，枣树结满果实，一颗颗小枣由青到红像一颗颗红宝石，点缀在绿叶中间。

8. 每年暮春，当桃李占尽春光之后，枣树才在那坚硬的枝头绽出嫩叶，那嫩叶，一簇簇的，像是镶嵌上去的翡翠，在阳光下闪闪发光。

9. 枣树有高有低，有粗有细。它们的皮很粗糙，上面裂了一道道缝；它们的叶子光滑嫩绿，上面像涂了一层油似的；它们的果实成熟后又大又甜，味道很可口。

好段

1. 四月，枣树开满了黄嫩黄嫩的小花，引来小蜜蜂“嗡嗡”地歌唱，我家院里整天飘荡着甜甜的花香。不久，花谢了，结出了一颗颗绿色的宝石——小枣。这些枣儿慢慢长大，渐渐变红了，像缀在树上的玛瑙。我一看见，嘴里直流口水，恨不得一下子摘几把枣儿美餐一顿。

2. 春天，大地苏醒了，草木欣欣向荣，两棵枣树那光秃秃的树枝上，长出了许多嫩绿的小芽。几个星期过去，那些小芽就长成一片片淡绿色的小叶，椭圆形的叶子油亮油亮的，阳光一照，闪闪烁烁，像是给枣树缀上了许多绿色的宝石。

3. 金秋来了，枣树在秋风中悄悄地把自己的全身染黄了，青绿的果实也被染上了一个个红点。“七月十五红鼻枣，八月十五打罢了。”到了八月，每个庭院里都热闹起来了，人们爬上树，拿着竹竿一打，红枣就哗哗地从树上落下来，像下了一地的玛瑙。

4. 夏天到了，嫩绿色的小叶慢慢变成深绿色。在这些叶子中间，生出了许多像小米粒一样的东西，那就是枣树的花骨朵。六七月间，这些花骨朵竞相绽放出一簇簇金黄色的小花。

5. 冬天里的枣树光秃秃的，可是一到春天，光秃秃的树枝上便长出了许许多多数不清的嫩绿嫩绿的小芽。这些小芽逐渐地长大，慢慢地，叶子成了卵形或是长圆形；没过多久，枝头上就长满了碧绿的叶子。

6. 深秋了，枣树的叶子由绿变黄，渐渐脱落。那些绿色的枣子渐渐变红了，一串串的像无数的小灯笼，火红火红的，像无数的笑脸，欣喜地向人们报告着，一年一度的收获季节到了。

7. 寒冬来了，北风呼呼地怒吼，大雪纷飞。这时，枣树的树皮像老人的手掌一样都裂开了口子，它的枝杈伸向四面八方，它的主干伸向天空。枣树巍然屹立，既不怕北风刺骨，也不怕大雪重压。它在这样恶劣的环境中仍然刚劲挺拔，仍然顽强不屈，蓬勃向上。

柿子树

好句

1. 一棵棵柿树，撑开着密密的树盖，枝干上挂满了一个个小灯笼似的柿子。

2. 小柿树的树干一味地向南伸展开去，倒卵形的树叶多呈深绿色，叶面向着天空，像是渴望着什么。

3. 西山洼里那一片柿树，红得多好看，简直像一片火似的。

4. 一颗颗鹅蛋大的柿子露了面，出了叶，由浅绿变成红黄色，灯笼似地挂在枝梢上。

5. 柿子树上缀满了沉甸甸的柿子。这些红得透亮的柿子，像一个个小红灯笼，在繁密而又苍翠的冬青树的映衬下，显得更加鲜艳可爱。

6. 深秋季节，那柿树的千枝万杈挑起一盏盏红灯笼，在秋风里摇荡，在蓝色天幕上闪烁。

7. 在家乡的小河畔，有许多柿树，细的如碗口、粗的如小水缸，树干是灰褐色的，看起来很粗糙，一棵棵显得精神刚劲。

8. 当春暖花开、细雨如丝的时候，柿树贪婪地吮吸着甜美的甘露，舒展着嫩绿的枝芽，一片片椭圆形嫩绿的叶子在雨雾中欢快地伸展着。

好段

1. 春雨过后，柿树尽情吮吸着这春天的甘露，在明媚的春光下孕育着新的生命力。那一片片嫩绿的新叶在阳光下舒展着，闪着绿光，一派生机。

2. 春天，那状似干枯的树枝上开始露出黄嫩的新芽。不几天，这些新芽便长成了尖尖的、毛茸茸的叶片，很快这些小叶片神奇地长成了又大又厚的叶子。俗话说："四月八，大麦小麦穿柿花。"小麦秀穗时，整个树开满了黄澄澄的柿子花。这种花上圆下方，上面四个花瓣向外裂开，在花朵里面有赭色的花蕊，上面粘满了晶莹的蜜糖，如把它放在嘴里一吸，清凉香甜。深秋是柿子成熟的季节，柿树上那压弯枝头的果实，像一盏发亮的小红灯笼，那宽厚的黑绿色的叶片，如今也被通红的果实染上了一层丹粉。

3. 夏天，柿树开花了，黄色的小花点缀在碧绿的叶子间，显得美丽极了。一棵棵柿树像一把把绿底黄色花朵的大伞，花儿又像满树的星星，熠熠发光。

4. 柿子树是一种落叶乔木，最大的高达十米以上。它主要的种植方法是嫁接。当风和日丽、春暖花开时，它的枝条萌发出嫩绿的新芽。谷雨后，便开出黄花，叶子也由嫩绿变成深绿，过上一段时间，花儿便慢慢开始凋谢。凋谢下来的小柿花，孩子们用线将它穿起来，挂在脖子上，如同黄色的宝珠。这时，青绿色的小柿子便出生了，它们在阳光雨露的抚育下，随着时令的变化，由绿变黄，越来越大。

5. 阳光透过柿树那稀疏的枝叶直射下来，那光洁的水池地上便倒映出它那纤细的倩影。这一簇，那一簇，颜色或浓或淡，好似一幅泼墨山水画。一阵微风迎面拂过，大片的树叶便随着摆动起来，山水画碎了，像撒上一层碎银，又像微波荡漾的一池湖水。这一切多么美啊，给人一种恬静的感觉！

6. 远方而来的客人，当你迎着微微的秋风，走进素有"聚宝盆"之称的商洛山中时，你的眼前会呈现出一排排、一簇簇圆形的树头。交错的枝杈，橘红的阔叶果树，从远处望，它们仿佛是一把把撑开的雨伞。这时，你准会说它们是枫树呢！可是当你走近前细瞧，就会发现那些红色的叶子当中，还长着一嘟噜、一疙瘩、一串串玛瑙似的圆果实。红的火红，黄的泛金。那就是我们商洛山区的特产——柿子。

7. 秋天，那株小柿树的叶子有的已经发红，它们和绿叶相间，十分好看。枝头上挂满黄澄澄的小柿子，有的独坠枝头，有的三五成群地聚在一起。

苹果树

1. 春天，果园里的苹果树，花儿竞相开放，那庞大的树冠变成了巨大的花团，远远望去，一簇簇，一团团，好像山坡上堆起了巨大的雪堆。

2. 苹果树开花了，全园充满了粉红色的云雾和清甜的香气，到处都能闻到花香，别的气味都被它冲淡了。

3. 夏天，苹果花落了，满树长满了翠绿的、纽扣般大小的苹果，像琉璃球，像翠玉缀满枝头，真叫人喜个不够，看个不够。

4. 站在山坡上往下瞭望，只见一行行的苹果树，像一座绿色“长城”，郁郁葱葱，枝粗叶茂，十分壮观。

5. 秋天是丰收的季节，树枝上挂满了又大又红的苹果，像挂着满树的红灯笼。在阳光的照耀下，晶莹剔透的大苹果不时闪着光彩。

6. 这些苹果树的叶子又绿又密，像一池碧绿的春水，风儿一吹，掀起涟漪绿波。

7. 苹果树树干上长满了干苔，它那参差不齐的、光秃秃的树枝上，点缀了几片泛红的绿叶，弯曲伸向天空。

8. 那压满枝头的苹果，蒙着一层薄薄的露珠，在晨光中像是点亮了千万盏小灯笼，还散发着醉人的馨香。

1. 清明刚过，苹果树的枝头上就长出了无数花骨朵。花骨朵呈浅红色，是那样鲜艳，那样可爱。随着天气变暖，花骨朵逐渐长大。四月下旬，苹果树上的花和其他花儿一样，争先恐后地开放了，一眼望不到边的苹果园变成了花的海洋。远远望

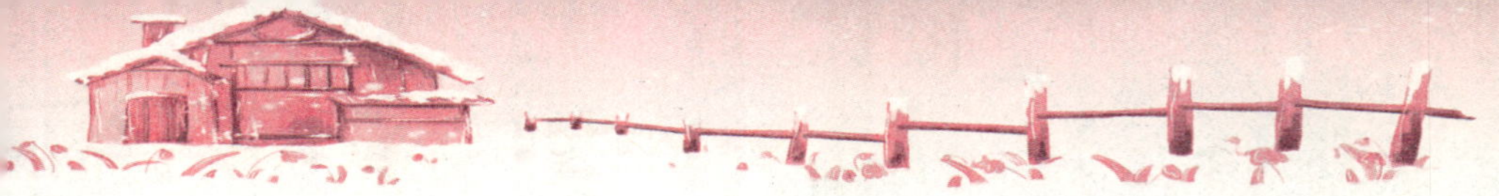

去，红彤彤的一片，春风一吹，花香飘万里。这无边的花海，不但招来了成群的蜜蜂采蜜，也招来了成千上万的游客来观赏拍照。

2. 秋天，苹果成熟了，硕果累累挂满枝头，压弯了树枝，像一个个沉甸甸的圆灯笼，金黄的、翠绿的、深红的，一个个溜光水滑，一个个红艳艳的大苹果散发着阵阵诱人的香气。

3. 花儿一谢，树上便结满了深绿色的小苹果。又过了一些时候，苹果逐渐变大，颜色也逐渐变黄，有的地方还变成了淡红色。待到九十月份，苹果就成熟了，远远望去，硕果累累，挂满枝头，像一个个沉甸甸的小圆灯笼，把树枝压得弯弯的。

4. 夏天，苹果树正是茂盛的时期，每个枝条上长满桃形叶子，绿油油的，你挤我，我挨你。一棵棵果树，就像一把把绿色的大伞，在绿叶下边已经长出了小苹果，只有杏子那么大，也是绿色的，像一颗颗晶莹的绿宝石。摘下一个，咬一口，果皮较厚，果汁不多，果肉酸中带涩。这些翠绿色的叶子和鲜嫩的果实在阳光照射下，油光明亮。这时节，果园又变成了生气勃勃的绿色海洋。

5. 秋天，苹果树上的叶子逐渐发黄脱落了，苹果挂满枝头，压弯了枝条。青香蕉苹果青中带黄，散发着诱人的香气；红香蕉苹果深红泛紫，色泽鲜艳；“金元帅”黄澄澄，金灿灿的；“大国光”绿得鲜亮，叫人喜爱；“红玉”像小姑娘羞红了的脸，更有一种魅力……这时你站在远处观望果园，枝头上的苹果大小不一，色彩各异，果香扑鼻，简直成了苹果的海洋。

6. 冬天，大雪笼罩着整个村庄，苹果树的叶子也落光了。可是果农伯伯并没有闲下来，他们忙着给果树剪枝、施肥，为迎接下一年的大丰收做准备。

其他树

句

1. 桑树，你没有柳树那样婀娜的枝条，也没有白桦那样高大的躯干。一身粗糙

的皮肤，是你含辛茹苦的象征；茂密的叶子，是你勇于奉献的结果。

2. 初夏，石榴树开出了火红的花，像是燃烧的小火把，远远望去，又像绚丽的晚霞。

3. 荔枝树四季都不落叶，它的叶是深绿色的，呈爪子形。春天的二三月是荔枝的花期，荔枝树开的花虽不像桃李那样烂漫娇艳，却也质朴可爱。

4. 在细雨如丝的季节里，荔枝树贪婪地吮吸着春天的甘露，舒展着四季常绿的枝叶，开放着一簇簇绿中带白色的花朵。

5. 亭亭玉立的茶树，只要一到春天，它就开出一朵朵碗口大的红茶花，把树枝都压弯了。

6. 合欢树那云片状的枝叶，形成伞状树冠，风姿潇洒而清秀。

7. 那带有斑纹的椰子树树干总是笔直地挺立着，像一个刚毅的巨人，屹立在祖国的宝岛。椰子开放着白里带着淡黄色的小花，一簇簇一团团，是那么生机勃勃。

8. 那株高大的樱桃树上，缀满了团团簇簇的樱桃花，如一片悠悠飘动的粉红色的烟云。

9. 春雨一下，鹅黄的春笋从土壤里钻出来，像一只只刚破壳的小鸡一样。它越长越高，尖尖的脑袋，像一把锥子要把蓝天顶破了似的。

10. 佛手树是一种绿色的小乔木。果实如手，形态千姿百态，因此得美名“佛手”。它不仅好看，而且是一种名贵的药材。

11. 阳春三月，香椿芽开始露头了，一个个小芽头挨着头，就像是多年不见的老朋友在亲吻呢！

12. 无花果树长得非常茂盛。浅棕色的树干，左右分枝，向上伸展着，上面长着碧绿的叶子。

13. 春天柚子树开花了，满树都是白色的小花，像一朵朵茉莉花一样，微风吹过，阵阵清香，沁人心脾。

好段

1. 一到深秋时节，那佛手树挂满了一簇簇的果儿，狭长的树叶在阳光的照射下绿得发光。从远处看，就像一把无比宽大的伞。

2. 桦树在风和日丽中迎风舒展，婆娑摇曳，不懈地向大地吸取着养分，不断充实自己，积聚生命的活力；每遇狂风暴雨时，它的每一根枝条，每一片叶子，都舞姿翩翩、沙沙作响，好像互相呼告着信息，笑迎暴风雨的到来；在夏日酷暑里，它泰然自若地伫立着，无所畏惧炎炎烈日，焕发出蓬蓬勃勃的生机。

3. 那樟树有上百年的寿命。它枝叶繁茂，那四季浓绿的树冠张开的巨网，覆盖着上空；那粗壮的树枝盘绕弯曲，像一条条长龙；木桶般的树身虽然内中空了，却铮铮似铁；树底下盘根错节的树根深深地扎在泥土里，有的还隆起在地面上；褐色的树皮犹如战士身上的盔甲，使得这苍老的大树虎虎有生气而威武雄壮。

4. 槟榔树和椰子树一样，笔直的干，亭亭玉立。绿色的树干顶端长着羽状叶，展开的叶子像孔雀开屏。米黄色的花鞭，一簇簇、一串串的果实嵌在羽状叶中间，像串串珍珠、玛瑙。

5. 春天，紫荆树长出嫩绿的枝叶；夏天，它的枝叶向四面伸展，把自己变成一把绿色的大伞；到了深秋，树上开满鲜艳的花朵，有紫红的，白的，像在大绿伞下绣上了美丽的花。

6. 杜仲树在我的家乡到处可见，是一种较为平常的树。它们有的生长在肥沃的田野里，好像覆盖着大地的绿毯；有的生长在蜿蜒清澈的小河边，为小河增添了幽静的浓荫，有的生长在房前屋后，形成一层碧绿的帷帐……杜仲树啊，你生长在家乡的每一个角落，为家乡增添了翠玉般的色彩。

7. 金色的秋天来临了。树杈上满是核桃，就像一盏盏碧绿的小灯笼。核桃熟了，人们就用竿打下核桃，噼里啪啦，核桃不停地从树上掉下来。人们看着一个个又圆又大的核桃，打心眼儿里高兴。

8. 红树是一种生长在海水之中的绿色植物。树干粗糙杂有褐色。它们形态奇特而秀丽，卷曲的树干和交错的地面根，有的像手挽着手肩并着肩而立，有的像绵羊望山，有的似仙翁观海，有的如龙宫幻影，还有的仿佛猴首狮身。那长短不一的须状根，有条理而又扭曲地扎根在水里。那青翠而秀丽的树冠，宛如一位美丽的绿装仙女，婀娜多姿。在涨潮时，她犹如出水芙蓉，千姿百态，逗人喜爱。

9. 迈进园林，那一株株高大的橘冠宛如一把把撑开的绿伞。它们挨地开枝，枝干多得不计其数。枝上的叶子挤挤挨挨，一簇堆在另一簇上。叶面在春雨的滋润下长出了一层新绿，新绿在阳光中透出几分油油的绿意。摘一片在手心中一揉，强烈的叶香沁人心脾。最诱人的应算橘花了，绿叶丛中点缀着一朵朵，一簇簇，活像满树的雪花，那浓浓的幽香更令人陶醉。

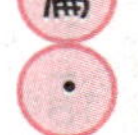

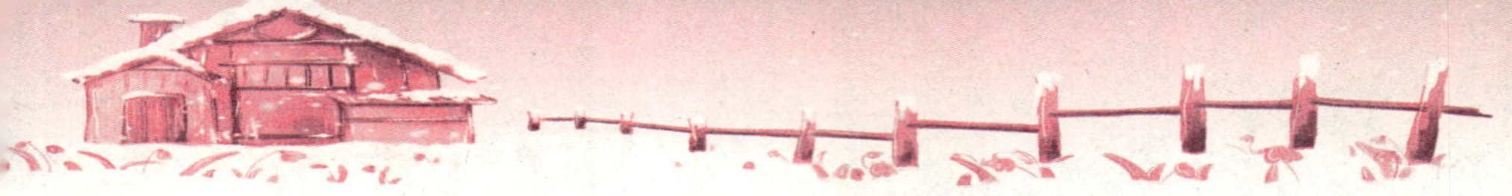

瓜果蔬菜

好词

水果 干果 瓜果 鲜果 果品 果肉 果皮 果瓤 果核 多汁 芬芳 可口 清香 诱人 鲜美 光泽 晶莹 甘美 酸甜 香甜 迷人 光亮 透明 光滑 甘甜 熟透 甜汁 松脆 苦涩 润泽 肥大 硕大 肥厚 饱满 滚圆 黄熟 尖尖 扁扁 圆圆 瓜秧 沙瓤 汁水 殷红 碧绿 金黄 橙黄 菜叶 菜根 菜花 瓜藤 蔬菜

一串串 一簇簇 一嘟噜 白花花 白生生 白嫩嫩 水灵灵 红彤彤 红艳艳 红殷殷 黄澄澄 黄灿灿 黄闪闪 绿汪汪 绿油油 绿生生 蓝汪汪 红嘟嘟 粉嫩嫩 红鲜鲜 甜津津 嫩生生 香丝丝 亮晶晶 亮闪闪 沉甸甸 脆生生 甜滋滋 滑溜溜 清一色 香喷喷 圆乎乎 圆鼓鼓 酸溜溜 软绵绵 绿盈盈 鲜灵灵 胖墩墩

硕果累累 漆青碧绿 缀满枝头 鹅黄嫩绿 瓜熟蒂落 果实饱满 披黄抹绿 瓜嫩皮薄 一片嫩绿 瓜熟瓤红 皮绿瓤红 一片碧绿 瓜菜成畦 果香汁甜 一片油绿 瓜甜籽少 绿中透黄 果香四溢 鲜红油亮 瓜蔓株连 果肥汁甜 青红二色 皮绿瓤红 红绿相间 果甜瓜香 嫩叶垂绿 果香诱人 盈盈欲滴 半红半白 绿叶黄花 藕断丝连 顶花带刺 垂实如珠 茂盛鲜嫩 晶莹透亮 香透天地 瓜圆如盘 肥嫩硕大 肉质鲜美 细嫩清脆 紫黑溜圆 瓜长似枕 晶莹闪光 青黄交错 鲜甜香脆 鹅黄嫩绿 个大皮厚 半红半绿 秋旺瓜肥 紫中带亮 叶青茎白 清爽可口 时新蔬菜 白里透红 冬瓜肥硕 鲜红透亮 白菜肥嫩 挂满枝条 黄瓜鲜嫩 鲜嫩水灵 南瓜扁圆 又酸又甜 茄子润紫 汁甜肉脆 苦瓜皱纹 酸甜可口 辣椒尖长 番茄猩红 西瓜碧绿 甜中带酸 韭菜扁细 秋实累累 油菜花黄 又苦又涩 石榴酸甜 香瓜香甜 又香又脆 汁多肉甜 瓜果满园 荔枝丹红 果实肥硕 尖尖竹笋 营养丰富 瓜果梨桃 白梨脆甜 凤梨可口 桃甜似蜜 四季鲜果 樱桃鲜美 菠萝金黄 红枣满树

柑子烂黄　龙须金针　枇杷泛金　津津有味　葡萄串串

苹果

好句

1. 一枝枝、一树树成熟的苹果，像一群群风华正茂的妙龄姑娘拥挤在一起，它们并不羞羞答答，而是昂首侧脸、自得其乐地眺望高远的天空，彩色的山野。

2. 夏天，苹果树葱郁的绿叶闪闪发亮，密密匝匝，一个个小苹果像翡翠镶嵌在绿叶下面。

3. 那乳黄色里透出鲜艳的红色的苹果，每个都有半斤左右重，个个光滑圆润，闪着柔和的光，像是打了一层蜡，还散发着一阵阵甜丝丝的果香呢！

4. 秋天，硕大的苹果挂满枝头，压弯了枝头，像捉迷藏的孩子露出笑脸。

5. 那些“红国光”、“黄元帅”挤挤挨挨地挂在树上，躲在树叶后，露出一张张可爱的胖脸，笑迎着秋姑娘的到来。

6. 鲜艳的苹果，像山一样堆着，又像繁星一般在田园中闪烁着，散发着醉人的馨香。

7. 车上，装着两大筐苹果，红喷喷、黄澄澄的，堆得冒出了箩筐。

8. 一个个红艳艳的大苹果散发着阵阵诱人的香气，它们就像挤在一起的胖姑娘，扒开绿叶笑眯眯地往外瞧。

9. 苹果挂满枝头，像沉甸甸的圆灯笼，金黄的，翠绿的，深红的，一个个溜光水滑。

好段

1. “国光”像是一个欢乐开朗的壮小伙，年轻的笑脸，青翠的服装，拥在枝梢飘摇；“红玉”似一位雍容华贵的新嫁娘，娇羞的红晕，嫣红的衣衫，在绿枝上闪耀。

2. 千万个苹果缀满枝头，沉甸甸的，把树枝压弯了腰。瞧，“红星”又红又大，像小妹妹那通红的脸蛋一样；“金帅”黄黄的，像一个个黄澄澄的梨儿，“青香蕉”仍旧穿着一件翠绿翠绿的裙子，你闻一闻，香极了，准会使你垂涎三尺的。你再尝一尝，“红星”甜甜的，“金帅”甜中带酸，“青香蕉”吃起来虽然比不上“红星”、“金帅”，可它也有自己的好处，它的皮厚，可以保存到第二年春天。等到那时候再吃呀，嘿！凉滋滋、甜津津的，仍很好吃。

3. 我忍不住将没有熟透的苹果咬了一口，先是酸的，然后有点儿甜，最后又有点苦。熟透了的吃起来甜津津的，非常好吃；而陈年的苹果格外面、甜香甜香的。

4. 院子中间有一棵苹果树，树上果实累累，一个个苹果水灵灵的，像一盏盏小红灯笼似的，高挂在树枝上，红彤彤一片。苹果有小瓷碗大小，红里透黄，像一张张小妹妹的笑脸，逗人喜爱。你亲口品尝，又甜又脆。

桃

好句

1. 水蜜桃的颜色先是青的，渐渐泛白；到了熟透时，皮变得白嫩嫩，水灵灵的透明发光，里面的汁水像要喷出来似的。

2. 那桃园的确很大，一眼望不到边；一排矮墙似的桃树上，绿叶间挂满了扁扁的桃子，像夏夜的星星一样多。

3. 只见桃子有拳头大小，通红的桃尖，水灵灵的。

4. 桃子快成熟了，它身上的绒毛更稀疏，那条小沟显得更深了，小嘴也长得更尖了，颜色变红了，像抹上胭脂一样。

5. 盛夏，桃树结果了。桃子由绿变白，慢慢长大。熟透了的桃子水灵灵的，简直就如巧施脂粉的少女，美极了。

6. 老人从树上摘下一个大桃，热情地送给我，那桃红扑扑，水灵灵，桃顶尖弯弯的，真惹人喜爱。

7. 中秋时节，蜜桃成熟了，努着红扑扑的嘴巴，再配上一身小绒毛，显得那么好看，那么可爱，像害羞的小姑娘一样，低垂着头，涨红了脸。

8. 河岸树上的蜜桃熟了，把枝条压得弯弯的，弯向河面，像要照照擦了胭脂的脸。

9. 桃子已由白变红，红中透白，一个个像胖娃娃似的，红着脸，扒开树叶，俏皮地偷偷向人们笑。

好段

1. 几天过后，粉红的桃花纷纷落下，就像天女散花一样，飘飘扬扬，好看极了。不知什么时候，小桃偷偷地向外钻了，起初毛茸茸、青生生的。这是桃农们最忙的时候，他们开始疏果、打药忙个不停。当桃子长成鸡蛋大小时，颜色便由青变绿，由绿变白，只是仍然浑身是毛，不过毛越变越白，越变越细了。快成熟时，桃子由白变红，红中透白。一个个像胖娃娃似的，红着脸，扒开树叶，俏皮地偷偷向人们笑着。

2. 水蜜桃的颜色先是青的，渐渐泛白；到了熟透时，皮变得白嫩嫩，水灵灵的透明发亮，里面的汁水像要喷出来似的。桃子先是椭圆形的，上面长满了绒毛。这绒毛十分怪，只要手摸到它，一会儿，手便会发痒。桃子渐渐地长熟，毛也脱掉了，形状也由椭圆变成圆头带尖的了。

3. 春天的桃园固然美丽，盛夏的桃园更是令人欣喜。当你盛夏时节再入桃园，你会惊喜地发现神奇的大自然已把累累的果实捧上了枝头，昔日繁花已被个个鲜桃代替，一株株桃树，压弯了腰，实在是支撑不起了！再瞧那一个个桃子鼓囊囊、水灵灵的，多俊啊！青里泛白，尖顶绯红。用手摸摸，毛茸茸的；用鼻子嗅嗅，清香四溢。如果摘一个尝尝，从嘴里甜到心底，说不出有多喜悦，也说不出有多亲切……

4. 再往前走是一片桃树。桃树上缀满了桃子。有的似金玉，有的像红宝石……刘爷爷给我摘了一个熟透了的桃子。这个几乎红得发紫的大桃子，我真有点舍不得吃。轻轻咬开它，那新鲜红嫩的果肉露了出来，嘴唇上、舌头上同时也沾满了淡红的汁水。

梨

好句

1. 鸭梨的皮非常薄，薄得有时一碰就破；个大，大得叫你吃惊；汁多，咬一口像喝了一碗用甘泉冲出来的甜水。

2. 远远望见好大一片梨林，梨似铜铃，还一天天黄熟，这梨个头大，皮细薄，肉脆，汁多，甜得腻人呢。

3. 那一嘟噜，一串串肥大的莱阳梨黄澄澄、金灿灿，耀眼夺目。

4. 如果有人问我最爱吃什么水果，我会爽快地回答："鸭梨"。鸭梨，是我们这里的特产。

5. 那梨个儿真大，皮是嫩黄色的，浅棕色的斑豆，咬一口，又嫩又甜，像包着一汪蜜水，甜水顺着下巴直流。

6. 茶几上摆着水灵灵的鸭梨，黄澄澄的香蕉，金灿灿的蜜柑，还有玛瑙似的葡萄。

7. 烟台梨，个大皮黄，像一个大肚子葫芦，咬一口甜滋滋的，梨水流在舌头上，渗入嗓子，像吃了蜜一样。

好段

1. 故乡的鸭梨肉质细嫩，皮薄核小，个大无渣，最重的达400多克。咬开一尝，香甜可口，汁液会“唧”的一声溅人一脸。确实名不虚传，让人越吃越爱吃，越吃越想吃。去年中秋节，在台湾的小表弟第一次回故乡，因吃得太多，竟然一天多什么也没吃，全家再也不敢让他多吃了。

2. 秋天，鸭梨成熟了。矮墩墩的梨树上硕果累累，黄澄澄的，压弯了枝头。梨呈椭圆形，十分惹人喜爱，看了让人馋涎欲滴。摘一个，咬一口，不用嚼，它的汁液就会顺着你的喉咙滑进肚子里。即使含在嘴里，也会感到清凉解渴。梨汁甜滋滋的，让你吃了这个还想吃那个，百吃不厌。

3. “阳信鸭梨甲天下”，不错。莱阳梨有它的内秀而没有它的外美，河北梨有它的外美却没有它的营养。中秋节前后，阳信大地简直成了鸭梨的世界。院子里堆满了梨，公路两旁摆满了梨。外地的汽车、当地的专车川流不息、源源不断地忙碌着。

柑橘

好句

1. 橘子树挂满指头大的青果儿，像小姑娘躲在叶片后，暗暗送来阵阵幽香。

2. 成熟的橘子跟苹果一般大小，全身有些“小疙瘩”，有的红彤彤，有的黄澄澄。

3. 山上尽是橘树，树上挂满了一个个红彤彤的橘子，远远望去，就像一盏盏小灯笼点燃在绿色的屏风前。

4. 一阵秋风悄然无声地吹来，那满山遍野的广柑，像秋妈妈的孩子，在大山上欢歌笑语，又像无数个小灯笼在树上跳着美丽的舞蹈。

5. 山坡上金果累累的橘树，像一条条红绸在飘拂，像一片火烧云在飞腾。

6. 春雨过后，那柑橘花蕊之间钻出一粒粒珍珠大小的果实，绿油油的仿佛绿宝石一样逗人喜爱。

7. 到了秋天，柑橘林中不再是满枝繁花，而是累累硕果。那圆圆的柑橘有如万盏小灯笼，金灿灿、红彤彤，在墨绿的树叶里灼灼发亮。

8. 橘子成熟了，挂满了枝头，远远望去，就像一个个金灿灿的小灯笼，散发出诱人的香味，真叫人眼馋，人人看了都想吃上几个。

9. 红橘像无数个小红灯笼挂在绿珊瑚上，红得发紫，红得耀眼。

10. 橘子个不大，有些皮还长了麻豆，外表并不漂亮。但它橘瓣皮很薄，汁甜中带香，吃了还想吃，令人回味无穷。

11. 成熟的橘子挂在枝头上，远远望去，只见黄橘缀在绿叶中，简直是一幅奇妙的图画。

好段

1. 春末夏初，橘树开花了，一簇簇细小的白花戴在绿叶间，使人不易发现，但透出来的缕缕清香，使人越闻越爱闻。不久，花谢了，留下一颗颗比米粒粗一些的果果，扁扁的，嫩绿色的，以后橘子渐渐大了起来，颜色也稍稍深了一些。九月初橘子长得像小酒杯的杯口差不多大小，拿起来闻闻，一股浓郁的香味沁人心脾，头脑清醒，使人忍不住想摘一个尝尝。

2. 每年春天，当我们走进橘园里，一排排整齐的橘树，郁郁葱葱，树上洒满白色的小花，散发出阵阵迷人的清香。到了深秋时节，那橘树上的橘子更是喜人，个儿大，色彩艳丽，红扑扑的，一个个像小灯笼一样挂在枝头上，乍一看，还以为是精美的工艺品呢！用鼻子嗅一嗅，蜜橘的香味更是诱人。宜昌的蜜橘香甜可口，如果尝一口橘瓣，甜津津的蜜汁保管叫你恨不得把舌头也吞下去。

3. 十月，秋高气爽，橘子成熟了，满坡都是黄澄澄、金灿灿的，好像天空给橘园降下了一片金色的云，又像是苍绿的海面涌起了金色的浪。在绿叶映衬下，橘林显得更加美丽了，微风吹来，橘香笼住了家乡。

4. 金秋十月，秋高气爽，正是橘子成熟丰收的季节。那一簇簇、一串串金黄金黄的橘子就像一盏盏小灯笼悬挂在青纱帐中，红光闪闪，把每根枝条压得弯弯的。它们有的一半红一半黄，在绿叶下你拥我挤的，仿佛在窃窃私语；有的黄里透红，扒开绿叶笑眯眯地往外瞧；有的在秋风中向你点头微笑……多逗人喜爱。这时你只要看一眼；就会馋得直流口水，神迷心醉。若多看几眼，你会情不自禁地伸手去摘一颗。轻轻一咬，顿时微黄的汁水顺着嘴角流出，那酸溜溜、甜津津的清凉爽口的味儿，令人心旷神怡。

5. 金秋时节，满山遍野橙叶绿，微风吹来，阵阵橘香扑鼻。蜜橘成熟了，一个个黄中透红，个大皮薄。你剥开蜜橘的皮，立即露出一瓣瓣金黄色的果肉，掰一瓣放在嘴里，只要轻轻一咬，嗬，那甜甜的，又稍带点橘子特有酸味的汁液，犹如一股清泉射出，使人倍觉回味无穷。

6. 橘子外观呈球形，颜色橘黄油亮。我一剥开皮，顿时一股浓郁的清香直冲我的鼻子，沁人心脾。但见七八瓣月牙形的橘瓣紧紧地合抱在一起。我掰下两片放进嘴里，一咬下去，满嘴的橘汁甜津津的，酸溜溜的，味道真是好极了。

7. 橘子熟了，像苹果那般大小，全身有些“小疙瘩”。有的红彤彤，有的黄澄澄。把橘子剥开，一瓣瓣月牙似的，聚在一起活像个小灯笼。你若掰下一片，咬一个洞，一股又酸又甜的柑橘汁便流进你的嘴里，冷冰冰的，吃下去好不痛快。

8. 初冬时节，枝头的柑橘由青变红。金灿灿、红彤彤的果实挂满了枝头。那金灿灿的是广柑，红彤彤的是橘子。它们的样子相似，只是广柑略长，橘子略扁，但都是圆形的，仿佛万千枝条上悬着一个个小巧玲珑的小灯笼。广柑味道酸中带甜，橘子却是甜中略酸。广州的柑橘果大、肉厚、味纯，让人一见垂涎三尺。

枣

句

1. 那水灵灵、红艳艳的枣，像天上密密麻麻、闪闪烁烁的繁星，它们一个个都眨着调皮的眼睛。

2. 枣花落后，小枣就长出来了，青绿色的，像一粒粒糖豆豆，也不大好吃。这些小豆豆长得可慢了，总也变不红。

3. 秋天来了，树上挂满串串大红枣，好像在绿叶上镶上了无数颗红宝石，在阳光照射下红得逼眼。

4. 这年的枣真好！又大又圆，有青有红，青如碧玉，红似玛瑙，在阳光下闪闪发亮。

5. 那绿色的枣子渐渐变红了，一串串的像无数的小灯笼，火红火红的。

6. 树上长出了一颗颗亮晶晶的小枣，那么干净，那么光润，像一颗颗绿色的珠子挂满枝头。

7. 看那枣树，它结的枣像小葫芦，红彤彤地挂满枝头，因此得名“葫芦枣”。

8. 枣尽管没有苹果、鸭梨那么大，可它是一种营养价值极高的食品，补气养血，还可以做药材呢。

9. 枣这东西随着色变，味也在变，它绿时味涩，白时味酸，及至熟了，也就是红了时才色香味俱全，具备了受人喜爱的特点！甜中带酸，清香可口，还有点儿健胃的妙用呢。

10. 沙枣熟了，一串串深褐色的小枣，有点儿像江南的桑葚，咬开来，真是一嘴沙，然而这沙是湿润的，有点涩，也有点甜。

11. 红彤彤、圆溜溜的酸枣像冰糖葫芦一样，一串串地垂下来。

好段

1. 枣花落后，小枣就长出来了，是青绿色的，像一粒粒糖豆豆，不大好吃。这些小豆豆长得可慢了，总也变不红。

到了七月，枣长大了，也开始变红了，好像麻雀蛋，圆滚滚的，硬邦邦的。远远望去，绿叶丛中缀满了一串串大红枣，似玛瑙红亮亮的，又像一串串糖葫芦由绿叶衬托，倒挂在树枝上，真美啊！当你看到这些诱人的红枣，再没有食欲的人也会馋涎欲滴，会禁不住伸手采摘几枚填入口中，先尝为快。啊！真是又脆又甜，满口生津。

2. 小枣长得特别快，两三个星期过后，小枣就长得像莲子那么大。这时，小枣由青绿色变成淡绿色。我们孩子见了，就会嘴馋，路过树边，顺便摘几个放进嘴里，可是没有甜味，只觉得滑溜溜的。再过半个月，枣子由淡绿色变成白色。这时有点儿甜味了。可是，还不好吃。要是到了夏末的时候，那树上一串串的，沉甸甸的，全红的、半红半不红的、深红的、淡红的、裂开缝的、不裂开缝的，随便摘一个放进嘴里，都是蜜甜蜜甜的。我们家乡人枣子见得多，吃得多，因此选吃枣子的经验也丰富。不论大人还是小孩，都知道最好吃的是那深红而又不裂开缝的枣子。

葡萄

好句

1. 不知不觉，葡萄架上挂满了一串串青豆般的小葡萄，好似一串串无瑕的翡翠。

2. 还没成熟的葡萄，都是碧绿碧绿的，就像一串串绿色的宝石，非常招人喜爱。

3. 一串串葡萄长长的，绿绿的，晶莹透明，真像是用水晶和玉石雕刻出来的。

4. 每当夏末秋初的时候，一串串葡萄挂在肥大的绿叶下，沉甸甸的，晶莹透明。

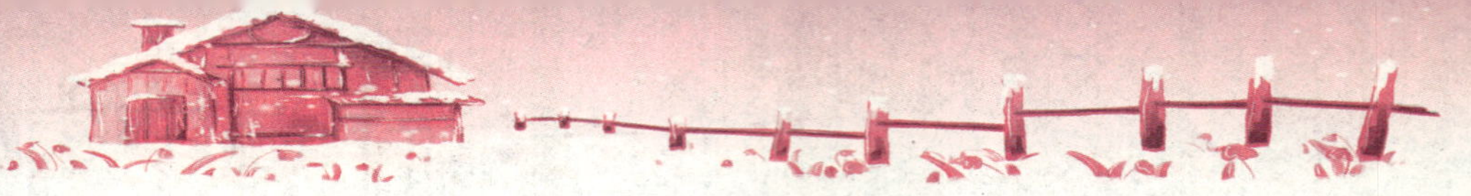

5. 秋天，葡萄长大了，粒粒葡萄有指头肚那么大，颜色由浅绿色变成深绿色，最后变成了紫色，上边蒙上了一层白霜，粉扑扑的。

6. 那密密实实，郁郁葱葱的叶子下，一嘟噜一嘟噜的葡萄挂满了架，有的紫红色，有的青绿色，像玛瑙，似翡翠。

7. 秋，在葡萄架里，傻睡着，睡了一嘟噜，一嘟噜的汗粒子，浓缩成压弯枝架的一串串笑。

8. 秋天，一串串葡萄由绿色变成暗红色，长得又大又圆，晶莹透明，像玛瑙似的。

9. 那葡萄白的像玛瑙，红的像宝石，紫的像紫水晶，黑的像黑玉。

10. 成熟的葡萄，像紫色的水晶球儿似的，一串串，一穗穗从架子上垂挂下来。

11. 葡萄成熟了，那一串串亮晶晶的、淡绿色的、紫红色的、米黄色的葡萄，挂满了大街的两旁。人在这大街上走着，仿佛走进了一个琥珀和珍珠玛瑙缀成的世界。

12. 那垂在近处的葡萄串，月光下像珠玑一样闪亮，似无数神秘的眼睛，眨巴着，忽闪着。

13. “水晶”葡萄，晶莹透明，真像是水晶雕刻出来的；“红玫瑰”葡萄，紫中带亮，活像一串串紫色珍珠。

14. 那一片片充满生机的绿叶，好像碧玉刻成的壁画；那一串串晶莹透明的葡萄，好像宫殿里的水晶灯；那葡萄架的一根根木棍，好像一个个威武的卫士。

15. 那葡萄，紫的像紫晶，绿的像绿玉，一串串的密密颗粒上面，蒙着一层细细的白霜。

好段

1. 葡萄在火红的阳光下，多像闪着绿色宝光的串串珍珠；不，更像乌溜溜的牛眼睛，上面还蒙着一层白霜呢，不时散发出甜甜的蜜香味儿。品种不一样，颜色也不同。鲜红的是“红蜜”，紫红的是“伊豆锦”，金黄的是“金皇后”，紫黑色的是“先锋”……名堂多得记不清。老爷爷摘下几串让我们尝鲜。我把葡萄放进嘴里，柔软细腻，一直甜到心上。

2. 秋天，葡萄成熟了，大串大串地从叶子缝里垂下来。它们晶莹透明，像是用水晶、玛瑙和玉石雕刻出来的，又像颗颗紫色的珍珠，个个又圆又大，水灵灵的，有的上面还挂满了一层白霜，仿佛是爱美扑多了粉。人们摘下了使人馋涎欲滴的葡萄，我迫不及待地把一颗葡萄扔进口中。啊，好甜！汁水顺着嘴角流了出来。

3. 我仿佛不是在葡萄架下，而是在一座绿色的宫殿里。那一片片充满生机的绿叶，好像碧玉刻成的壁画；那一串串晶莹透明的葡萄，好像宫殿里的水晶灯；那葡萄架的一根根木棍，好像一个个威武的卫士。

4. 葡萄成熟的季节，一大串，一大串地挂在绿叶底下，有红的、青的、紫的、暗红的、深绿的，美丽极了。那种叫“水晶”的，晶莹透明，真像是用水晶和玉石雕刻出来的；那种叫“红玫瑰”的，则紫中带亮，活像一串串紫色的珍珠。

5. 秋天，走进沟里，只见一串串黄绿色的、翠绿的、紫红的葡萄挂满了架。人行其间，真好像走进了翡翠、琥珀、玛瑙的珠宝世界，一颗颗葡萄珠晶莹剔透，煞是好看。最惹人注目的是奶葡萄。这种葡萄不仅外形美，而且皮薄肉厚，汁多味甜。捏起一粒，放入口中，那甘醇的味儿仿佛要把你醉倒，秋越深，它越甜。

6. 我走进葡萄架下，抬头一看，啊！头顶上挂满了碧玉般的、亮晶晶的葡萄。一串串葡萄，一颗挨一颗，好像倒垂的宝塔。一颗颗椭圆的葡萄粒上有一层微薄的乳白色的粉末，看起来青黑透白。那个儿真大呀！足有栗子大。我急忙摘下一颗珍珠般的葡萄，轻轻地咬开，一般清凉的酸甜味就钻进了我的嘴里。

7. 葡萄熟了。“红富士”长长的，晶莹透明，真像用水晶和玉石雕刻出来的；“巨峰”则紫中透亮、圆润可爱，活像一串串紫色的珍珠；还有那黑油油的紫葡萄，紧密的颗粒上，蒙着一层细细的霜……

8. 葡萄种在山坡上的梯田里，茂密的枝叶向四面展开，就像搭起了一个个绿色的凉棚。葡萄成熟的季节，一大串、一大串挂在绿叶底下，有红的、青的、紫的、暗红的、深绿的，美丽极了。那种叫“水晶”的，晶莹透明，真像是用水晶和玉石雕刻出来的；那种叫“红玫瑰”的，则紫中带亮，活像一串串紫色的珍珠。

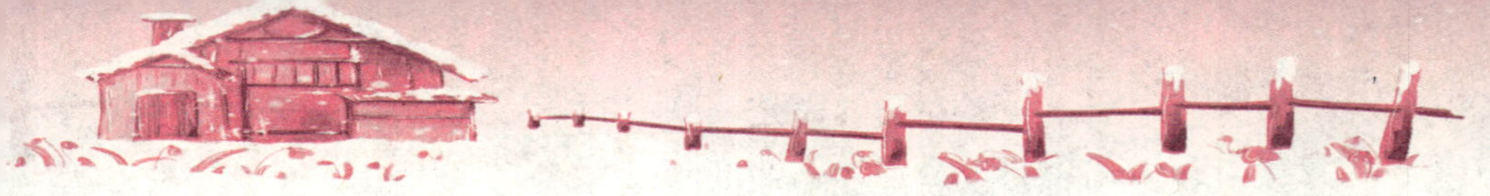

柿子

好句

1. 一颗颗鹅蛋大的柿子露了面，出了叶，由浅绿变成红黄色、灯笼似地挑在枝枝梢梢上。

2. 熟透了的柿子握在手里软软的，你只需轻轻撕掉一点点皮，放到嘴里一吸，就会吸到那比蜜还甜的红色柿汁，从嘴角一直甜到心里。

3. 柿子成熟了，只见一个个圆圆的、扁扁的大柿子，红彤彤的，在晨风中摇曳着。

4. 圆圆的柿子先是青色的，随后变成金黄色的，渐渐成熟，最后变成红色。远远望去，就像一盏盏小灯笼挂在树上，好看极了。

5. 在灯光辉映下，每个柿子都变成了发光的大灯泡，又像是高照的红灯笼。

6. 那柿子极大，火红火红，个个像工艺品般的精美。

7. 那柿树的千枝万杈挑起了一盏盏红灯笼，在秋风里摇荡，在蓝色天幕上闪烁。

8. 这柿子咬一口，脆凌凌，甜丝丝的，比蜜桃还好吃。

9. 那柿子累累缀在枝头，宛如一片金灿灿的云霞。

10. 秋末冬初，柿树叶渐渐落光了，剩下一树柿子，圆溜溜的柿子，红得耀眼，如枝头着了火，又像许多的红灯笼挂满枝头。

11. 柿子树上吊着累累果实，有的青黑透黄，有的红得晶莹透亮，摘下几只，揭开褐色的蒂盖，吸溜一口，蜜甜。

好段

1. 从夏到秋，随着季节的变化，柿子也由小到大，由青变黄，由硬变软，由涩变甜。我最喜欢吃“蜜罐”红柿，当它熟透的时候，吃起来犹如蜂蜜。如果没熟透，你嘴急想吃，咬上一口，肯定涩得你半天嘴里难受。

2. 秋天来临了，棵棵柿树上挂满了一个个橙红色的小灯笼，它们奇形异状，真惹人喜爱。“出头”像个娃娃头，“净面”好像墨水瓶，“蜜罐”如同小圆球。一天又一天，柿子把柿树枝压弯了腰，它们由硬变软，由涩变甜。我最喜欢吃“蜜罐”红柿子，当它熟透了的时候，吃起来犹如蜂蜜。

3. 熟透了的柿子甜津津，水灵灵的，叫人越吃越爱吃。没有熟透的柿子又苦又涩，只有经过人工处理去掉树脂后才能食用。脱脂的方法很多，有的用烟熏，有的用水浸。我最喜欢吃用水浸的柿子。它黄澄澄的，让人见了就口馋。剥掉那薄薄一层皮，咬上一口，柔软平滑，又香又嫩，舒服极了。

西瓜

好句

1. 一片片肥肥大大的瓜叶遮严了地，一个个青石一样的大西瓜排着个比着长，一朵朵金黄的瓜花儿向着蓝天吹喇叭。

2. 我来到西瓜地一看，啊，这么多西瓜，望过去，只见一个个像篮球似的西瓜把瓜藤都遮住了。

3. 这西瓜绿底黑纹，像深深一层蜡、皮薄籽少，鲜红鲜红的沙瓤上就像掺了无数微小的晶体，闪闪发光。

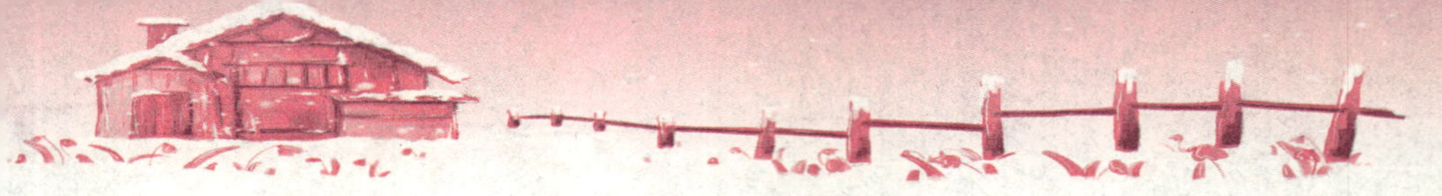

4. 一个个又大又圆的西瓜，绿皮儿，它们一个个安详地躺在地上，真多啊，让人眼花缭乱。

5. 远看瓜园一片绿汪汪的，那一个个圆滚滚的花皮大西瓜，摆满了瓜地，静静地躺在那里。

6. 刚坐下来，一盘西瓜端上来了，接着又是一盘甜瓜。西瓜是红瓤的，像一块块闪光的红玛瑙。

7. 一个个即将成熟的大西瓜，有黑皮的，翠绿皮的，花的，躺在柔软的草地上，就像睡在摇篮里的婴儿。

8. 炎夏盛暑，你要是吃上一顿熟透了的大西瓜，包管你暑气全消，顿时精神爽快，心旷神怡。

9. 那切开的西瓜好诱人，瓜瓤像火一样通红，这鲜红的瓜瓤上有黑黝黝的瓜籽，散发着沁人的清香。

10. 这西瓜吃起来，像一股甘泉一样流入心田，甜丝丝的。

好段

1. 一块块叶蔓茂密的瓜田里，满地都是圆滚翠绿颜色的西瓜。这些西瓜都是清一色的花纹，每个十斤重左右。它们整整齐齐地排列在瓜畦上，好像一个个年轻的妈妈，在比赛着自己的子女谁胖。

2. 本地生产的大西瓜个大，皮儿薄，只要把刀刃在瓜皮上轻轻地划一下，“咔嚓”一声，瓜分两瓣、黑籽红瓤就呈现在你的眼前，看了令你垂涎三尺；咬一口，汁水凉甜，沁人心脾。

3. “郑州三号”这又圆又大的绿皮西瓜被切开了。薄皮、沙瓤、黑籽，真是名不虚传！我咬了一口，啊，好甜哪！一股又凉又甜的西瓜汁立即流进了我的喉咙，真是惬意极了。我吃了一块又一块，鼻尖、嘴角都沾满了西瓜籽。

4. 新疆西瓜，个大皮薄、淡绿色的瓜皮上还有几道深绿色的花纹，看上去真叫人喜欢。如果你用刀“杀”开那个大西瓜，随着瓜皮发出的清脆的响声，水灵灵的红红的瓜瓤就会剖裂开来。切下一块，吸上一口，甜丝丝的瓜汁滋润了喉咙，流进肚里，甜透了心头。

荔枝

1. 那一串串的荔枝，大多是深红色或紫红色，从远处看去，像一颗颗诱人的“珊瑚珠”。

2. 瞧，在茂密的绿叶中，一颗颗荔枝就像一盏盏小红灯笼似的高高地悬挂着，那么红，那么艳，真是一番“万绿丛中点点红”的美丽景色。

3. 那一株株、一片片的荔枝树，累累果实，缀满枝头，宛若万点星火，又似颗颗殷红的玛瑙，在绿叶的映衬下，显得那样浓烈，那样耀眼夺目。

4. 这里满山遍野的荔枝树，像是一个浓绿的世界，在那儿吊坠着无数串“红宝石”——荔枝，它们好似蹦跳的星火，红艳艳的，如同仙境一般。

5. 成熟的荔枝，宛如一簇簇红宝石，在金黄的阳光下流动，闪烁着令人眼迷的光。

6. 盘子里装着几串红鲜鲜、圆鼓鼓的荔枝。

7. 满树结的荔枝密密麻麻的，像是夜空中数不清的星星。

8. 荔枝瓤肉饱满，晶莹、雪白如糯米汤圆。

9. 荔枝果是球形，或卵圆形的，和荸荠一样大小，只是遍身长满疙瘩。

10. 碧绿的树丛中，一颗颗、一串串荔枝像正在捉迷藏的孩子，露出了红艳艳的笑脸。

11. 荔枝鲜红、圆鼓鼓，有乒乓球大小，棕褐色外壳上的龟裂纹呈现为突出的瘤状。

12. 荔枝的外皮是紫红色的，剥开外皮，就可以看见白嫩嫩、水灵灵的果肉，鲜嫩欲滴。

13. 成熟的荔枝，红艳艳的，像红玛瑙那样惹人喜爱，密密匝匝，挂满枝头。

好段

1. 四五月份，荔枝树开花了，花很小，没有花瓣，呈淡黄色，远远望去，那满树满枝长出的小花，就像点点繁星，闪闪发光，给荔枝树增添了几分美感。也许正因为有着淡淡清香的花儿太美了，连小蜜蜂也喜欢围在它们身旁，一边唱歌，一边采蜜。

2. 荔枝有一件奇特的外衣。外衣是由许多细小的块状裂片镶成的，这些块状裂片好像龟甲一样，因此人们称它龟裂片。它的外衣一般是深红色或紫色，“红星”、“珊瑚珠”，就是人们因为它的外衣颜色而送它的美称。它的体形，一般是心脏形或圆形。体重不稳定，有时十多克到二十多克，有时四五十克，甚至六十克。脱去外衣，就看到很薄的内衣，人们管它叫膜，除去膜便是荔枝肉了，是白色的、半透明的，其味甘美，有芳香、适宜生食。

3. 我摘下一颗荔枝，顿时一股浓郁的香味直沁心脾。小心翼翼地剥开荔枝那华丽的红装，随即露出了一层粉红色的薄膜，那薄膜紧紧地包裹着丰满的果肉，宛若一盏透明的红灯笼。一闻，呵，那香甜香甜的味直冲进喉咙，搅得喉咙怪痒的。我迫不及待地剥开那一层薄膜，啊！出现在我眼前的是一颗不断往外溢着果汁的白嫩嫩的荔枝，简直就像一颗透明的珍珠。

4. 驰名中外的品种“糯米糍”味道特别甜美，用手轻轻剥开表面长满疙瘩的红外衣，丰满的果肉立即显露，晶莹透明，水灵灵的。透过果肉，还可以见里面裹着一粒豆大的果核，黑溜溜的。

其他水果

好句

1. 石榴裂开了口，露出了石榴籽，它的外皮像玻璃般的晶莹透明，充满液汁的肉质层，吃起来酸甜可口。石榴籽像一颗颗粉红色的宝石紧密地排列在一起。

2. 熟透了的大黄杏，除了薄皮儿、小核，就是微酸甘甜的一兜子水儿。

3. 把柚子掰开，那弯月牙似的肉瓣便分开了，再将一层如纸的白皮撕掉，那晶状的果肉呈现在眼前，吃到嘴里甜中带酸、伴着浓郁的香味。

4. 一个个黄澄澄金灿灿的菠萝，似金珠般井然有序地排列着，美极了！

5. 哈密瓜的外形是椭圆形的，全身像披着一件草绿色的外衣。它的皮很薄，籽是白色的。熟透的哈密瓜是甜津津的，黄白色的汁水，既爽口，又解渴，还有一股清香味。

6. 红红的草莓挂在枝头，一颗颗，圆滚滚，红艳艳，仿佛是盏盏红灯笼。

7. 那黄黄的香蕉，一个个像胖娃娃，头挨着头，身挨着身，好像正在进行队列比赛。

8. 剥开一颗龙眼，汁液就顺着手指淌下来，那晶莹剔透的果肉，一放入口，一股甜津津的细流就滋润了你的心田。

9. 茶几上摆着水灵灵的鸭梨、黄澄澄的香蕉，金灿灿的蜜柑，还有玛瑙似的葡萄。

10. 没有熟透的杨梅又酸又甜，熟透了就甜津津的，叫人越吃越爱吃。

好段

1. 菠萝那棕黄色的硬皮上有一个个突起的方形疙瘩，像大鱼身上的鳞片。每块

鲜鳞片上都有一个毛茸茸的斑点。剥去外皮，里面是淡黄色的鲜嫩的果肉，又香、又甜、又脆，味道好极了。只是削它很费劲，要有手艺的。

2. 每年四月，天上下着蒙蒙细雨，漫山遍野火红的杜鹃，五颜六色的野花竞相开放，争奇斗艳。这时，草莓也熟了。一颗颗，一串串，圆滚滚，红艳艳，仿佛是盏盏红灯呢！红红的草莓挂在枝头，又像一张张山村小姑娘涨红的小圆脸，羞答答地隐藏在枝叶的后面，睁着一双好奇的眼睛，悄悄地打量着周围的一切。该去摘草莓了！我和小伙伴好不容易盼到星期六，吃过午饭我们就结伴上山了。啊，满山的草莓在微风中扭着腰肢跳舞，一阵阵浓郁的香味扑鼻而来。我们像一群小鸟似地散开了。

3. 草莓形似鸡心，由于受光的原因，它的外表一面红得发紫，一面白里透红。草莓味道鲜美，还散发着特有的果香，使人一见就陶醉。

4. 杨梅圆圆的，和桂圆一样大小，只是它遍身长着小刺。等杨梅渐渐长熟，刺也渐渐软了、平了。摘一个放在嘴里，每一根刺溜滑地在舌头里翻转轻触，使人感到细腻而且柔软。杨梅先是淡红的，随后变成深红的，最后几乎变成黑的了，它不是真的变黑，是因为太红了。你只要轻轻咬开它，就可以看见那新鲜红嫩的果肉，嘴唇上、舌头上同时染满了鲜红的汁水。

5. 六月初，杏熟了。金黄的杏子，深绿的杏子，橙红的杏子，美极了！那一簇簇，像小灯笼，把树枝压弯了腰。摘一个尝尝，软绵绵的、甜津津的，使人陶醉。

6. 石榴的外表并不漂亮，但当你把它剖开了，眼前就会出现一个美丽的小世界。淡黄色的薄膜把石榴内部隔成一个个别致的“小盒”，“小盒”内放着一颗颗石榴子。石榴子晶莹透亮，轻轻一咬，满嘴含汁，甜中有酸，还微微带点涩味，鲜美可口，正如宋朝诗人杨万里所写的，“半含笑里清冰齿，忽绽吟边古锦囊，雾谷作房珠作骨，水晶为粒玉为浆。”

7. 那樱桃像一颗颗珍珠挂在上面，好看极了。它伸展的叶子像伸开的手臂，像和我打招呼，又像和风儿拥抱、和阳光拥抱。我小心翼翼地摘了一颗放进嘴里，咬开樱桃，甜津津的，酸甜可口。

8. 芒果的种类很多，有象牙芒果、三年芒果、阿佤芒果和大树芒果。不论哪一种都非常可口，而以象牙芒果为最好。它果实大，有的有一千克重，体形细长、美观，尾部肥胖，头部微小，嘴微向胸前倾勾，形状像个“大象牙齿”。它皮薄、肉厚，且细嫩多汁，味道鲜美，蜜甜清香，甜而不腻，营养丰富，是果中珍品，被誉为“果中之王”。

蔬菜

好句

1. 淡红色的西红柿，一只只挂在人字棚架上，像一盏盏彩灯。

2. 西红柿又叫番茄，成熟的西红柿红彤彤的，样子非常讨人喜欢，它皮薄，肉嫩，酸里带甜。

3. 那菜地美极了！西红柿成嘟噜，辣椒红得像火炭，黄瓜绿得要滴水。

4. 一瓣大蒜种在土地里，它在土地里拼命吸着水分，在阳光照射下，长出了刚健、挺拔、潇洒、青青的绿苗。这就是人们所说的蒜苗。

5. 蒜腹像小鼓，外衣有好几层，像是用极薄而带有隐条的乳白色尼龙纱做成的，紧紧地裹住七八个同胞兄弟——那围柱而坐的蒜瓣。

6. 初夏，蒜苗抽出了蒜薹，就是大蒜中间的柱子。抽过蒜薹后将老叶踩倒，过一些日子，地下的蒜就长硬了，成熟了。

7. 那蒜瓣吻合得那么紧密，毫无间隙，不用力，很难把它们掰开。已分开的蒜瓣谁也不能重新把它们组合得像原先那么巧妙。

8. 大蒜可以解毒消食，杀菌减疾。常吃大蒜可以预防许多疾病。大蒜是人们生活的最好伴侣之一。

9. 那一条条顶花带刺的黄瓜，绿中透黄，皮上还挂着一层淡淡的白霜。

10. 我使劲儿地拔呀，终于把萝卜拔出来了，它那又红又圆的大脑袋上，还扎着一条小辫子呢，真可爱啊。

11. “心里美”的外表没有什么动人之处，外皮浅绿泛着白，头上顶着几簇翠绿的叶子，圆鼓鼓的身子，但是它的内心却是鲜红鲜红的。

12. 红萝卜身子椭圆像鸭梨，但要比鸭梨大得多，外皮红艳如胭脂，皮薄胜似纸，萝卜头像耗子的尾巴一样细。

13. 瞧那黄瓜，头顶黄花，身带尖刺，长得那么匀称直溜，咬上两口，肯定满嘴清香。

14. 藕是一节一节的，掰开一看，许多小孔均匀地排列着，看上去好像是蜂窝。切开藕会有缕缕藕丝，真是“藕断丝连”。

15. 辣椒的形状各异，有的尖尖的，与中指一般大小；有的圆鼓鼓的，像灯笼；有的弯弯的，上头大，下头小，像牛角；还有的与众不同，呈等腰三角形。

16. 肥沃的田垄上，马铃薯把土层拱起一个大包，有的还忍不住从裂缝里露出脸来，要观赏一下这金色秋天的丰收景象。

17. 甜辣椒青翠欲滴，茄子紫得发亮，韭菜鲜灵灵的，各种颜色的蔬菜排成一排，赤橙黄绿，格外悦目。

18. 芹菜质嫩味美，可拌可炒。“素什锦”中不可缺少的就是它。

19. 洋葱的叶层层相叠，好像鳞片，有时一个鳞片完全能把另一个鳞片包起来，有时又像房上的瓦一样错落相叠。

20. 菜园里，韭菜吐芽，菠菜努嘴，黄瓜秧分叶，豆角苗破土，畦畦朝气蓬勃。

21. 秋天，白菜卷心了，白帮绿叶，一层一层的，好像一枝枝要绽开的大花。

22. 墨绿的韭菜，犹如茂盛的马莲。

23. 瞧！西红柿羞红了圆圆的脸蛋，白嫩水灵的豆芽骄傲地翘起了小尾巴，绿油油的大葱显示着它那修长的身段，那一棵棵白白胖胖的大白菜正甜甜地睡在箩筐里。

24. 小菜园美极了！茂盛鲜嫩的蔬菜把畦田遮蔽得严严实实。西红柿打嘟噜，豆角架上一串串，辣椒红得像火炭，黄瓜绿得要滴下水来，对对蝶儿在金黄的菜花上翩翩起舞。

好段

1. 在阳光雨露的滋润下，破土而出的蒜苗嫩芽儿显得精神旺盛。它刚出来的黄绿小芽儿，好像张开的小嘴里伸出了小头。大约一周后，黄嫩色变成翠绿色，像韭菜一样。蒜苗越长越绿，节节分杈，两个杈合在一起中间都有槽子，好像要把阳光、雨水都收藏进去。

2. 春雨一下，竹笋就破土而出，请春风拂去层层笋衣，换上一身嫩嫩的新装。一支支竹笋就像一个个天真活泼的小姑娘，亭亭玉立在一片春光里。

3. 未成熟的西红柿呈青绿色，成熟后色彩非常鲜艳，有的鲜红，有的橘黄，有的粉红，样子很讨人喜欢。西红柿味道鲜美，含有很多营养成分。它含有柠檬酸、苹果酸、蛋白质、矿物质等，西红柿在维生素的含量方面是蔬菜水果中的第一名。在炎热的夏天，吃上一个冰镇西红柿，会觉得非常爽口，舒服极了。

4. 初秋，辣椒长出了一个个小巧玲珑的花蕾，像米粒一样大小，不仔细看，根本看不见。不几天，淡雅、柔和的小花开了，白玉扇似的花瓣衬着橘黄的花蕊，上面还有几颗晶莹的“珍珠”。别瞧不起那小花，它的香气比牡丹、月季还浓，令人陶醉。

5. 一行行的黄瓜早已上了架。绿叶黄花，真是好看。更惹人爱的是那一条条顶花带刺的嫩瓜，绿中透黄，皮上还挂着一层淡淡的白霜。这时节，不要说吃上一口，就是闻一闻那黄瓜的清香，也能叫人胃口大开。

6. 丝瓜浑身是宝，它不仅可以吃，还可以药用。嫩丝瓜用来炒菜做汤，那味道特别鲜美；老了的丝瓜还可以起镇咳去痰作用。丝瓜的叶子可以消炎止痛，瓤可以清热活血解毒……如果谁长了痱子，用丝瓜叶一擦，那就清爽舒服多了。

7. 初冬，在肥沃的田地里，萝卜成熟了，浅绿的叶子露在外面。这些萝卜的大小、形状、颜色几乎一样。拔出一个萝卜看看，哟，好大的个儿呀。差不多有一斤多重。它圆圆的，表面的皮白而带青，六片青绿的叶子都向上竖长着，萝卜上生有许多须根，直插在土里。

8. 萝卜紫里透红的茎又粗又壮，叶子长得绿油油的，就像大公鸡的尾巴。那萝卜又大又红又圆，鲜艳可人。

9. 白萝卜的皮特好剥，剥下皮后，便露出了那雪白雪白的萝卜肉。如果把萝卜炒着吃，又香又脆；要是把萝卜切成一小块一小块烧排骨汤的话，味道更是鲜美，还能起到滋补身体的作用。人们称这种萝卜为“土人参”。

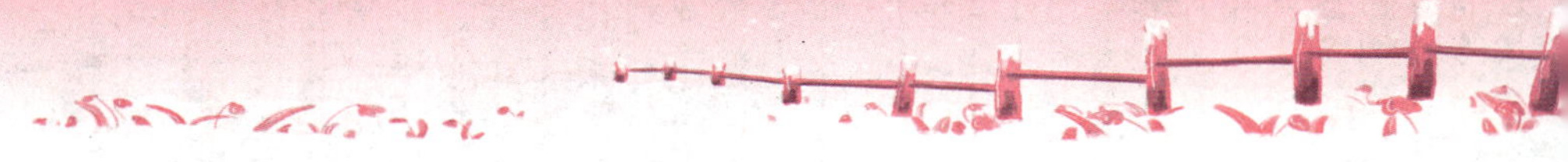

经济作物

好词

小麦 大豆 谷子 玉米 五谷 水稻 棉花 大麦 红豆 棒子 芝麻 红薯 高粱 绿豆 燕麦 稻谷 全麦 麦粒 麦穗 麦芒 棉桃 棉絮 豆荚 秆子 籽粒 抽穗 麦浪 麦田 发芽 破土 高挂 耷拉 丰满 摇曳 返青 压弯 壮实 胀破 吐絮 结满 茁壮 雪白 金黄 紫红 黝黑 鲜红 地瓜 芋头 薯秧 糜子 整齐 低垂

一株株 一棵棵 一串串 一簇簇 水稻田 玉米苗 玉米秧 玉米秆 红高粱 高粱穗 燕麦片 绿豆饼 棉花桃 青纱帐 沉甸甸 软塌塌 湿漉漉 圆滚滚 鼓溜溜 毛茸茸 软绵绵 轻飘飘 齐刷刷 晃悠悠 胀鼓鼓 白净净 血嫩嫩 红彤彤 黄澄澄 绿莹莹 绿油油 金灿灿 黑油油 绿茵茵 黄灿灿

禾苗茁壮 小苗青青 新苗碧绿 新苗吐翠 春苗茁壮 麦苗欲秀 麦苗葱绿 金黄麦浪 麦苗吐穗 绿如碧毯 麦浪滚滚 棉桃累累 嫩绿秧苗 嫩秧成片 麦海茫茫 麦浪起伏 颗粒饱满 麦浪滔滔 麦浪翻滚 稻浪金黄 雪球银堆 金浪翻滚 一碧千里 碧波千里 绿浪滚滚 波浪起伏 碧波万顷 一片绿海 千顷绿波 杨花灌浆 棉田似海 黄穗红缨 金色圆盘 孕穗扬花 棉花成山 葵花向阳 甘蔗修长 油菜花黄 绿茶碧野 黄麻高高 亚麻如丝 桑绿麻黄 芝麻长串 紫花苜蓿 菱角尖尖 成畦成行 粒粒饱满 累累下垂

好句

1. 刚刚插下的秧苗，被雨水一洗，一抹翠色，生机盎然，和金黄的油菜花互相辉映，格外动人。

2. 太阳一出，地里的庄稼便抹上一层金子般的颜色。

3. 黄澄澄的稻子，颗粒饱满，沉甸甸地随风摇曳，散发出醉人的芳香，翻腾着滚滚的金波。

4. 等待收割的秋庄稼，像宽阔的河面似的，起伏不定。

5. 这年风调雨顺，大麦花、小麦花一落，子粒灌满了浆，胀破了皮壳，粒粒似珍珠。

6. 谷穗像马尾那样长，随风起伏，翻滚着金色的波浪。

7. 高粱穗有的已经弯下腰来了，那些红的、黑的、黄的高粱籽儿亮晶晶、鼓鼓的，真叫人喜爱。

8. 那一片大红的高粱穗子缀满了圆饱饱珍珠一样的果实，在微风中向着勤劳的人们点头微笑。

9. 秋天，沉甸甸的谷穗在微风中随风摇荡，在灿烂的阳光下泛着金光。

10. 秋天，棉田里呈现出一片深紫的颜色，棉桃儿齐刷刷咧开嘴儿，吐出一团团柔软雪白的棉絮，随风一抖一抖的，像在点头欢迎人。

11. 长长的麦穗挺着浓密的锋芒，锋芒根部开出一朵朵小小的白花。

12. 麦子渐渐成熟了，麦粒紧紧地连成一串、密密实实的像一串珠子，沉甸甸的。

13. 豆杆齐腰，枝枝杈杈挂满豆荚，微风过处，成熟的荚子像串串铃铛作响。

14. 玉米全挂缨了，淡黄的、紫红的、粉白的，远远望去，就像一排排挺立着的梭镖。

15. 玉米歪着大穗子，粒儿突破包壳的束缚，露出了金黄的“牙齿”，仿佛在向人们炫耀。

16. 棉枝上结满了桃子般的棉桃，压得棉枝弯下了腰，微风一吹，沉甸甸地上下摆动。

17. 在夏天的田野里，落花生绽开了一簇簇金黄色的小花，繁多得像天空的星星。

18. 油菜花在春风吹拂下，涌着层层金色的波涛、散发出沁人心脾的清香。

19. 沉甸甸的麦穗，随风摇摆，微风吹来，像万顷碧波在起伏荡漾。

20. 芸豆角长得又大又厚，三个一堆，五个一伙地挂在秧架上，好像在等着人们来采摘。

好段

1. 这一望无际的稻田，金黄色的稻穗，颗粒饱满，沉甸甸的，把稻秆压弯了腰。远远望去，整个稻田就像是一张美丽的黄色地毯。一阵风吹过，稻穗被吹得左右摇摆，就像金色的大海中的波浪，此起彼伏，非常壮观。

2. 田里的高粱像喝醉了酒，头点来点去；玉米像一个胖娃娃躺在淡黄的襁褓中“睡大觉”；大豆像一个酒足饭饱的汉子，咧开大嘴，笑破了肚皮；硕大饱满的谷穗把茎秆压弯，向人们点头示意。

3. 麦苗绿油油的一片，像人工织成的精美的地毯。它的嫩叶垂露，它的根向四面八方伸展，又多又密，牢牢抓住肥沃的土地，吸收着无穷无尽的养分，并源源不断地向身体各部分输送着。茎秆努力向上，不屈不挠，日夜不歇地向上蹿着。

4. 棉桃焦急地咧开了大嘴，争先恐后地吐出自己雪白的棉花，迎接人们的采摘。你看，棉田里，年老的、年少的，个个腰系围裙兜子，摘得多欢哪！人们两手穿梭似的忙个不停，一朵朵棉花纷纷落入兜子里。

5. 大豆是油料作物，平时人们炒菜用的豆油，就是大豆榨出来的。用大豆做成的豆制品，更是远近闻名。这些食品的特点是高蛋白，低脂肪，是餐桌上不可缺少的。

6. 开花后的向日葵，茎是绿色的，上面有一些毛茸茸的小刺。这时的茎，粗壮、挺拔、向上，很坚强的样子。向日葵的叶子绿油油的，又肥又大，真像一把大蒲扇。最可爱的还是它的花盘，那花盘像一个大圆盘，里面挤满了葵花籽儿，籽儿上有许多很密的“小疙瘩”。花盘的周围长满了黄色的花瓣儿，许多绿色小叶在花盘的下面。向日葵真是好看极了！

动物

禽兽 畜 水族 昆虫

禽

好词

飞禽　家禽　燕子　八哥　孔雀　天鹅　云雀　鸽子　喜鹊　麻雀　画眉　海燕
翠鸟　鸳鸯　候鸟　百鸟　雏鸟　羽毛　羽衣　飞翔　盘旋　稚鸟　绒毛　花纹
锦衣　展翅　低翔　振翅　翱翔　奋飞　搏击　俯冲　飞旋　嬉戏　追逐　飞蹿
扇动　戏水　划行　争鸣　啼鸣　喳喳　叽叽　摇晃　鸣叫　夜啼　归巢　打鸣
报晓　啁啾　呢喃　嘎嘎　咕咕　唧啾　觅食　欢快　长鸣　圆润　清脆　悦耳
欢畅　寻食　飞扑　扇动　啄食　蹒跚　扑击　雪白　光洁　银灰　乌黑　俊俏
俊美　玲珑　威武　笨拙　轻盈　艳丽　银白　嫩黄　翠绿　靛青　油亮
喳喳叫　喔喔叫　呷呷叫　嘎嘎叫　呱呱叫　哼哼叫　叫喳喳　毛茸茸　圆乎乎
滑溜溜　油亮亮　刮刮叫　胖乎乎　肥滚滚　胖嘟嘟　水汪汪　白光光　灰溜溜
懒洋洋　蓬松松　黑油油　黑漆漆　圆滚滚
百鸟齐鸣　百鸟争鸣　百鸟啼鸣　百鸟鸣叫　百鸟欢唱　百鸟朝鸣　百鸟喧鸣
百鸟入林　百鸟归巢　百鸟朝凤　百鸟闹林　鸟语虫鸣　鸟语泉声　鸟禽对舞
鸟雀乱飞　鸟鸣兽叫　鸟啼燕语　鸟语花香　鸟声寂然　百灵歌唱　百鹤竞翔
鸟鸣不已　鸟声婉转　珍禽异鸟　燕穿雀跃　飞鸟穿林　杜鹃啼春　群鸟归林
信鸽竞飞　孔雀开屏　鸟鸣四野　雄鹰盘旋　莺啼燕啭　莺歌燕舞　喜鹊登枝
大雁南飞　鹰击长空　鹦鹉学舌　白鹤亮翅　燕雀翻飞　候鸟成群　群鸟惊飞
黄莺歌唱　画眉欢唱　夜莺鸣叫　婉转动听　振翅飞鸣　春燕呢喃　孤燕悲鸣
北雁南归　夜鸟投林　鸳鸯戏水　鹤立鸡群　雏鸟学飞　苍鹰搏击　飞禽结队
布谷争鸣　燕尾如剪　凌空飞翔　大鹏展翅　蓬间小雀　低徊盘旋　报春归来
鹏程万里　沙鸥翔集　大雁啼鸣　飞燕展翅　山雀欢唱　海鸥飞翔　鸥鸟翔舞
海燕低飞　云雀高歌　鹧鸪啼叫　寒鸦归巢　鸿鹄之飞　羽毛丰满　展翅高飞
比翼双飞　高飞远翔　展翅滑翔　亮翅抖尾　叫声清脆　三五成群　鸣声不绝
拍翅争鸣　轻掠水面　引颈长鸣　鸦雀无声

孔雀

好句

1. 孔雀头上有几根彩色的翎毛，一抖起来，那翎毛轻轻颤动，惹人喜爱。它有一对凤眼，尖尖的嘴，细长的脖子，上面长着像鱼鳞花纹一样的羽毛。

2. 孔雀得意地抖着身体，随着它脚步的移动，彩屏般的羽毛发出窸窣的响声。

3. 孔雀那小巧的头上像插着几株青翠花，展开的彩屏像一把巨大的羽毛扇，一个个圆环，黑、黄、绿相间，像是无数只大眼睛。

4. 孔雀开屏时，犹如一把碧纱宫扇，尾羽上那些眼斑反射着光彩，好像无数面小镜子。

5. 这两只小孔雀，翘起大尾巴，转动着一对小黑眼珠，对着它们的邻居们漠然而视，真像骄傲的公主似的不可一世。

6. 孔雀飞起来就如同一朵绮丽的绿色彩云，从头顶上飘过。

7. 只见孔雀拖在尾巴后的长长的羽毛都挺直起来，围成一个圆圆的扇面，像一把五彩缤纷的大花伞，又像一块扇面彩缎。

8. 一会儿，孔雀的尾巴抖动起来了，一下子张得很大，简直像一把大扇子，上面排列着整齐华丽的图案，五光十色，可真迷人。

9. 孔雀在阳光下漫步而行时，就像穿了一件漂亮的舞衣，那颜色有时青翠得像雨后荷叶，有时又像晶莹圆润的蓝宝石。

好段

1. 我绕过大水池来到一处院落，看见一只美丽的孔雀精神抖擞地注视着围观的人群。一会儿，它的尾巴抖动起来了，一下子张得很大，简直像一把大扇子，上面

排列着整齐华丽的图案，五光十色，可真迷人。一会儿孔雀尾巴又慢慢落下，恢复了原状，但那屏上美丽的图案和花朵的影子都深深地印在我的脑海里。

2. 只见孔雀在笼里神气地走着，它看见人们穿着花花绿绿的衣服，再也忍不住了，“哗啦”一声，忽然展开了五彩缤纷的羽毛。你看，它昂着头，在游客面前大摇大摆，小脑袋一晃一晃，多傲慢啊！好像在夸耀自己：“你们再美也比不上我！”

3. 最有趣的是雄孔雀会表演优美的“舞蹈”。为了博得雌鸟的欢心，常常互相媲美，并且激动得将尾羽高高展开，就像一把大扇子，高兴时左右摆动。那漂亮的尾羽显得五彩缤纷，极为动人，这就是大家所说的“孔雀开屏”。

4. 孔雀头上有几根彩色的翎毛，一抖起来，那翎毛轻轻颤动，惹人喜爱。它有一对凤眼，尖尖的嘴，细长的脖子，上面长着像鱼鳞花纹一样的羽毛。这些羽毛蓝里透绿，油光油光的，在阳光照耀下，闪闪发亮，显得更加美丽。

5. 孔雀一亮相，昂着脖子，拖着金碧闪亮的长翎子，显得又矜持，又傲气。一只彩色蝴蝶飞舞着，那孔雀上去就扑，没扑着，亮开尾巴叫了几声，像忌妒人家的美呢。

6. 雄孔雀背部的羽毛像绿玉一般，周围镶着黑边，中央嵌着一块半椭圆形的青铜色的斑。胸部的羽毛也是绿色的，只有腹部颜色较暗。

7. 孔雀真的开屏了。只见一只花孔雀把尾巴抖得哗哗响，那漂亮的尾巴就像仙女手中的彩扇，慢慢散开；又像透亮的珍珠撒在它身上，非常美丽。孔雀的尾巴一开屏，鲜艳夺目，五光十色的，使人眼花缭乱。那些像桃形的花纹，外面一圈是灰色的，第二圈是浅蓝色的，最后一圈是宝石蓝的，还带点暗红色的，真漂亮。它可神气了，昂着头，挺着胸脯，来回转着，炫耀自己的美丽。

燕子

句

1. 每年二三月间，烂漫无比的春天来到时，那些伶俐可爱的小燕子便由南方飞来，加入了这个美好春景的图画中，为春光平添了许多生趣。

2. 小燕子又黑又亮的羽毛像是抹了油，白肚皮就像是穿着的一件白衬衣。

3. 在春天的呼唤下，双双对对的燕子，如梭似箭，从遥远的越冬地，返回它们生产繁育的故乡。

4. 家燕上体呈灰亮的蓝黑色，腹部白色，飞行时很像一架滑翔机；它的翅膀尖长，像是镰刀；尾巴分叉，形如剪刀。

5. 燕子嘴扁头平，胖体匀称，尾翼像把剪刀，蛋黄色的胸部鲜艳夺目，脊背靛蓝青翠像披着华贵的彩缎，眼睛似绿色的宝石闪着机智的幽光，煞是好看。

6. 明净如光的天空下面，一对一双的春燕，呢喃着，嬉戏着，在蓝蓝的天空中滑过来，滑过去。

7. 一身乌黑的羽毛，光滑漂亮，一对俊俏轻快的翅膀，加上一个剪刀似的尾巴，凑成了那样活泼可爱的小燕子。

8. 燕子飞行的姿态漂亮极了，那狭长的翅膀，那分叉的尾巴，在蔚蓝的天空中显得那样轻盈，美妙，它们或盘旋，或追逐，或疾飞，或轻掠，都叫人觉得无限的欢畅和美丽。

9. 燕子身上是黑色的，像穿着一件黑色的新皮袄，抹着红脸蛋，尾巴像一把小剪刀，真逗人喜爱。

10. 一身乌黑的羽毛，一对剪刀似的尾巴，一对刚劲轻快的翅膀，凑成了那样活泼可爱的小燕子。

11. 燕子的巢很像半个饭碗，上面的口敞着，里面铺着柔软的羽毛，干草及细软的杂屑等物。

12. 数不清，点不尽的小燕子在空中飞舞，放开清脆的喉咙，唱着婉转的歌儿，分别飞进各户安家。

13. 嫩蓝的天空中，几根电线连于电杆之间，线上停着几个小黑点，那就是燕子。这多么像正待演奏的曲谱啊。

好段

1. 垒窝开始了。两只燕子像两只黑梭，一会儿飞出去，一会儿闪进来，嘴里衔着泥土，一粘粘在梁上。就是下雨天，它们也是不停地工作。几天后灰白色的窝垒好了。窝口较小，朝向南门，中间较大，像个葫芦，紧紧贴在梁上，又小巧又结实。

2. 每当我早上起床，就看见燕子在院子里盘旋、追逐。有两只燕子就在我家屋檐下安了家。刚住下，它们就开始了紧张的工作。先叼来一些树枝，又衔些泥，然后一层泥一层树枝地垒起窝来，再叼些毛和草铺在窝里。于是，那窝就又结实又舒适了。

3. 每天小燕子都在不停地忙着建立新家。它们先叼泥，然后再用唾沫把泥拌匀，最后把泥一点一点地垒在墙上。两只燕子轮流垒，这只垒的时候，另一只站在附近的铁丝上等着它，就像个小卫士。两只燕子上下不停，等把嘴里的泥都用完了，它俩就又飞去叼泥。一天、二天、三天，窝快搭好了。一个雷雨的夜晚，我正担心它们会淋着，忽然看见它们双双飞来了，虽然新家很小，但它们终于有个窝可以挡风避雨了。

4. 没几天，母燕孵出了四只小燕子。它们黑绒毛，白肚皮，嫩黄的小嘴尖尖的，真逗人喜爱。我按个头大小给每个小燕子起了名字：老大、老二、老三、老四。它们整天舒舒服服地躺在窝里，爸爸或妈妈叼回来虫子时，它们就争先恐后地往外挤，嘴里还“叽叽叽”地叫着。

5. 燕子是一种秋去春来的候鸟。它那玲珑的小面孔上，嵌着一对俊俏的小眼睛、一张嫩黄的小嘴。它背上的毛乌黑发亮，像搽过油一样。它那乳白色的肚毛，显得格外漂亮。飞行的时候，尾巴张开，像一把剪刀似的，飞得又轻又快。

6. 这三只燕子的羽毛乌黑乌黑的，在太阳的照耀下闪烁着耀眼的光芒。它们腹部的毛是白色的，又松又软，像是一层柔软的海绵。它们的尾巴尖尖的，像是一把尖利的剪刀，一双眼睛小而明亮。嘴巴很锋利，鱼钩似的爪子也非常锐利。

7. 燕子，你拿在手里看，是很不漂亮的鸟儿。它飞行的时候，却漂亮极了。那狭长的翅膀，那分叉的尾巴，却像由最高明的画家画出来的，没有一个姿势不美。还有那样的翅膀和尾巴，它有一对非常敏锐的眼睛，它的颈项几乎短到没有，完全为着飞行的便利。再加上一张极大的嘴，老是张开在那里，只待食物自己投进去。这样，它就飞着吃，飞着喝，飞着洗浴，飞着喂它的儿女。

8. 燕子听说北方的春天，便迫不及待地向故乡飞去。当它看到故乡的一切都被春姑娘打扮得那么新，那么美，它便被陶醉了。它展开剪刀似的翅膀，飞来飞去，飞到村庄，向人们报春；飞到山坡，向花儿问好；飞到小溪和小鱼交谈、嬉戏；飞到湖面，用它那轻巧的尾巴掠过水面，那平静的湖水便荡起一圈圈小涟漪。“叽叽叽，叽叽叽”，到处回荡着它们的欢歌笑语，到处都能看到燕子矫健的身影。

9. 乌黑的一身羽毛，光滑漂亮，非常伶俐，加上一双剪刀似的尾巴，一对刚劲轻快的翅膀，凑成了那样可爱活泼的一只小燕子。当二三月间，春风微微吹拂着，如毛的细雨由天上洒落着，万千条的柔柳齐舒了它们黄绿的眼，红的、白的、黄的花，绿的草、绿的树叶，如赶集市似的奔聚而来，形成烂漫无比的春天时，小燕子便也由南方飞来，加入了这个美妙无比的春景的图画中，为春光平添了许多生趣。

鸽子

句

1. 这只鸽子出生只有四个月，却长得精神抖擞，两只眼睛活像两只黑色水晶球，一身铅蓝色的羽毛在太阳光下发出金属般的光泽。

2. 小白鸽浑身的羽毛像雪一样白，配上红色的嘴巴，肉色的鼻花和橘红色的双爪，美丽极了。

3. 美丽的家鸽，每天按固定的时间，像一片流动的霞似的在青天上飞舞。

4. 白鸽，有一身洁白无瑕的、油亮的羽毛。它们在空中飞翔，就像一个个白衣天使在翩翩起舞。

5. 这只鸽子的羽毛是灰色的，像披上了一件银灰色的外套，颈上长着一圈金黄色的羽毛，就像少女颈上美丽而耀眼的金项链。

6. 那只小鸽子浑身长着洁白如雪的羽毛，红褐色的小尖嘴，机灵的眼睛，细长的双腿，一双脚像小鸡爪，亭亭玉立，简直像一位高雅华贵的夫人。

7. 那只美丽的白鸽，一身洁白的羽毛，只有头顶和尾巴是黑色的。它小巧玲珑的头上嵌着一双朱砂眼，闪亮闪亮的，头顶上那一小块黑羽毛，就像戴了一顶黑礼帽，神气极了。

8. 这只鸽子羽毛洁白而丰满，一对朱砂眼闪亮闪亮的，两个隆起的鼻孔端正地摆在喙的上根部，颈项上还长着一根紫绿色的羽毛，形成一个美丽的凤头。

9. 小白鸽头上的羽毛又短又密，摸一摸，滑溜溜的。它背上的羽毛厚厚实实，层层叠叠，排列得像鱼鳞一样整齐。肚子上的羽毛蓬松柔软，像刚弹过的棉絮，摸上去热乎乎的，翅膀和尾巴上长着又长又硬的翎毛，能像折扇一样张开。

10. 这一群白色的鸽子在空中鸣啭，好像在碧空中忽然下起的洁白的雪。

11. 这只鸽子十分漂亮，从头到脖根是黑的，一对黑里透红的眼睛像宝石一样闪着光芒，身子洁白无瑕，像覆着一层薄雪，尾巴好像黑缎子似的油黑发亮。

12. 鸽子吃饱了，便展开翅膀，飞上围杆，远远望去，像一个个色彩斑斓的小点。走近了，就会看见一个个昂首挺胸，威武极了。

13. 灰鸽，有粉、绿相间的颈部，穿着一套银灰色的衣服。它在空中翱翔，远远望去，就像一朵朵银灰色的飞机。

14. 成群的鸽子在路上啄食，频频地点着头，咕咕咕呼唤着，文静地挪动着脚步。

15. 勇敢的鸽子，像一支黑色的神箭，穿过飞扬的大雪，顶着呼啸的北风，从天边射来。

16. 当鸽子乘风高飞时，半空中回荡起悠扬悦耳的鸽哨声，似玩空竹的声音，又如芦笛的鸣声，令人心醉神迷。

好段

1. 我家养了两只美丽可爱的小鸽子，圆圆的小脑袋上嵌着一对红宝石似的眼睛，亮亮的。眼睛后面有个小洞，那是耳朵。鸽子长着长长的脖子，尖尖的嘴巴。它总是左看看，右看看，不停地找食吃。最可爱的要算鸽子的羽毛了，如银似雪，像披着一件洁白的外衣。

2. 小鸽子杨杨出生只有两个月，一只装肥皂的小木箱，铺了两把稻草，成了它舒适的家。杨杨非常美丽，眼睛像两颗水晶那样清澈、透亮，小鼻子微微向上翘着，头顶上有一撮白色的小绒毛。我轻轻地抚摸它的羽毛，啊，小杨杨的羽毛温暖、柔软、光滑得像缎子般。

3. 小白鸽的头部两侧长着一对圆圆的红色小眼睛，浅灰色的眼皮像一层薄纱，随着眨眼的动作极快地拉下，又极快地掀起来。小白鸽的嘴巴是淡粉色的，上面的一半长，下面的一半短。

4. 我总爱看鸽子闭着小眼睛卧在那里一动不动，慢慢地进入梦乡的神采。有的站在那儿，就像个警卫员。鸽子很机灵，只要有人触动它一下，它就会立刻醒来。有一次，我戳了它们一下，没有想到“呼”的一声，它们都站了起来。有的用小嘴啄我，有的发出“咕咕”的叫声，仿佛在埋怨我打搅了它们的好梦，接着展开双翅，唰地飞走了，盘旋着飞向蓝天。

5. 小白鸽全身的羽毛都是白色的，仔细观察，各处的羽毛并不相同。头上的羽毛又密又短，摸一摸，滑溜溜的；背上的羽毛厚厚实实，层层叠叠，整整齐齐地排列着；肚子上的羽毛蓬松柔软，像刚弹过的棉絮，要是摸一摸，还热乎乎的呢！翅膀和尾巴上长着又长又硬的翎毛，能像折扇一样打开，真好看。

6. 这是一对多么漂亮的鸽子呀！丰满的羽毛洁白如雪，一对朱砂眼闪亮闪亮的，两个隆起的鼻孔端正地摆在喙的上根部。它的颈项上还长着一撮紫绿色的羽毛，形成一个美丽的凤头。它的头部两侧镶嵌着一对黑珍珠似的小眼睛。那薄膜似的眼皮常常迅速地垂下来，又很快地掀起，一眨一眨地，非常有趣。小白鸽的嘴巴，上长下短。

7. 每天放学，我总要去看看我心爱的鸽子群。我吹出笛子般的声音，引得它们一个个展开双翅，在空中盘旋，一会儿飞得很高，一会儿飞得很低。尾巴上的哨子随着发出“嗡嗡”的声音，和着我的笛声，像在演奏着美妙的交响乐。鸽群渐渐地落下来，我便拿一些玉米撒在地下，只见它们吃一粒向前走一步。扇子似的尾巴一摇一摆的，慢慢地来到我的身旁，甜甜地啄食起来。

8. 小白鸽整理羽毛的时候，先把脖子歪过去，用尖嘴当梳子，在背上东啄啄，西啄啄。接着，它把头埋进翅膀里，梳理下面的羽毛。然后，它又把头低下去，叼几下肚子底下的羽毛。梳理尾巴的翎毛最有趣了，它把尾巴张成扇形，使颈部往上翘，脖子用力往后伸，用嘴夹住翎毛，从尾巴根一直理到尾巴尖。最后，它要整理头上的羽毛了，这时它最不认真了。只见它把头低下来，仅用一只爪子在头上挠了两下就完了。

9. 我家有一只可爱的小鸽子，我可喜欢它了。鸽子的羽毛是白颜色的，我给它取了个名字叫“白雪公主”。它的头是椭圆的，跟鸡蛋一般大小；它的嘴是橘黄色的，呈三角形；眼睛是深蓝色的，蓝白相间，十分美丽。你只要仔细一看，就会看到在那碧蓝的眼睛里还镶嵌着一个珍珠般的“小亮点”，那就是它的瞳孔。它的脖子上长着一圈灰色的羽毛，就像带上了彝族娃娃的项圈；小鸽子的爪子上包着一层细而密的鳞片，每个脚趾上都长着白色的小钩，这就是它的指甲。它的尾巴像把折扇，时而摆平，时而翘起，时而降低，有趣极了！

10. 我的邻居家养了一对鸽子。它们有时站在房顶上，一动也不动，就像石雕的一样；有时它们慢慢踱步，两只明亮的小眼睛骨碌碌地乱转。一只羽毛是灰色的，泛着积云般的白光，远远看去就像是披上了一件银灰色的斗篷；颈边的一圈不是银灰的，而是暗红的羽毛，在金灿灿的阳光照耀下，随着脖子的转动，由暗红色变成绿色，还发出绿莹莹的光，远看就像戴了一条美丽而耀眼的项链。尖尖的短嘴巴下粘着两个象牙般的白块。两个大而有力的翅膀，像两把散开的黑缎扇子。飞翔时两个翅膀上下拍动，在碧蓝的天空中它悠闲自在地翩然飞去。两个暗红色的爪子，紧紧地抓住木栅栏，保持着身体的平衡。它的脚上还戴着一个金属环，上面刻着号码，那是在大规模放鸽时，为了辨认鸽子而戴的。另一只更漂亮，瞧它浑身洁白无瑕，就像一个身着洁白婚礼服的新娘，红宝石般的眼睛，红色的嘴非常引人注目。它俩经常一起散步，一起在天空翱翔，不管他们在哪里，只要李叔叔打一声口哨，它们便会扑楞楞地落回院里。

11. 鸽子睡觉的时候，总要有一只站岗放哨。一个晴朗的夜晚，我在睡梦中，忽然一阵急促的“咕咕”声把我惊醒。我一骨碌爬了起来，穿上外衣，跑到窗口，朝鸽子窝一看：月光下隐约看见一只体态修长、一身黑毛的家伙，拖着尾巴要闯进鸽子窝。啊！原来是只大黑猫。我正想上前，突然，只见一只领头的鸽子伸出利嘴向黑猫啄去，其余的鸽子也纷纷行动起来，扑向黑猫。黑猫害怕，扭头逃走了，我紧张的心情也轻松下来。

12. 这两只鸽子身穿白色的绒衣，一双炯炯有神的眼睛，一张尖锐的小嘴。肚子上围着白色的肚兜，两只嫩红的小脚站在地上，就像穿着红色的小鞋，模样怪可爱的。

13. 鸽子全身长着灰褐色的羽毛。它那灰褐色的头上长着一双朱砂小眼，像宝石似的；两个隆起的鼻孔端正地摆在嘴的上根部。它的头顶上还有一撮紫色的羽毛，形成一个美丽的凤头。鸽子头上的羽毛又密又短，背上的羽毛厚厚实实，肚子上的羽毛蓬松柔软，翅膀和尾巴上长着又长又硬的翎毛，能像扇子一样打开。好看极了，黄色的爪子包着一层鳞片。趾头上长着小钩似的长指甲。走路一摇一摆，活像一只小鸭子。

鹦鹉

好句

1. 这两只鹦鹉有着一身酷似虎皮的羽毛，一只蓝，蓝得如同晴空；一只绿，绿

得犹如翡翠。

2. 鹦鹉的翅膀上都布满了好看的斑点，腹部的羽毛柔软无比，嫩嫩的小脚始终紧紧地钩住一根横杆。

3. 鹦鹉展开那美丽的尾巴，活像一把五彩缤纷的小扇子。

4. 小鹦鹉尾巴又细又长，上半截是绿色的，下半截是黑色的。因为它从头顶到翅膀上的羽毛有一条一条的黑斑，像老虎身上的花纹，所以又叫“虎皮鹦鹉”。

5. 这两只鹦鹉长得相仿，羽毛呈黄、蓝、绿三种颜色，油亮亮的都像穿了一件丝绒小袄。

6. 鹦鹉的脖子上有一圈米黄色的绒毛，像是戴着美丽的脖套。

7. 两只虎皮鹦鹉一雄一雌，雄的穿着一身蓝衣裳，雌的穿着一身绿衣裳。它们的小嘴是嫩黄的，黑色的眼睛出神地望着我，可爱极了。

8. 小鹦鹉的下腭边长着一簇黄色带黑点的毛，生气的时候，这簇羽毛就一鼓一鼓的，样子很滑稽。

9. 鹦鹉的嘴就像一把拔鞋钉的钳子，能夹破种子的硬壳。

10. 鹦鹉吃食时，总是用那弯而尖利的嘴把米壳剥掉后再吃，它们吃过的小米只剩下一个个空壳。

11. 小鹦鹉的叫声很好听，有时声音像小燕子，有时声音像麻雀，有时声音又像雏鹰，真是美妙极了。

12. 鹦鹉高兴的时候就拍打着俊俏而轻快的翅膀，在笼子里绕着圈飞，一边飞一边“歌唱”，好听极了。

13. 鹦鹉那圆圆的脑袋上有一撮白色翎毛，配上那对珍珠一样闪闪发亮的小眼睛，显得多么聪明伶俐呀！

好段

1. 这种鹦鹉全身羽毛雪白，只是双翅略显金黄色，头上生着金黄灿烂的羽冠。在激动时，它头上的羽冠呈扇形竖立起来，好像是盛开的鲜花，因此得名“大葵花鹦鹉”。

2. 这只牡丹鹦鹉真漂亮，浅黄色的头，红褐色的、细长的嘴，翠绿翠绿的身子，棕色的细爪。它们有时站在树枝上，有时站在窗棂上，有时在笼中飞舞着。它飞的时候更可爱，就好像一朵朵娇艳富贵的牡丹花在飘荡中开放……

3. 小鹦哥儿长得实在可爱，背上是浅绿色的毛，硬翅上装饰着深绿色的花纹。那绿色，浅的像小草儿，深的像松针。它的肚子上，是纯一色的、雪白的毛，又松又软，像妈妈的大围巾。把手放在下面一蹭，怪痒痒的，真舒服。这些毛很好看，可不知怎的，显得有些凌乱，仿佛经过一场恶战似的……

4. 两只虎皮鹦鹉长得一模一样，那翅膀从前到后是一片片镶着大半圈白边的羽毛，构成了斑纹图案。仔细看，还真有些像虎皮哩。

5. 我的一对鹦鹉长得很漂亮，就像一对双胞胎似的。它们的翎毛呈黄、绿、蓝三种颜色，油亮油亮的就像穿了件金丝绒小袄。脖子上有一圈米黄色的绒毛，像是戴上了一个美丽的脖套。在它那圆圆的脑袋上有一撮白色的翎毛，配上那对像彩色珍珠一样闪闪发亮的小眼睛，显得那样聪明美丽。最有特色的还是那张嘴，真是与众不同。它的嘴巴像个弯弯的小钩子，别看它的嘴与它美丽的样子不相称，可是十分灵活，这张嘴不仅可以吃东西，还是它爬树的工具呢。

6. 虎皮鹦鹉浑身披满黄绿色的羽毛，有规律地夹杂着一些黑色的波浪形条纹，美丽的羽毛和长长的尾巴连在一起。它那扁圆形的脑袋，圆圆的眼珠，弯弯的嘴，锐利的爪子都十分逗人喜爱。

7. 在树林的浓密树叶底下，一大群鹦鹉在树叶间飞来飞去，只要细心地教导它们，它们便可以说人类的语言了。神气严肃的五彩鹦鹉，大红色的赤鹦鹉，染上最美的天蓝色的巴布亚鹦鹉，它们陪着各种颜色的雌鹦鹉，叽叽喳喳说个不停……

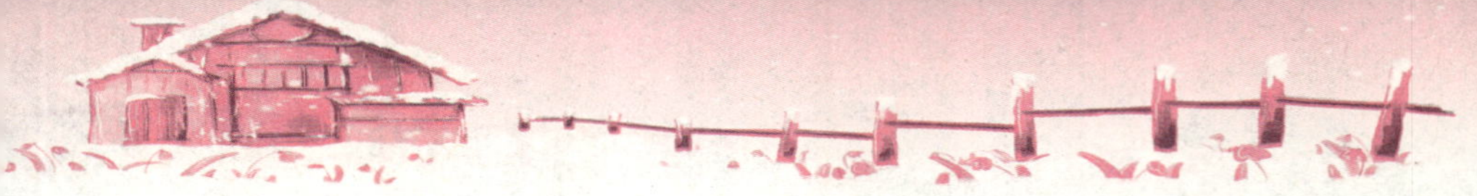

8. 虎皮鹦鹉那两只小小的圆眼睛，像两颗小黑宝石嵌在它圆圆的小脑袋上。脖子上的毛是金色的，从远处看，活像是有一个金圈儿套在了它的脖子上。它的全身呈绿色，肚皮下也长着翠绿色的毛。那对细细的小爪子锋利而敏捷。看，它不时地在笼子里跳来跳去，好像正在锻炼身体呢。那只雄的鹦鹉有一条长长的尾巴，因此，那只雌的便得了个美名——“秃尾巴”。

9. 每天清晨，当太阳光照到它们身上时，鹦鹉就起床，然后伸伸懒腰，梳理羽毛，有时还会叽叽喳喳地唱上几首歌。吃完早餐。鹦鹉们常常会在笼子里的吊环上面荡秋千，还绕着笼子翻筋斗呢！

天鹅

好句

1. 一群白天鹅掠过湖面，舒展着翅膀，时而高翔，时而低回，时而落在水面上，喧哗地戏水。

2. 天鹅时而成双结对地在芦苇丛中，蒲草岸边伫立，踱步；时而又腾空而起，箭一般地飞上蓝天。

3. 浩瀚的烟波中，有一对天鹅像两只白色的帆船，向南岸游来。

4. 那些天鹅用粉红色的脚掌划着湖水向前游，湖面上荡起一圈圈粼粼的波纹，远远望去好像一只只白色的帆船在水中荡来荡去，又像天上的朵朵白云映在水面上。

5. 天鹅那白瓷一般光滑的羽毛，没有一丝杂质，就好像一团浓墨泼上去，也会整个滚落下来，沾不上一星半点。

6. 天鹅的洁白衬托出湖水的明净，天鹅的叫声凸显了湖面的幽静。

7. 天鹅长着纯白色的羽毛，不掺一点杂色，长长的脖颈，肥硕丰满的形体，像一位披着白衣的天女。

8. 天鹅时而挺脖昂首，神气如同将军；时而曲颈低头，娴雅胜似仙子。

9. 湖面平静，水清见底，水光山色融为一体。洁白的天鹅恰似水中仙子，使人仿佛置身于仙境之间，流连忘返。

10. 一对雪白的天鹅，像两朵硕大的白莲浮在水面上。

11. 天空中排成“人”字形飞过的天鹅，发出美妙的，好像口哨般的鸣叫声。

好段

1. 在宁静的湖面上，几对周身雪白的天鹅在绿水晶般的湖面上骄傲地漂游着，它们的身子几乎一动不动，只是偶尔轻轻扭动一下长颈，欣赏着自己映在水中的倩影。它们的姿态是那样的轻盈、美丽、优雅，使湖中活泼欢快的野鸭，成双结对的鸳鸯，亭亭玉立的仙鹤都望尘莫及。

2. 看那边灰蒙蒙的湖面上，两只洁白无瑕的天鹅在慢慢地游动，轻悠的身影映在荡漾的湖水里，十分有趣。它们忽而追逐嬉戏，引吭高歌；忽而抖抖身上的水珠，伸长细细的脖子，扁黄的嘴伸向水中寻找着可口的食物；忽而一个猛子扎下去，把头和脖子深深地埋在水里，雪白的尾巴翘得高高的，好像一个白白的小孤岛。

3. 一群白天鹅掠过傍晚的湖面。它们舒展着翅膀，时而高翔，时而低回，时而落在水面上，喧哗地戏水，向远处追逐着一圈圈飞沫四溅的浪花，然后又重新飞起，排成一条长线，整齐地挥舞着翅膀。

鹤

好句

1. 仙鹤头上顶着鲜红的肉冠，像白金王冠上嵌着一颗夺目的红宝石，这更增添

了它的“雍容华贵”。

2. 美丽的丹顶鹤身长1.2米，身姿秀丽，修颈长脚，展姿作舞，引吭高歌。

3. 当白鹤展开美丽的双翅，翩翩起舞的时候，那修长的双腿，那优雅的舞姿多么像杰出的“芭蕾舞大师”。

4. 每年三月，东北的坚冰还没解冻，丹顶鹤就不远万里地从越冬的长江流域结队飞回故乡。“咯—”“咯—”的鹤鸣给人们带来了春天的气息。

5. 仙鹤站立时总是高高竖起身体，伸直脖子四下张望，常常站立许久。因此，人们常用“鹤立”、“鹤望”来形容戏剧舞蹈中引颈四望的优美姿态。

6. 一群仙鹤在空中飞舞徘徊了一阵，就落在园子里的竹篱边，一只只亭亭玉立，朱顶青足，非常好看。

7. 丹顶鹤休息时更是好看，它用“金鸡独立”的架势，一条腿着地，另一条腿蜷起，亭亭玉立。

8. 鹤从容不迫地扇动着翅膀，翱翔在广阔的碧空，时而低啼，时而齐鸣。

9. 漫空飞舞的丹顶鹤如早开的芦花，绵软地、慢悠悠地落在了沼泽地区。

10. 仙鹤头上有一片红色的羽毛，就像戴着一顶红色的帽子；长长的脖子上有一圈黑色的羽毛，像围着黑围巾。

好段

1. 丹顶鹤又叫仙鹤，是一种珍贵的鸟类。它全身大部分是雪白的，头顶上有一点朱红色。这块朱红色是椭圆形的，正正地长在头顶中央。它的嘴很长，上面有一条黑道。丹顶鹤的头小得可怜，几乎和那长脖子一般粗细。最有趣的是那双眼睛，像对小豆豆，边上还有一圈黑。它的尾巴是黑的，与雪白的身躯形成鲜明的对照，这使丹顶鹤变得很美丽。它的脚很长，不过长腿上的皮肤有些粗糙——像鸡皮一样一圈一圈的。丹顶鹤的美不仅仅在于它的外貌，它走起路来姿态很漂亮，腿一下一下地迈着，脖子一伸一伸，东瞄瞄、西瞧瞧，样子十分警觉，有时还会跳起一阵舞蹈。丹顶鹤休息时更是好看，它用“金鸡独立”的架势，一条腿着地，另一条腿蜷起，亭亭玉立。不过长脖子却不歇息，仍旧四处张望，窥探动静。丹顶鹤真是又美丽又可爱！

2. 出现在古代诗词、图画中的鹤，就是丹顶鹤。因为它时常在诗画中与仙人隐士为伴，所以又被人们称为仙鹤。

它经常昂首阔步，显出一副既骄矜又潇洒的神气。

当它展开美丽的双翅，翩翩起舞的时候，那修长的双腿，那优雅的舞姿又那么像杰出的“芭蕾舞大师”。

3. 回到故乡，丹顶鹤先把一年前生的幼鹤“赶出家门”，这是为了好好地锻炼小鹤，让它们独立地生活。鹤妈妈又要孵化小鹤了，鹤卵和幼鹤有时会受到猛禽的袭击。鹤群十分勇敢，“敌人”一到，它们就会突然跃起，引颈挺啄迎战来犯之敌，其骁勇连狐狸都害怕。

喜鹊

好句

1. 喜鹊长得真漂亮：棕黄的嘴，粉红的舌头，大大的眼睛像两颗星星。

2. 喜鹊体态轻盈优美，鸣叫声清脆响亮。

3. “喳、喳、喳”，喜鹊理直气壮，伸长脖子回答，这惹得我们哈哈大笑，又惊落了一树梨花。一阵春风，把片片梨花扬起，小路像飘起了雪花。

4. 不论在农村、城市、山坡、树林，处处可以听到喜鹊欢快的“笑语”。

5. 一对喜鹊落在梨树上，翘着长尾巴唧唧喳喳直叫，白生的梨花，一片、两片……纷纷落下。

6. 鹊，又叫喜鹊。从古到今，人们把喜鹊看成是预兆吉祥的鸟儿。

7. 从天边的黑云层里，钻出一只山喜鹊，像夜晚的一道流星，斜投在这棵老榆

树上，吓得麻雀“叽叽喳喳”一阵乱噪。

8. 喜鹊是益鸟，它经常啄食祸害庄稼的害虫，还会机灵地捕捉小老鼠。

9. 几只春鹊，蹬着含苞欲放的柔韧的桃枝，抖着彩色的翅膀，欢快地鸣啭。

10. 喜鹊能发出各种不同的叫声，这叫声是喜鹊的“语言”，它们用这种“语言”互相交流，传递信息。

好段

1. 喜鹊的羽毛大部黑而带绿，只是肩和腹部有白色的羽毛，显得洁净朴素。喜鹊体态轻盈优美，鸣声清脆响亮，有使人喜悦的感觉。不论是在萧瑟秋风的树下，还是在冬天野外的路旁，喜鹊迎面飞来，生机勃勃，欢欣活泼，令人感到振奋。因而，它受到人们的喜爱。

2. 喜鹊的羽毛黑白两色相间，黑色中间还闪耀着紫色的光辉。后面托着一条中间宽末端尖的尾巴，栖在枝上时常上下翘动。

3. 我的小喜鹊叫“嘎嘎”，它长得很漂亮，粉红色的舌头，棕黄色的嘴，大大的眼睛像两颗星星。头和身子是蓝黑色的，翅膀上有几根长长的白羽毛，肚皮雪白，长长的尾巴上长着深紫色的羽毛。

4. 喜鹊是高明的建筑师，它的巢建筑在高大乔木的枝上，是用多杈的枯树枝筑成的，远看是个圆球形，结构很讲究，巢顶部有个用树枝搭成的盖子，巢口开在侧面。

啄木鸟

好句

1. 啄木鸟，脚短，趾端有锐利的爪，善于攀缘树木，嘴尖而直，能啄开木头。

2. 在一棵大树上趴着一只漂亮的啄木鸟，它圆圆的小脑袋上好像蒙着黑头巾，身上像穿着翠绿色带着紫点的时装，红色的尾巴，黄色的小爪子，一双宝石一样的眼睛，一张尖尖的硬嘴，真美呀！

3. 啄木鸟拍拍翅膀飞到松树上，轻捷地伸出爪子抓住树干，并用尾羽撑住身子，好像坐在小椅子上，“笃笃笃”，尖尖的嘴巴啄了几下，就把树里的小虫捉出来了。

4. 啄木鸟用细长而尖端有钩的舌头来捕食树洞里的虫子。

5. 啄木鸟用凿子一样锋利的嘴在树干上啄两下，然后偏着头听一听，看它那一本正经的模样，还挺有趣呢。

6. 金黄色翅膀的啄木鸟顶着红冠，套着宽宽的黑领圈，双眼滴溜溜地望着天空。

7. 啄木鸟有像听诊器一样的钢嘴，通过敲树作声，它能准确地判断并寻捕蛀虫。

8. 啄木鸟那又直又硬的长嘴，像把凿子似的，敲打着树干，笃、笃、笃地像敲打着指挥棒。

9. 啄木鸟那舌头真是厉害，害虫爬过的隧道直，它的舌头就直；隧道弯，它的舌头随着也弯，形同游蛇，蜿蜒而进，穷追害虫不舍。

10. 啄木鸟的尾羽又粗又硬，啄木鸟全凭它来支撑身体。啄木鸟是所有树木的知心朋友，是个称职的“医生”，树木是啄木鸟的终生侣伴。

11. 瞧，这只啄木鸟多漂亮，头圆圆的，嘴长长的，尾巴像把刷子，还穿了一身五颜六色的衣裳。

好段

1. 在一棵老槐树的树杈上有一团红色来回摆动，还发出“笃笃笃”的声音。我寻声望去，哦！原来是一只啄木鸟在给大树治病。只见啄木鸟的头小巧玲珑，面白，后脑红。它的尾巴修长，真直呀，有浅红色，有暗红色，自然融合，可漂亮啦！啄木鸟艳丽多姿，羽毛全一致向尾巴尖下垂，一层叠一层，跟用梳子梳理过一样。

2. 啄木鸟的两只脚站在笔直的树干上，用长着硬羽毛的尾巴顶住身体，就像一个三角架子，站得很稳。“笃笃笃……” 它歪着小脑袋用它那坚硬的嘴巴在树干上东敲敲、西敲敲，真像个医生挂着“听诊器”，在给树看病。忽然，它发现树皮下有虫，就用它那细长、坚硬的嘴把那儿的树皮啄了一个洞，伸出它那带有钩子的舌头钩出一条条肥肥的虫子，再把它们吃掉。啄木鸟就是这样细心地给大树看病，毫不留情地把一条条可恨的虫子都除掉。

3. 每天清晨，啄木鸟医生就开始给一棵棵树木“看病”。它的嘴又直又硬，好像一把凿子，头又细又长，尖端生着不少“钩子”。经过“诊断”，发现树皮下面有害虫，就把树皮啄开，伸出带有钩子的舌头，把害虫一个个都串在舌尖上。啄木鸟就这样给树治好了病。

鹅

好句

1. 白鹅那圆圆的小眼睛下长着一张像小铲似的扁嘴，每当发现生人时，就张开翅膀，发出“嘎嘎”的叫声。

2. 成群的白鹅浮在水面上，像开放的一朵朵雪莲，两只柔软的红脚掌像蝴蝶结一样拖在身后。

3. 鹅的胃口既大又好，糠、菜、淘米水都可以填饱肚子。它吃东西时，嘴像小铲子一样，一盆食物一会儿就被它“铲”得干干净净。

4. 鹅周身的羽毛洁白无瑕，那淡黄色的双脚和扁圆的嘴，像嵌在白玉上一样。

5. 当柳树发芽，小草顶出地皮的时候，鹅妈妈就领着小鹅来到草地上散步，远远望去就像一只只白绒球在绿色的地毯上滚动。

6. 小白鹅抖擞精神，仰起头，伸长脖颈，用足力气高唱着，声音雄浑，粗犷。

7. 这只鹅周身的羽毛洁白无瑕，像一层薄雪覆盖在身上。

8. 白鹅头上有一对黄色突起的肉冠，看上去仿佛戴着一顶过于小的黄帽子，总是让人觉得滑稽可笑。

9. 白鹅像小帆船一样有序地排成一队，浮游在碧绿的河面上，一双红色的小脚掌轻轻地拨着水，顿时，一圈圈粼粼的波纹徐徐向外扩散开。

10. 鹅真是一幅蠢相，呆头呆脑，走起路来一摇一摆。它见人非但不怕，还要伸长脖子来咬。看到了鲜嫩的草，也不马上吃，它要叫几声才吃。

11. 水塘里，白鹅弯着脖子向天发出“鹅，鹅，鹅”的叫声，一身洁白的羽毛，浮在碧绿的水面上，红红的脚掌拨动清清的塘水，塘面泛起阵阵涟漪。

12. 水面上有几只白鹅在洗澡，它们把长颈项一扭，埋进水里，再伸起来，水球就从光滑的鹅背上滚落下来。

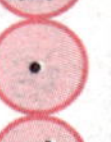

好段

1. 一晃几个月，小鹅长成了大白鹅：粗短的尾巴，大大的翅膀，长长的脖子，扁扁的嘴，扇子似的脚，走起路来一摇一摆的，神气极了。每天放学后，我就背起鹅篓、拔几把嫩草喂它们。它们见到我，就拍打着翅膀“呱呱”地叫着，贪婪地吃起来，不时发出“沙沙”的响声。

2. 大白鹅周身洁白，没有一根杂色的毛。每次觅食回来，总是把身子洗刷干净，在阳光下闪着亮光。它走起路来，高昂着脖子，迈着从容稳健的步子。

3. 鹅长着一身洁白的羽毛，头上有红色突起，眼睛不大，可是又黑又亮。听说它们小的时候，眼皮上还有两个黄圈呢！鹅的脖子有一尺来长，脚像两把小扇子，走起路来一摇一摆的。

4. 鹅妈妈带领小鹅来到池塘游泳。瞧！它们游泳时多么有趣。你看，鹅的头和脖子深深地往水里扎，雪白的尾巴翘得高高的，像一朵盛开的白荷花。鹅有时在水中拍打着双翅，好像要站起来走路；有时把头慢慢伸进池水，又迅速扬起脖子露出

水面。这一伸一扬不时地引起我们哄堂大笑。它们在水里又是洗澡，又是撒欢，玩得开心极了。这时，自然地使我们想起了骆宾王写的一首诗："鹅，鹅，鹅，曲项向天歌。白毛浮绿水，红掌拨清波。"

5. 白鹅真好看：雪白的羽毛，头上戴着一顶红冠帽，一双黑豆般的小眼睛被细细的橘黄色边包围着，细细的脖子一伸一伸的，大翅膀一扇一扇，走起路来一摆一摆的，像在跳芭蕾舞，真神气！

6. 鹅那突兀的额头，是区别于鸭的标志。它缓慢的步子从容、沉着、稳健。当它昂首挺胸，引吭高歌的时候，更显出一副昂扬雄健的姿态。

7. 在灿烂的阳光下，鹅群排成长长的队伍，翩翩起舞，迎接春天的到来。领头的那一只，格外兴奋，它张开雪白的翅膀，挺胸昂头，呼唤着同伴们跟上来。它的同伴们个个曲颈高歌，叫得多高兴啊！那"鹅，鹅，鹅"的歌声接连不断地冲向天空，多得意呀！它们扇动着洁白的翅膀，那橙色的"帽子"别有风采，那杏黄的鹅掌也更加漂亮了。

8. 因为头顶有一个颜色像铜的颜色的肉瘤，动物学家们就给它取了个美名——铜鹅。铜鹅是喜温、喜水的食草性家禽，性情温和。它们形象和鸭差不多，只不过比鸭大，它的脚、嘴为淡红色，颈很长，全身羽毛为白色，鸣声洪亮。

9. 一梅轻快地捧起小白鹅走到我面前，我伸手去抚摸它。小白鹅洁白的羽毛浑身似一团雪，鹅毛轻柔得像海绵，手偎在上面暖烘烘的怪惬意。它的尾巴上翘起一撮毛，随着我的抚弄，一上一下地弹跳着，好像也有些怕痒似的。我用手拍拍它的脑袋，一梅说："轻点，轻点。"小白鹅不停地扭动着嵌有红色突起的头，那像小核桃大小的眼眶里，一双乌黑明亮的大眼睛，骨碌碌地转着，杏黄色的、像两把铲子似的大脚掌一前一后不停地划着，恰似在水里游着呢。

鸭

1. 大白鸭长得很肥胖，走起路来尾巴一摇一摆的，活像个上了年纪的老人。

2. 鸭子摇摆着肥大的身子，走起路来总是四平八稳地迈着方步，仿佛饱学之士的样子。

3. 小鸭子的脚趾间各有一层很薄的脚蹼，把脚趾连在一起，两只脚好像两把小扇子一样。

4. 鸭子换上了一身雪白透亮的新衣服，变得更神气了。它们悠然自得地在小池塘里游呀游，用红红的脚掌拨开绿色的波浪，“嘎嘎”地叫着。

5. 鸭子最引人注目的就是那个又扁又平的嘴巴，吃起食来就像用簸箕收土一样。

6. “春江水暖鸭先知”，澄清的池塘里，冰雪刚刚融化不久，成群的鸭子便“扑通、扑通”地跳进水里，为鱼儿、小草、岸边的大柳树，带来了春天的信息。

7. 小鸭走路时总是挺着胸，拍着翅膀，一摆一摆地走着，嘴里还不停地嘎嘎叫着，好像在夸耀自己。

8. 小鸭子的鼻孔很特别，是长在嘴上的，两只乌黑乌黑的眼睛长在脑袋两侧，好像两颗黑宝石。

9. 小鸭的眼睛像黑豆一样圆，眼睛后面有两个耳朵，上面长着特殊的羽毛。铁锹头似的嘴上长着两个小鼻孔。

10. 成群的鸭子上上下下游、时而钻进水中叼起小鱼，争抢着；时而扇起翅膀，鼓满凉风，美如一片片白帆，咯咯地叫着。

11. 小鸭在水中昂着头，扑打着那轻快的翅膀，雄赳赳地在池里游来游去，好像是海洋上巡航的白色军舰。

12. 小鸭子凫水时，两蹼轻轻往后一蹬，就像小汽艇一样稳稳地向前游动。

13. 我家的小鸭子全身呈黄色，摸起来毛茸茸的，像穿了一件大绒衣，头上有一小簇黑色的绒毛，像戴着一顶小礼帽。

14. 有两只小鸭子浑身都是黑色的绒毛，远远看去，活像两个黑色的小绒球。

好段

1. 人家说小鸭子是丑小鸭，可是我家的两只小鸭子却非常漂亮。尤其是那只黄鸭子，它披着一身美丽的黄绒毛，一双眼睛又圆又亮，小扁嘴黄黄的，两条又短又粗的腿支持着它那肥胖的身体，在地上蹒跚地走着。

2. 刚出世的小鸭子跟小鸡一样，都像蓬松松、毛茸茸的绒球，一放在地上，就像娇黄的或灰黑的毛线团在滚动。它们细长的脖子上顶着只有铜钱大的小脑袋，黑亮的小眼睛不时好奇地眨动着，红褐色的脚蹼显得十分柔嫩。一放在地上，它们便蹒跚地走，“叽叽”地互相招呼，总是喜欢凑在一处。

3. 转眼到了夏天，小鸭鸭长大了，也变了，变成了一只漂亮的麻鸭鸭。它全身大部分羽毛像麻雀身上的颜色。背上是深蓝、浅灰、墨绿的颜色组成的乌黑发亮的花纹。麻鸭鸭美丽得像一只绿孔雀。

4. 小鸭不仅十分贪吃，而且还十分贪玩。一次，我来看它时，忽然发现它不知从哪儿叼来一根绳子，正用小扁嘴摆弄着绳子玩耍呢。我灵机一动，想逗逗小鸭，便一下子把绳子从小鸭面前抽掉了，还故意在半空中左右晃荡。这下，小鸭可气坏了。它平时那小小的眼睛，现在却瞪得大大的，好似在生气地嚷着：把绳子还给我！突然，小鸭两脚一弯，像箭一样蹿上来，张开嘴，要叼住绳子，竟忘了自己该怎样着陆。结果，摔了个两脚朝天。小鸭慌了，它挥舞着两只小爪子，全身都抖动起来，小嘴张得大大的，好像在向我求救：救命啊！救命啊！但尽管如此，它还是爬不起来。我看它那可怜的样子，不禁哈哈大笑，差点把肚子笑破了。

5. 每天中午，大白鸭总是一摇一摆地来到水池边，像跳水运动员一样“扑通”一声，跳入水中洗起澡来。有时候，大白鸭还把头伸入水中捉些小鱼、小虾吃，可真有意思。

6. 鸭子吃食时，总是把头甩呀甩呀，尾巴摇呀摇呀。有时噎得直着长长的脖子发呆，等一会儿把食物咽下去了，又去喝水，鸭嗉子总是被食物撑得鼓鼓的。

7. 鸭子们游泳的时候，一刻不停地拨动着那有蹼的双脚。这双脚就好像木船上的桨，使它们能在水里自由自在地划动。小鸭子还常常把头钻入水中，敏捷地用嘴捕捉小鱼和小虾，并迅速地将小鱼和小虾吞进肚里，美餐一顿。

8. 小鸭子会做各种艺术表演。有时静立在水面上，两只眼睛朝水里看自己的影子，好像是在夸自己的美丽；有时伸长脖子，用小扁嘴啄自己的羽毛，好像给自己梳妆打扮；有时"咯咯"地叫着，好像是哼着小曲；有时候钻进水里又浮上来，抖抖自己身上的水珠，好像体育健儿在举行潜水竞赛。

9. 小鸭子浑身上下都长着浅黄色的羽毛，圆圆的头上长着一对又圆又大的眼睛。它们那橘黄色的嘴巴是扁扁的。嘴上还长着两个小孔，这就是它们的小鼻子。小鸭子背上长着一对翅膀，尾巴向上微微翘起，就像小木船的船尾。它们的脚掌是红色的，上面还有纹络，脚趾之间还有层蹼。它们走路时，总是挺着胸，拍着翅膀，一摇一摆地走着，嘴里还不停地嘎嘎地叫着，好像在夸耀自己，它虽然双脚上满是泥浆也满不在乎。你看，它还洋洋得意。

10. 这是只深褐色的鸭子。颈上有道窄窄的白圈，白圈以上直到头顶的羽毛，都是那种粼粼闪光的暗绿色。它接连不断地把这颗美丽的脑袋伸进水里，又抬起来，很快地摆动一阵，然后安详地、不慌不忙地划起水来。

鸡

句

1. 大公鸡的冠子红彤彤的，像顶着一朵红花，嘴巴下的肉瘤耷拉着，像挂着一对耳环。

2. 小鸡白里透黄的羽毛上，点缀着点点小斑，就像一朵朵“小梅花”。更好玩的是圆圆的眼睑边，布满了一圈黑褐色的羽毛，就好像画家给它画的。

3. 一只小母鸡，它全身雪白，肥得像只打足了气的皮球，因此我就叫它“小胖墩”。

4. 这只小鸡性情安详，饿了就唧唧叫，饱了就来回走动，累了就在太阳底下睡觉，天天如此，就好像标准的作息时间表。

5. 一些小鸡还不到拳头大，毛茸茸的，颜色各异，有白的、黄的、黑的、花的，整天在院子里东奔西跑，叽叽喳喳的，像一群顽皮的孩子。

6. 红腹锦鸡的羽毛绚丽多彩，真令人眼花缭乱。它的头是橘黄色的，颈部是黄黑交错的，腹部是火红的。怪不得叫它“红腹锦鸡”呢！

7. 还有一只小鸡全身油黄黄的，身体胖乎乎的。

8. 两只鸡斗起来了。黄公鸡双翅一展，一个老鹰扑食，凌空扑向白公鸡，用脚抓，用嘴啄，迫使白公鸡后退几步。

9. 我爱那只金黄色的大公鸡，爱听它的啼鸣声。它先瞪圆眼睛，脖子慢慢伸长，最后昂起头来，便发出高亢悦耳的声音。这声音送去黑暗，迎来黎明；这声音唤起人们开始新的一天的生活。

10. 好漂亮的大公鸡，它浑身通红，脖子上的羽毛金灿灿的，像是耀眼的锦缎，又像是火红的朝霞。鸡冠子高高的，眼睛亮亮的，多威风啊！

11. 母鸡把脸憋得通红，瞪着两只滴溜转的金黄色的眼睛，身子微微一动，从窝里跑出来，接着就“咯咯答”叫起来。

12. 鸡尝到了美味，抖抖身子，脖子四周的羽毛张开竖起，翅膀上下扑扇着，就好像孔雀开屏一样，好一副胜利者的姿态。

13. 大公鸡披着色彩鲜艳的外衣，大摇大摆地走着，发亮的眼睛闪着挑战的光。

14. 花母鸡挺漂亮，它披着一身美丽的花羽毛，一双眼睛又明又亮，鸡冠火一样红，小嘴尖尖的、黄黄的，两条又粗又矮的腿支撑着它那肥大的身躯。

15. 只见母鸡抖了抖羽毛，张开翅膀，箭一般地向猫猛扑过去，接着便是一阵暴风般地猛啄。

16. 那只白公鸡周身的羽毛洁白无瑕，头上的鸡冠像血一样红，像是戴了一顶小红帽。

17. 那只老母鸡领着一群毛绒绒的小鸡，正闲悠悠地在树下觅食。

18. 黄公鸡昂首曲颈，正好引吭高歌，犹如一位初登台的男高音歌唱家，神采飞扬。

好段

1. 门外右面的两个草垛子旁边，一群母鸡低着头，在地上觅食。一只花尾巴公鸡，站在那里，高昂着头，向四周瞭望。看见有人来，就伸伸脖子，拍拍翅膀，准备用一场战斗来保护鸡群。看见人们并没有恶意伤害它们，才放松原来支起来的羽毛，也低头吃几粒稻谷。

2. 只见许多鸡蛋不住地晃动，有的蛋壳里的小鸡娃用嘴一个劲地啄呀啄，还发出吱吱的欢叫声。有的蛋壳突然一下子破裂了，鸡娃一跌一撞地挤出来。小鸡娃刚出壳的时候浑身上下湿漉漉的。花母鸡十分慈爱地用嘴轻轻地吻吻这个，亲亲那个，小心翼翼地给小宝宝整理羽毛。慢慢地，小鸡娃身上的羽毛干了，一个个毛茸茸，圆滚滚，就像一团团小纸球。小鸡娃长着黄黄的尖嘴，细细的短腿，小小的翅膀，有淡青色的，乳白色的，嫩黄色的，可爱极了，好玩极了。

3. 我正在奇怪，只见母鸡的翅膀架起来了，脖子伸出来了，鸡冠也涨红了。它睁大了眼睛，两脚半站半蹲，整个身子前高后低，原来叉开的翅膀又夹紧了，看上去很吃力。就在这一眨眼间，老母鸡后半身往下一坠，一个滚圆的大鸡蛋就落在鸡窝里了；接着它用爪子把蛋拨到肚子底下掩护好，生怕被谁抢去似的。它蹲了一会儿觉得平安无事，才轻松地离开鸡窝，“咯咯咯，咯大咯大”地叫着，好像在说：“我下了一个蛋，快来收我的蛋吧！”这时，我迎面跑上去，从窝里拿出蛋，一看，呀，蛋这么大呀！我用双手捧着，在脸上贴了一下，又光滑又暖和。

4. 那天，花公鸡正在菜园里散步，有三只漂亮的母鸡跟它在一起。这花公鸡摆动它那出色的尾巴毛，用最大方的步子踱来踱去。它的鸡冠像一顶庄严的王冕。这样看来，就算它不像一个国王，起码也像一个满身披甲的大将军。它猛然抖擞精神，高声啼叫，这声音又清脆，又响亮，满园子里都震荡着这美妙的声音，使得母鸡们禁不住斜着眼，欢欢喜喜地看着它，还“咯咯咯”地用温柔的叫声来招呼它。

5. 忽然，红公鸡猛地一下向敌方发起了进攻。白公鸡也毫不示弱，它们就这样你一翅膀我一爪子地打了起来，双方斗得鸡毛乱飞，红公鸡的脸受了伤流着血，白公鸡血染羽毛也快变成了血公鸡。这时，可能双方都很累了，它们就胸脯紧靠胸脯转来转去，你一啄我一嘴地慢斗。

6. 大公鸡很勇敢。邻居家的公鸡要侵扰它的伙伴，它就挺着胸猛冲上去，伸长脖子，扇着翅膀，一跳老高地和侵略者搏斗。这时它浑身的羽毛都竖了起来，像是变成了刀枪，它那弯钩似的嘴一啄就是一嘴毛。有时，它也被人家狠叼几下，但是它并不泄劲儿，反而更凶了，直斗得来犯者逃跑了，它才停下来，拍拍翅膀长叫一声，像是在宣布：“我胜利了！”它是我们村鸡群中的冠军。

7. 小母鸡的鸡冠像刚刚开放的鸡冠花，豆大的眼睛边上有一圈红色的花纹。灰色的小嘴尖尖的，胖胖的身子，走起路来一晃一晃的。小母鸡披着一件绒袍，绒袍上绣着黑色的花纹，短短的尾巴向上翘着。它两条细腿上有许多细小的鳞片，鳞片的颜色有深有浅，形成了天然的花纹。走起路来，它的腿落地时，四趾撑开；抬起时，就卷成一团。

8. 大公鸡全身长着五颜六色的羽毛。它的嘴尖尖的，像老鹰的嘴那样尖锐；眼睛圆溜溜的，又黑又亮，有黄豆粒那么大。头上长着一个火红火红的鸡冠子，像戴着一顶小红帽，它的耳朵长在眼睛的后面，特别小，被柔软的茸毛盖住了，就是刮大风下大雨耳孔也不会进入一颗小沙粒和一滴小水珠。鸡坠子是半圆形的肉片，一对翅膀张开时，像两把羽毛扇子，尾巴像几条散开的彩虹，走起路来一翘一翘的。它们的爪子非常锐利，又硬又长，几下就能把地刨一个坑。公鸡每天早晨很早就打鸣，催人们早起。

9. 那只大公鸡抖抖身子，像在展示它那美丽的外衣，接着把脖子伸得长长的，“喔、喔、喔”打起鸣来。啊，它在催妈妈起床做饭，催爸爸起来上班，催我快上学呢。它唤来了黎明，唤出了灿烂的阳光。

10. 鸡多威武、漂亮，红红的冠子，圆圆的眼睛，红中透亮的羽毛，恰似片片红云，只见它昂首挺胸，显示出一副威武勇猛的神气。那只白公鸡呢，也毫不示弱，只见它抖着红冠子，踱着四方步，一身洁白的羽毛在阳光下闪闪发亮，宛如一位端庄、稳健的白马王子，此时，它也是一副跃跃欲试的架势。

其他禽类

好句

1. 大雁的身体很像小船，一双带蹼的脚，像是两把船桨，扁平的嘴有锯齿状的缺口，便于切断植物的嫩茎叶。

2. 画眉有玉石般的尖嘴，黄褐色的羽毛，亮晶晶的黑眼珠，还有一道修长的白眉。

3. 乌黑油亮的羽毛，尖利细巧的长嘴，略秃的脑袋上，转动着一对小鹰一般的眼睛，这便是鱼鹰，也叫鸬鹚。

4. 企鹅的长相非常滑稽，身穿白色内衣，外面套着黑色的“燕尾服”，走起路来摇摇晃晃的，还真有个派头呢！

5. 一只矫健的苍鹰，缓缓地拍击着翅膀，翱翔在清晨的碧空，它在这阴森荒凉的山谷间盘旋，又陡然冲过岗峦重叠的高峰，飞向远方……

6. 鸳鸯腹部白色，背部红褐色，头上披有红、绿、紫加白色长羽组成的羽冠，五彩斑斓，华丽动人。

7. 鸵鸟是沙漠中的“骏马”。它身材高大，比一个大人还要高一头。它一般都有 200 多斤重，是世界上最大的鸟。

8. 瓦蓝瓦蓝的天空中，海鸟一群群地飞来，好像是朵朵飘浮的白云，它们舒展着雪白的翅膀，正超低空飞行着，看上去像在寻找食物。

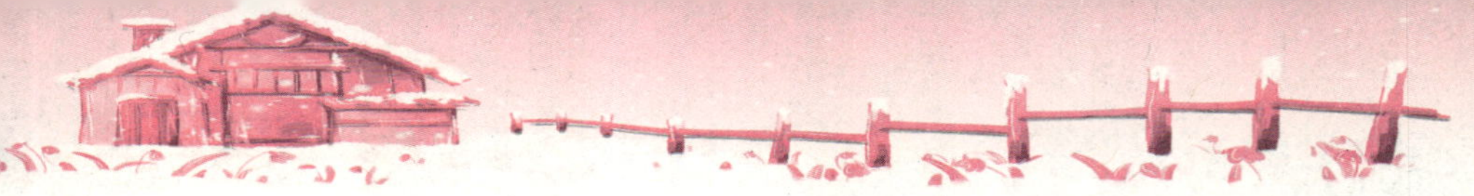

9. 麻雀的小尾巴露在外面，三根带褐色的翎毛，像片小花瓣，颜色虽不鲜艳，样子却好看。

10. 画眉歌声虽好，相貌却不如金丝雀漂亮，全身都是浓淡不等的棕褐色，嘴爪蜡黄，腹部中央有一块灰白色的白斑，尾部羽毛暗褐。

11. 猫头鹰是益鸟，它捕捉田鼠的本领可高呢！它身子像鹰，脸部像猫，眼睛如铜铃，嘴巴似镰刀，脚爪呢，就像锋利的铁钩，样子威武极了。

12. 忽然，一大群麻雀“轰”的一声从一片玉米地飞了起来。

好段

1. 河面上空，出现了老鹰的影子。它乌黑发光的翅膀，横扫着棉絮般的云块，一会儿从云里钻出来，一动不动地停在空中，良久地俯视着雨后的田野和那浩浩荡荡异常雄伟的大河。一会儿它吃惊地把翅膀一侧，像一道黑色的闪电，又冲进那黑沉沉的云河里去了。

2. 一群南飞的雁，在蓝天底下出现了。雁群排成整整齐齐的“人”字形，目标一致地向前飞着。它们在天空嘹亮地叫着，好像在庄严地宣告：它们的队伍是整齐的，它们的目标是明确的。

3. 那些麻雀有时瞪着圆圆的小眼，巡视四方，好像在觅食；有时高叫几声，又用小嘴去啄几下肚皮的毛。那自由自在的样子真是好玩极了。

4. 画眉鸟的眼睛外面，有白色的圈，就像谁用巧手描绘出来的一样，那么美丽，那么动人！它的体形比啄木鸟小点，全身披着棕色的羽毛。它的嘴倒特别长，足有二三寸。那只灵巧的小爪总喜欢蹦来蹦去，可真讨人喜欢。

5. 仙企鹅是一种稀罕的鸟类。它小巧玲珑，饶有风趣，无论谁见了都觉得可爱。它退化了的短小双翼，已不能带动身躯在天空中飞翔，却能凭借它在水中游泳。它走起路来摇摇晃晃，加上它那洁白的胸脯和深灰色或黑色的背部与头部，活像穿着燕尾服的绅士！

6. 鱼鹰船有四五米长，船的两舷缚着一根根木棍，横在水面上。每根木棍上，停着一对对鱼鹰，乌黑油亮的羽毛，尖利细巧的长嘴，略秃的脑袋上，转动着一对小鹰般的眼睛。远远看去，就像两排黑衣卫士，分站在小船的两边。别看鱼鹰个头不大，驯服文静，捉起鱼来可是又灵活又勇猛。

7. 画眉鸟除了腹部呈灰白外，周身大部分为棕黄色，背、胸上都有黑色花纹，眼睛有一道白色，看去恰似用白色油彩在棕黄色底色上画了一道长眉，“画眉”之名，实从这里得来。

8. 杜鹃是一种灰黑色的鸟，羽毛并不美，它的习性专横而残忍。杜鹃自己不营巢，也不孵卵哺雏，到了生殖季节，产卵在莺巢中，让莺替它孵卵哺雏。雏鹃比雏莺大，到将长成时，甚至比莺还大。雏鹃孵化出来以后，就将雏莺挤出巢外，任它啼饥号寒而死，它自己独霸着母莺的哺育。莺受鹃欺而不自知，辛辛苦苦哺育着比自己还大的雏鹃，真是一种令人不平，令人流泪的情景。

9. 鸵鸟有翅膀，但是不会飞。不过它那两条粗壮有力的大腿，却是其他鸟类比不上的。它的长腿跨一步就有 2 米到 3 米远。在望不到边际的沙漠里，它能飞快地跑来跑去，每小时可以跑六七十公里，比一些汽车还快。要是顺风的时候，鸵鸟把翅膀高高举起，活像扯起风帆的小船，跑起来就更快了。

10. 翠鸟喜欢停在水边的苇秆上，一双红色的小爪紧紧地抓住桅秆。它的颜色非常鲜艳，头上的羽毛像橄榄色的头巾，绣满了翠绿色的花纹，背上的羽毛像浅绿色的春装，腹部的羽毛像赤褐色的衬衫。它小巧玲珑，一双透明的眼睛下面，长着一张细小的嘴。

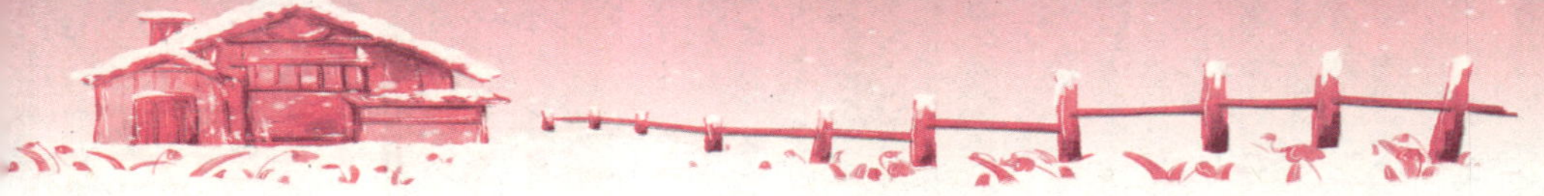

兽类 兽毛 兽性 兽皮 兽爪 珍兽 猛兽 野兽 走兽 飞奔 飞扑 凶猛
凶恶 凶悍 凶残 凶狠 追逐 疾驰 狂吼 吼叫 怒吼 长啸 咆哮 狂嗥
虎啸 狼嗥 龙腾 虎跃 猿啼 嘶鸣 逃蹿 狰狞 残暴 逃跑 狮吼 厮打
厮抓 威猛 贪婪 狡诈 狡猾 残忍 调皮 顽皮 淘气 可爱 勇敢 怯懦
善良 温驯 胆怯 胆小 驯服 粗笨 勇猛 灵敏 灵活 灵动 机灵 聪慧
健壮 雄健 跳跃 长啸 温顺 矫健 高大 瘦小 肥壮
肥乎乎 光滑滑 圆滚滚 滑溜溜 滑光光 凶狠狠 蓬松松 肥嘟嘟 恶狠狠
闹哄哄
小巧玲珑 毛色奇特 龙争虎斗 张牙舞爪 飞禽走兽 四肢轻快 四蹄如飞
尖牙利齿 虎豹豺狼 虎啸熊嗷 虎心熊胆 虎啸龙吟 虎视眈眈 虎啸狼嚎
虎踞龙盘 虎啸猿啼 虎胆龙威 虎头蛇尾 虎口余生 虎从风势 虎气生生
虎入羊群 虎头虎脑 虎狼出没 生龙活虎 藏龙卧虎 如虎添翼 为虎作伥
纵虎归山 狐假虎威 狼吞虎咽 威风凛凛 张牙舞爪 庞然大物 狼虫虎豹
雄狮猛虎 野兽乱蹿 毒虫猛兽 走兽成群 珍兽成群 野兽出没 野狼哀嚎
猴子精灵 獠牙巨口 野性难驯 贪婪凶残 雄狮怒吼 豹啸鹿鸣 狼群怪叫
凶残成性 血盆大口 吼声震天 腾空跃起 恶虎扑食 凶悍异常 剑齿锐利
凶猛如虎 狐狼出洞 狰狞可怕 憨态可掬 矫健轻捷 群猴嬉戏 摇头晃脑
凶猛威武 膘肥体壮 放声长啸 野鹿呦鸣 狼嚎枭叫 羚羊结队 饥虎饿狼
相互追逐 纵横驰骋 虎吼狼嚎 扬蹄飞奔 急驰如飞

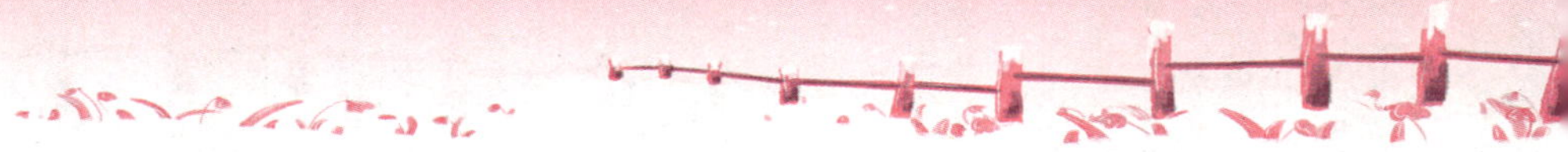

狮子

好句

1. 狮子身子较短，大约和头部一般长。头部的长毛卷曲着，像一根根鱼钩，有的四散着，又像朵朵盛开的菊瓣。

2. 那幼狮一只只憨态可笑，走起路来，像喝醉了酒一样，摇摇晃晃的。

3. 狮子大多产于非洲，亚洲很少，欧洲和美洲都没有，它们是合群的动物，由最厉害的一头雄狮当“首领”，它们通力合作，一起捕食其他野兽。

4. 雄狮体魄雄伟，大脑袋，阔嘴巴，脸上长着白色的长须，颈肩披着金色的鬣毛，后身呈金黄色，长尾巴上还配着毛球，真是仪表非凡，威风凛凛，一副“王者”的雄姿。

5. 狮子的“食谱”主要是斑马、角马、羚羊、长颈鹿、野牛。极饿时，也吃一点白蚁、野果。

6. 狮子捕食不像人们想象中那样敏捷、干净。它捕食时，常常会出差错，因此，捕到的猎物不多，只能抢食，是个名副其实的强盗。

7. 狮子似乎闻到了一点腥味，用贪婪凶狠的目光四处寻找，形象狰狞可怕，令人毛骨悚然。

8. 大狮子睁着一对火炭似的眼睛四处观看，那副神气，可以使大勇士也吓得筋酥骨软。

9. 狮子是大型的食肉兽，公狮头上有鬣毛，体态雄健，吼声如雷，因此被人们称为兽中之王。不过，它比老虎温驯，比豹老实。

10. 雄狮 3 岁开始长出金黄色、棕褐色或黑色的鬣毛，像狐披似的围在头颈上，一直遮到胸部，显得分外威武。

11. 那深沉的、洪钟般的狮子吼声响起，粗重悲壮、惊天动地；尾声是一阵沉重而又沙哑的喉音，恰似人的喘息。

12. 不远处一株大树下聚着十几只狮子，一只母狮在打哈欠伸懒腰，它满不在乎地瞥了我们几眼，便合上眼皮躺下。在一只鬃毛最漂亮的雄狮旁，好几只幼狮兴高采烈地打滚，玩闹着。人们把狮子称为“百兽之王”，要一下子看到这么多狮子，机会是颇不易的。

好段

1. 那狮子大得吓人，形状狰狞可怕。它原是躺在笼子里，这时转过身，撑出一只爪子，伸了一个懒腰；接着就张开嘴巴，从容地打了一个哈欠，吐出长有两手掌左右的舌头来舔眼圈上的尘土，洗了个脸；然后把脑袋伸出笼外，睁着一对火炭似的眼睛四面观看。那副神气，可以使大勇士也吓得筋酥骨软。

2. 刚走近“狮虎山”就隐隐听到阵阵吼声，我急忙加快脚步，好奇地向“狮虎山”奔去。

又一声雷鸣般的怒吼从一个铁笼子里传出，把我吓了一跳，只见那笼子里有一只威武的雄狮，头上一簇簇乱麻似的长毛不住地抖动着，身后那钢鞭似的长尾巴不断地挥舞，好不威风！它在笼子里来回走动，显得特别急躁。终于，它闹累了，便伸直前爪，将浑身的毛抖动了一番，屈起后腿蹲下，接着就舒服地卧在那儿了。它眯起双眼，打了个哈欠，把头转向身后的小门，不愿意让大家再看到它的尊容。

3. 名副其实的“林中之王”——凶猛的雄狮在居处闭目养神。它庞大的头部长满了金黄色的长毛，威风凛凛。结实的身子匍匐在地上，细长的尾巴悠闲地拍打着身子。当我把鲜红的队旗在它旁边挥舞时，突然，它猛一回头，与我打了个照面。“啊”，我倒抽了一口冷气，不由自主地后退了几步。只见它怒目注视，当它看到这不是猎物时，又把头转了过去……

4. 有名的生物学家萨勒，三年用了 2900 多个小时，在非洲塞伦盖蒂平原观察狮子的活动和行为。他发现，狮子是很懒惰的动物，一天睡觉达 20 小时之多，它吃的食物有一半是偷来或抢来的。它不会爬树，极少游泳，但跑得很快，每秒能跑 10 米。长成的狮子一般身长 2 米半左右，体重在 200 公斤左右。一头公狮是“家长”，其余的是它的妻子儿女。

老虎

1. 老虎是个庞然大物，也是百兽之王。看它那圆圆的虎眼闪着凶光，张开的大嘴吼叫着，像要吃人似的，那副神气，狰狞可怕。

2. 突然传来一声怕人的吼声，只见那边有一只猛虎，张开血盆大口像在搜寻什么猎物，贪婪而凶恶地向四周张望。

3. 老虎的眼睛非常奇特，直径达 4 厘米，夜间能发出绿色磷火般的亮光，好像一对绿灯笼。

4. 只见老虎昂着头，张开大嘴，打了个哈欠，然后吐出了一条血红的舌头，舔了舔尖刀般的牙齿，翘了翘钢针似的白胡须，全身抖了两抖，便迈开大步，雄赳赳地向前走。

5. 老虎是哺乳动物，毛是黄色的，有黑色的斑纹，听觉和嗅觉都很敏锐，性凶猛，力气大，夜里出来捕食鸟兽，有时伤害人。

6. 老虎狂吼一声，似半天里起了个霹雳，震得整个山谷都动了。

7. 老虎尽管贪婪凶残，然而它又像一个百宝箱，毛皮可以做毯子和垫子，骨、血、尿以及内脏都可以制药。因此，老虎在医学上的应用很广泛，是不可估量的。

8. 那老虎又饥又渴，把两只前爪在地下略略一按，全身往上一扑，从半空中蹿将下来。

9. 虎走在地上会留下圆或长圆形的脚印，它们的脚趾连同脚掌，恰好印成梅花状的图案。

好段

1. 人们十分惧怕老虎，真可以说“谈虎色变”。但我却很喜欢它那威武的样子。它的皮毛是金黄色的，两只耳朵竖在上面，前额的斑纹很像一个斗大的“王”字，也许是在向人们炫耀自己是百兽之王吧！它的眼睛像两盏绿灯笼，它的鼻子又宽又大，嗅觉很灵敏。最值得一说的，还是它那张血盆大口，每当它怒吼的时候，四颗尖牙向外龇着，令人望而生畏。它的四肢粗壮有力，爪子上长着尖锐的指甲。它的尾巴可长了，人们都说老虎有三技，最厉害的那一技是尾巴那一剪。它时而在笼子里转快步，时而放声怒吼，那雄赳赳、气昂昂的样子，真有百兽之王的气派呢！有时它却懒洋洋的，没有一点精神，大概是对关在笼子里的生活厌倦了吧！

2. “嗷！”一声震天动地的吼声，把我吓了一跳，我小心翼翼地走了过去，眼前危峰兀立，怪石嶙峋，从山洞里昂首阔步地走出来一只猛虎。它那灯笼般的大眼睛，贪婪地向四周张望着。一条大尾巴不停地摇摆，那厚厚的、黑黄相间的毛似件大袍，平平整整地披在肩上。白嘴巴上还长着长须，威武雄壮，真不愧是百兽之王！这只庞大的老虎，足有三百斤。而且头大面圆。色彩斑斓的额上有个鲜明的“王”字，全身都是褐黄与黑色相间的条纹，毛色美丽，闪闪发亮，唇、颌、腹侧和四肢内侧都长着一片片白毛。它虎眼圆睁，一条很粗很长的大尾巴不停地挥动着，给人一种威武雄壮的感觉。

3. 一只大虎顺着河岸奔跑下来了——这是一只捕食能力最强的孟加拉虎。在苍茫暮色中，它的毛色发白，一道道黑色的扁担花纹更加明显，从头到尾足有八九尺长。它微耸肩胛，头向前平伸，双耳倒竖着不断前后闪动，斜曳着尾巴，轻脚轻爪地急速奔来，竟一点儿声响也没有。这是一只急于找食的饿虎。连日大雨，捕食困难，它早就饿坏了。现在，它逆着河风，顺河而下，寻找那些傍晚出来饮水的山羊、狮子、鹿和野猪，以便充饥。

4. 笼子里的小虎哪有一点儿虎气？你看，它趴在地上，四处张望，见这么多人围住笼子，并不惊慌，坦然自若地爬起来，向前迈开步子，摇摇晃晃，一步三颠。尽管游客们都笑着盯住它，发出阵阵“嘘嘘嘘”的引逗声，它还是大模大样地不理睬人。它靠近妈妈身边，还细声细气地“呜呜”叫几声哩。

5. 只见这只猛虎头大面圆，双眼圆睁，色彩斑斓的额上有个鲜明的“王”字。它全身都是褐黄色与黑色相间的条纹，毛色美丽，闪闪发亮，唇、下巴、腹侧和四肢内侧都长着一片片白毛，一条很粗很长的大尾巴不停地舞动着，似乎在驱赶着什么。

突然，一声巨吼传来，灌木丛中扑出一只大个的东北虎。它张开血盆大口，露着利牙，竖着尾巴，一冲一冲地向马扑来。虎尾扫击着树丛，刷刷乱响，震得雪粉四溅。马被吓得一动也不敢动，垂着头，两眼死死地盯着扑来的恶敌，从鼻子里发出低沉的哀鸣。

老虎发出低沉而惊心的吼声，使得弱小的生命筋软骨酥。老虎慢慢地，一幅满不在乎的神态，嘴一张一合，步步进逼，毛茸茸褐黄色的花斑条纹，尾巴似竖着的一根大木棒从树边擦过，杆动枝摇，枝叶簌簌，牙与须，眼与爪都充满了雄浑的力量。

6. 东北虎庞大的身躯上有黄色和黑色的花纹，猫型的脸上长有长长的胡须，血盆似的大口，锐利的牙齿，两只眼睛显露出绿莹莹的凶光。它有着强有力的四肢、尖锐的爪子和一条小扫帚般的长尾巴。它性格凶猛异常，难怪人们说“虎是兽中之王”。

鹿

好句

1. 一头公鹿非常高大，身上长着漂亮的八字形斑点。

2. 梅花鹿圆圆的脑袋上长着一对树杈形的鹿角，鹿角下面藏着喇叭似的耳朵，像是在偷听周围的动静，随时准备逃命似的。

3. 长颈鹿高扬着细长的脖子，在树荫下亭亭玉立，简直一动不动。远远望去，恍若一幅巨大、迷人的风景画。

4. 这只小鹿长得实在惹人喜爱，光滑的细毛像锦缎一样，明亮的眼睛像星星一样，细长的小腿像金手杖一样。

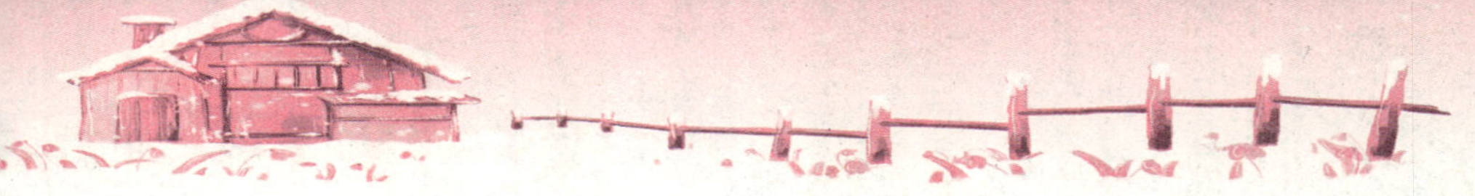

5. 小鹿长得真漂亮，浅黑的花纹印在淡黄的毛上，现出美丽的光泽。头上那一对枝杈般的角，骄傲地耸向天空。

6. 长颈鹿身上斑斑点点，团团块块、大大小小的网格，与树林中从天空洒下的光斑相似，因而不易被其他猛兽发觉。

7. 鹿群全都跑起来了，越跑越快，极目望去，好像被秋风卷走的一批栗红色落叶。

8. 鹿，尾短，腿长，毛色黄褐，杂有白斑，有的头上还有树杈一样的角，性情温顺，惹人喜爱。

9. 一群长颈鹿，脖子挺着，小脑袋差不多跟树梢一般齐，悠闲自在地围着树挑拣针叶吃。

10. 那一只橘黄色的小花鹿，身上还有大红色的梅花斑纹，那条又小又短的尾巴向上翘着，显出一副调皮的样子。

11. 一头披着赤金缎似的母麅子，轻捷地跑下山，快活地沿着干涸的河道奔向泥沼地。

12. 鹿是腿长尾短、性情温顺、惹人喜爱的动物，毛色黄褐杂有白斑，有的头上还有树枝一样的角。

13. 这只公马鹿比母马鹿更漂亮，它那两只角就像是两棵美丽的珊瑚树。

14. 这只小花鹿真讨人喜欢，圆圆的脑袋上，一对粉红色的小耳朵向上竖着，仿佛在倾听周围的动静，脸上嵌着两只明亮的眼睛，透蓝的眼眶里，那圆溜溜的大眼珠还真有神采呢！

好段

1. 在紧靠水边一棵满洲里核桃树的两片巨大的叶子之间，我见到那著名的鹿茸伸了出来，毛茸茸的，桃红的颜色，长在有一双美丽大灰眼睛的脑袋上。这灰眼睛刚向水边低下头去的时候，旁边出现了一个没有角的脑袋，眼睛更加美丽，不过不是灰色的，而是又黑又亮的。在这母鹿身旁，有一只幼鹿，鹿茸还没有长成，只有个细细的尖疙瘩。另外还有一只非常小的鹿，一个小不点儿，身上布满着同大鹿一样的斑点。这只小鹿甩着四只小蹄子，一直走到小溪中。

2. 瞧它们玩得多欢啊，小鹿跟在大鹿后面，像个警卫战士。有的微微撅着小嘴，像是要跟我们说话。还有一只温文尔雅的长颈鹿，它有一身美丽的花斑，长长的脖子，高高的个子，尾巴却短得可怜，显得多不协调呀！一双大而灵敏的眼睛，滴溜溜地直转，真像一个腼腆害羞的大姑娘。它时而注视着观众，时而昂首向天，好像在向人们展示着自己苗条的身材，炫耀着自己漂亮的面容。

3. 长颈鹿毫无疑问是世界上最高的动物。它伸长脖子、抬起头的时候，足有六米高。一双大而灵敏的眼睛，好比安装在一座高耸的望台上的望远镜，视野辽阔，最宜于侦察敌情。别看长颈鹿平时走起路来温文尔雅，倘若一有“敌情”，快跑起来，甚至连马也赶不上它。它的皮很厚，因此能在各种荆棘灌木丛中穿来穿去而不觉得痛，这是它逃避敌人的“绝招”。

4. 长颈鹿的前腿要比后腿长，它低下头来喝水是很费劲的，必须把两只前腿使劲地叉开，头才能够到地面。好在长颈鹿世世代代生长在非洲，那里水很少，找到水喝很不容易。长颈鹿就形成了耐渴的习性，只要喝一次水，就能几个星期不再喝水了。

5. 你看这只小鹿懒洋洋地卧在那里，沐浴着阳光，一条腿伸着，一条腿屈着，两条后腿支撑着身体，眼睛直盯地面，好像地面有许多草，嘴巴高翘起，又像那么多草不够它吃，尾巴摆了又摆，显得非常得意的样子。

在小鹿的后面是一只大母鹿。这只鹿非常尽职。瞧，它抬起头，竖起耳朵，睁着眼睛，翘着尾巴，警惕地环视着周围，听四方的动静，保护着它的宝贝，以防敌人来侵害。它鼻子灵敏地嗅着看有没有异常的气味。它威严地立在地上，时刻准备作战，真是一位可亲可爱的“母亲”。看来，世界上所有动物没有不爱自己“孩子”的。

6. “小花鹿”可真讨人喜欢。圆圆的脑袋上，一对粉红色的小耳朵向上竖着，仿佛在倾听周围的动静。脸上嵌着两只明亮的眼睛，透蓝的眼眶里，那圆溜溜的大眼珠还真有神采呢！一张小嘴微微撅着，像是要跟我说话。“小花鹿”的身体是橘黄色的，上面还有大红色的梅花斑纹。它那条又小又短的尾巴向上翘着，显出一副调皮的样子。

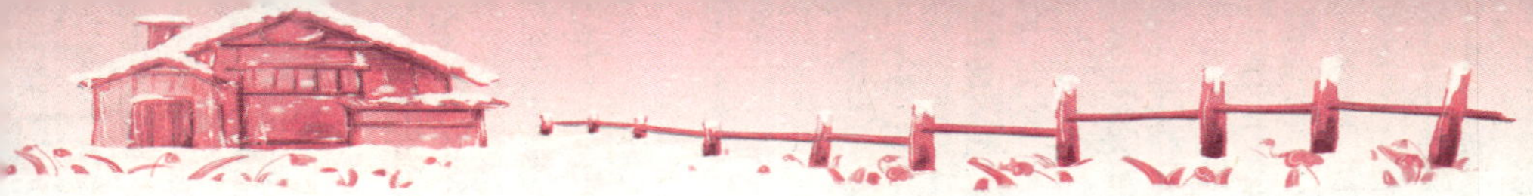

7. 小鹿只要听见树叶细微的沙沙声，就会竖起耳朵，灵巧地跳跃着跑开……它的身躯多么优美，眼睛多么可爱，毛色多么漂亮啊！它那悸动的心曾经激起幸福的涟漪，而当它轻盈地跳跃时，我们的心似乎也随着跳跃。它的跳跃仿佛散发着生命的气息，就像花朵散发出阵阵的芳香一样。

大象

好句

1. 大象有影壁似的身体，柱子似的腿，蒲扇似的耳朵，玉石似的大牙，柔软而又卷曲着的长鼻子，给人一种大得出奇的感觉。

2. 在迪斯科舞曲伴奏下，大象摆头晃脑，甩鼻摆尾，丰腴的屁股左右扭动，四根柱子一样的腿则一前一后，一上一下跳动，那招式，颇有舞星的派头。

3. 大象为防止苍蝇的叮咬，两只大耳朵总是在不停地扇动，就像扇动两把大芭蕉扇一样。

4. 在附近，一片树木乱摇乱晃，接着一棵树呼啦地倒下去，露出一头大象。它扇着耳朵，卷起倒下的那棵大树的嫩叶，慢吞吞地咀嚼着。大象吃得心满意足，打了一个响鼻，慢吞吞地迈进更深的森林。

5. 大象高大，壮实，全身光溜溜的，像堵灰色的水泥墙。

6. 大象的鼻子能伸能缩，舒展自如，感觉灵敏，动作灵活，摆动起来就好像一条翻腾飞舞的大蟒蛇。

7. 一匹匹野象，一个个伸直炮筒子般的长鼻，从山林里奔跃而去。

8. 大象的鼻子真是一只万能的手，粗而不笨，灵巧有力，大至几百斤的木头，它能像起重机一样轻轻举起；小到一根针，它也能拣起来。

9. 我爱象，觉得它们是最大、最善良的动物。坐在一只象身上的感觉简直不可思议，从那么高朝下看，世界一定很美。

10. 一头巨大的非洲象，它像一座黑褐色的土山，挡在路面上，倒挂芭蕉叶似的两只大耳朵轻轻扇动，一对又粗又长向上翘的白牙闪闪发光。

好段

1. 我和妈妈来到了大象馆。啊！人真多。我挤进了人群，突然看见一只小象。嘿！这头小象真好玩。它的个子有一米高，身子像一个小土堆，小脑袋摆来摆去，好像是一个拨浪鼓，头上长着一双明亮的眼睛，还有一对大耳朵好像是两把蒲扇，嘴上边还有一个灵巧的鼻子。它的四条腿长得很粗壮，走起路来慢悠悠一晃一晃的，我越看越爱看。这时，小象用鼻子卷起了一些草往嘴里一塞，又向观众扬扬鼻子，显得十分得意。这只小象很顽皮，可是有时它也非常老实，小象的妈妈总是跟着小象走，真是形影不离。

2. “快来看呀，大象！”大家一听到喊声，立刻赶去看。这是一头年轻而健壮的象。它有着墙壁似的躯干，柱子似的腿，蒲扇似的大耳朵，白玉似的大牙齿，大鼻子又粗又长，能伸，能卷，非常有趣。大象为我们表演了精彩的节目。看，它吹口琴了！它先用大鼻子把口琴卷住，通过鼻子的呼气，口琴就响了。啊！它吹的曲子还挺有节奏的呢！……接着，大象又表演了推车、摇铃、抬筐、抬桶、爬凳等节目。同学们看了都说：“大象本领真大！”

3. 啊！我看到了大象：四根柱子似的腿支撑着高大的身躯，约有两米高，晃动的脑袋上有两只蒲扇似的大耳朵，又粗又长的鼻子，灵巧地卷着嫩草往嘴里送，特别不协调的是它的脑袋上嵌着一对小小的眼睛，和善地盯着游人。

4. 象馆宽敞而凉快，四周围着水泥制的栅栏。我赶紧趴到栏杆上，只见母象版纳老态龙钟地踱着方步，拴脚的铁链在空旷的象馆里啷当作响。这时突然传来一声大吼，从一扇绿漆小门里蹦出了一只灰色的小象。它晃动着蒲扇般的耳朵，撒娇似的钻到版纳的肚子下面，亲昵地甩着长鼻子。版纳也用鼻子抚碰着女儿——依纳，还不时用头去碰小依纳的背，表示亲热。

5. 表演开始了，一头大象用鼻子推着一辆宝宝车，大大方方走上场。车子里坐着一个布娃娃，那样子，真像妈妈推着她的小宝宝在逛公园呢！接下来是踢足球，大象抬起脚，一连踢进了三个球。可是驯象师扔来第四、第五个球时，大象的脚动也不动，驯象师似乎想起了什么，拿起两个胡萝卜，塞到大象的嘴里，它才继续踢起来。噢，原来它在等着发“奖品”呢！

6. 阿玲走近小象，轻轻摸着它的长鼻子，指了指车身上的污泥。小象转身走进金色的雾中，一会儿甩着长鼻子，潇洒地回来了。它伸直鼻子，冲着车身喷起了水，把污泥冲得干干净净，车身焕然一新。小象的绝技真是令人佩服，令人赞叹。

7. “大象跳舞”终于开始了！也许是为自己助威，它首先用鼻子卷起鼓锤，“扑通”、“扑通”擂了一通鼓；然后，又用鼻子卷起口琴，边吹边舞。在迪斯科舞曲的伴奏下，只见它摇头晃脑，甩鼻摆尾，丰腴的屁股左右扭动，四根柱子一样的腿则一前一后、一上一下地跳动。那招式，颇有迪斯科舞星的派头，真是有趣极了！

8. 这只象王全身被那些长在迦哩尼迦罗花枝子尖端的苞蕾撒出来的细粉染黄了，看上去像是一片饱含着水分闪着电光的云彩；它发出粗犷的吼声，像是雨季里天空中飞驰的电光互相撞击的声音；它的皮肤像是纯洁蓝色的荷花叶子，它的鼻子卷了起来，样子像是神气的蛇王，尊严高贵得像蔼罗婆多；它的两只大牙颜色像蜂蜜，长得很好，很光滑，很有劲；它的面孔看上去令人喜悦，太阳穴流出冲动的水汁，汁水的香气引来了成群的蜜蜂，嗡嗡乱飞。

骆驼

好句

1. 骆驼是沙漠里重要的交通工具。它整天头顶烈日，脚踩厚厚的黄沙，运送着沉重的货物，但是它却任劳任怨，毫无怨言。这是一种多么难能可贵的精神啊！

2. 当沙漠中刮起暴风时，沙粒也进不了骆驼的耳朵，因为它耳朵里长了许许多多的小茸毛。

3. 沙漠广阔无边，到处是高高低低的沙丘，旅行的人很难识路，骆驼却能在沙漠里给人们带路。

4. 骆驼慢慢移动着身影，像小舟在大海里航行，乘着风，踏着浪。那美妙的驼铃声在耳边缭绕，余音不断。

好段

1. 骆驼生活在沙漠里。它身体很高，脖子很长，能够望到很远的地方。沙漠里有水的地方很少，骆驼的嗅觉很灵敏，能帮助人们找到水源。每逢沙漠里刮起卷着沙子的旋风，它的鼻孔就紧紧地闭起来。骆驼的腿上有一大块胼胝（pián zhī），就是趴在被太阳晒得滚热的沙子上，也不会烫伤。骆驼的脚掌又宽又厚，走路的时候，两个脚趾分开，不会陷到松软的沙子里去。骆驼背上有驼峰。在水草多的地方，它吃得饱饱的，喝得足足的，把一部分养料变成脂肪藏在驼峰里，等到食物缺乏的时候，它就用自己的积蓄来维持生命。

2. 一头又高又大的骆驼，浑身长着厚厚的驼绒，颈上还挂了小铃铛。它的鼻孔很大，对水的嗅觉特别灵敏，它的鼻孔还能紧紧地闭起来，抵御热风和漫天的风沙。因此，骆驼被称为“沙漠之舟”。

3. 骆驼，它不仅驮着人们行走在几十里渺无人烟的大沙漠里，还可承担一部分猎狗的责任。当行人面临险境的时候，它首先发出警报。沙漠里的大风很可怕，大风卷着沙粒飞滚，有时会移动整座沙丘，把人和牲口都埋在底下。骆驼熟悉沙漠里的气候，快要刮风了，它就跪下，旅行的人可以预先做好准备。

4. 一头高壮的骆驼悠悠自得地漫步在一丛绿色的骆驼草旁，那么深沉，那么持重，那么不慌不忙，好像在这个世界上，只有它们摆脱了一切的烦恼和惆怅。

5. 骆驼没有引人注意的外表，但它内心纯美。它没有斑马那斑斓美丽的花纹，没有狮子那威仪赫赫的头颅和骄傲圆睁的眼睛，它有的只是粗糙的翻卷的驼绒，过小的似乎不能思考多少事情的头，和近乎呆滞的双眼。就在这极普通的身躯中，却跳动着一颗热忱而坚定的心。这颗心为人们服务而跳动，直到生命的终止。

猴子

好句

1. 金丝猴全身金黄色，背毛很长，宛如肩披一件金黄色的蓑衣，鼻子向前翘着。它的爪子很尖，有一根长长的尾巴。在阳光照耀下显得亮闪闪、金灿灿的。

2. 在我国广西、贵州产有一种小头小脑长尾巴的黑叶猴，浑身披黑，两颊各有一簇“白须”，头顶一撮黑尖毛，真像滑稽的小丑。

3. 小猴的脸上长着两只圆溜溜的小眼睛，两个黑玻璃球般的眼珠在眼眶里滴溜溜打转，好像在想什么“鬼点子”。

4. 猴子的动作非常灵敏。一个小朋友扔下一个苹果核，刚一落地，几只猴子同时向这边跑来，一只猴子手疾眼快，抓到苹果核就抱在怀里，然后一蹦一跳迅速向山上跑去。

5. 这群猴子有三四十只，它们有的躲在路边的树丛中，有的倒挂在树杈上，有的蹲在树丫间，动作千姿百态，而且“吱吱”叫个不停。

6. 只见一个个大大小小的猴子跳上跳下，蹦来蹦去，其中一个小猴子在原地走了一圈，然后用手搭一个凉棚向上仰望，再在地上翻了一个筋斗，向游人敬礼。

7. 老猴子一身褐色的长毛，拖着一条长短合适的尾巴，走起路来显得很稳重，好像是一位经验很丰富的老人。

8. 瞧那些猴子，抓手搔腮，挤眉弄眼。有的神色冷峻，凛然难犯；有的狡黠浅笑，诡计深藏。

9. 猴园里有几座假山，这是属于猴子的天地。它们有些在山间互相追逐，有些在荡秋千，有些在太阳下挠痒，有些跑到铁栏跟前，争先恐后地抢食人们扔给的食物。

10. 在黑绿色的松叶之中，有一个金黄色的小猴子，蹲在树桠上，正龇牙咧嘴地向我怒视着。

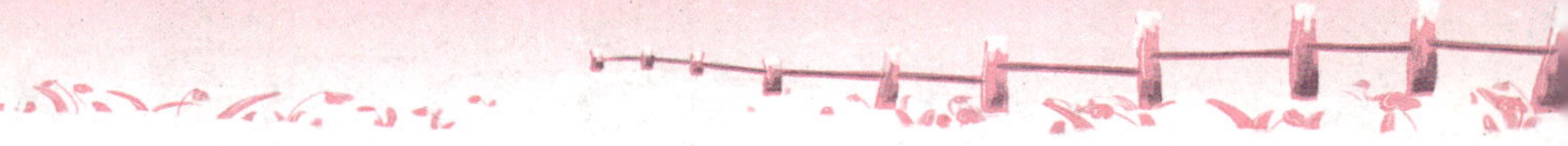

11. 这些淘气的灰色猴子尾巴特别长，它们用尾巴勾住树枝倒挂在树上，游来荡去，像打秋千一样。当它们停住时，又像葫芦架上挂着许多葫芦。

好段

1. 顽皮的猴子们在追逐、嬉闹。一只红脸的老猴捧着游人扔给它的香蕉，吃得津津有味。一只小猴子看见了，连忙跳过去。老猴可小气啦，向下一蹦，跳得远远的，一口就把半个香蕉吞了下去，然后朝那小猴挤眉弄眼，还得意地在铁链条上走了两回“钢丝”呢！

2. 白头长尾猴的头发全是白色的，毛茸茸的脑瓜，好似一个八九十岁的老太婆。它的面孔小巧玲珑，机灵的两只小眼睛老爱“骨碌骨碌”地转，脸腮粉红，活像《西游记》里的齐天大圣孙悟空。

3. 一只小猴嘴里叼着一串小气球，正飞快地向假山上跑去。这串小小的气球对好奇心极强的猴子来说，具有那么大的吸引力。顿时，几乎所有的猴子，都从不同的角落里奔出来，直向嘴里叼气球的小猴追去，叫喊声响成一片。有的怒目圆睁，好像是嫉妒；有的好奇，歪着小脑袋在思索什么；有的兴奋，使劲挥舞着两只毛茸茸的“手”；有的想尝尝这“美味佳肴”……所有的猴子都抱着各自不同的目的，在气球的牵引下，上山、下山，狂奔猛跑，好不热闹。很快，猴群追上了小猴，并与它拼抢起气球来，你争我夺，你咬我啃。“啪”的一声响，气球消失了，顿时，猴群安静下来了。你看我，我看你，都惊恐不安地四处张望。

4. 小猴子猛地向上一跳，跳到了一块大石头上，又猛地纵身一跃，稳稳当当地抓住了一条铁索。哇！小猴子可真灵活啊！它抓住铁索，身子一悠，一双小腿就夹住了一条铁索，骤然一蹬，居然悠闲地荡起秋千来了，小屁股一翘一拱的。那小屁股可真逗，红红的，真像被火烧过的样子。呀，帽子掉下去了！小猴子“噌”的一下子跳下来，拿起小蓝帽，又扣在小脑瓜上。然后又腆着肚皮，大摇大摆地走几步，抢过一只桃子，绕过了假山。过了一会儿，它就出现在山的最高处，坐下来，看了看桃子，又挠了两下，就啃了起来，还一边得意地往下看呢！好像在说：看，我在最高处，我是美猴王！这时，一只老猴子出现了，一边向它瞪眼睛，一边比比划划，好像在说：下来！那是我的地盘！小猴子也向它瞪眼比划。老猴子生气了，

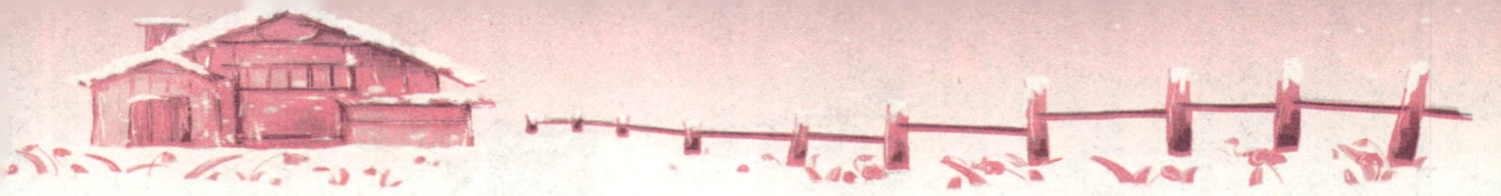

朝小猴子冲去。小猴子一见不妙，急忙扔掉桃子，逃下山顶。它在山下，还在向老猴子做鬼脸呢。

5. 瞧！那些猴子都有一副天蓝色的面孔，面孔中央都有一个小小的朝天鼻。它们的头顶、脊背和尾巴都是灰色的。前额、脖子和四肢都是金黄色的。它们的背上披着长长的毛，后边拖着一条长尾巴，在透过树叶射出来的阳光的照耀下显得亮闪闪、金灿灿的。它们一跳，那金灿灿的长毛便跟着一摆，像一根根金丝在飘拂，怪不得人们叫它金丝猴。

6. 猴山上可热闹啊！那些小猴子，有的在爬杆，有的在荡秋千，有的在追逐，有的在抢食物，有的在打闹……最吸引我的，是一只戴小蓝帽的小猴子。它个子矮矮的、瘦瘦的、红红的小小面孔，一双灵活的小眼睛，一身灰褐色的皮毛，一条细细的尾巴。它坐在水泥墩上，拿着一个荔枝，先把壳咬开，再用毛茸茸的小手把壳掰开，露出里面洁白的果肉，塞进嘴里。它一边品尝着果肉的美味，一边用小眼睛四处张望，生怕人家抢去似的。

7. 峨眉山的猴子是很有名的。游峨眉，见不到猴子，人们往往引以为憾，可真见着了，又有些担惊受怕。虽说是远看，但毕竟不是在动物园里！瞧它们抓耳挠腮，挤眉弄眼。有的神色冷峻，凛然难犯；有的狡黠浅笑，诡计深藏；就连那仰面吊在母腹下的猴崽，也圆睁着一双明亮的大眼，做出惹人怜爱的天真模样。一只只表情各异，行动却都一致——靠拢来，向我们伸出了毛茸茸的前爪。

8. 猴子全身长着棕褐色的短毛，它们的额头上光秃秃的，没有一根毛发，却布满了一道道的皱纹，活像一个个小老头。那淡黑色的爪子上长着长长的指甲，尾巴又短又粗，遮盖不住那没有长毛常被人们取笑的红屁股。

9. 它们相貌十分奇特，在圆圆的头上有一张青青的小脸儿，脸上有一个“露天似的”蓝蓝的大鼻子和一双炯炯有神的大眼睛，水汪汪的，特别引人注目。春秋季，它们的背部有光亮如丝的毛发，长达30多厘米，好似“毛皮大衣”，在身后有一条长长的、毛茸茸的尾巴，怪不得那么可爱！

熊猫

好句

1. 熊猫是世界上的珍贵动物，是动物园中的宠儿，它的一举一动，给成千上万的游人增添了乐趣。

2. 熊猫喜欢在平坦的地面上悠闲散步，愉快地玩耍。有时抬头望望人们，有时却低头好像在寻找什么，又像在思索什么。

3. 怪不得大家叫它熊猫，原来它有几分像熊，又有几分像猫啊！胖胖的身子，肥肥的四肢，小眼睛，小耳朵，两只眼睛外面有两个黑圈，像戴了一副特大号的眼镜。

4. 熊猫那竖起的圆圆的黑耳朵，像戴了一顶“风雪帽”，四肢穿着黑绒的大“皮靴”，肩上披着匀称联结的黑“披肩”，真是神气十足，令人瞩目。

5. 大熊猫身子胖，尾巴短，毛很光滑，四肢和肩膀是黑的，身子和头是白的，最逗人的是两个圆圆的黑眼圈，一对毛茸茸的黑耳朵。

6. 小熊猫的两颊呈圆形，有一块月形白斑，白色的嘴好像罩上了口罩，眼睛上各有一块白斑，远远看去好像多了两只眼睛。

好段

1. 大熊猫是我国珍贵的动物，它们的故乡在四川。大熊猫的长相很有意思，胖乎乎、圆滚滚的，逗人喜爱。它们的头部和身体都是白色的，只有眼圈、耳朵和肩部是黑褐色的。特别是那一对黑黑的眼圈，长在白白的脸上，像是戴着一副墨镜，加上那笨拙的动作和走起路来东张西望的神情，显得非常可爱。

2. 熊猫是一种珍贵的动物，很惹人喜爱。它四肢较短，行动缓慢，毛茸茸的面孔上嵌着一对乌黑发亮的大眼睛，再加上身上黑白相间的毛色，更显得美丽可爱。熊猫喜欢在平坦的地面上悠闲地散步，愉快地玩耍。有时抬头望望人们，有时却低着头，好像在寻找什么，又像在思索什么。当它高兴的时候，就在地上翻筋斗，像一个大皮球在地上滚动。熊猫睡觉时，腹部朝天。它有时用前爪轻轻地拍着肚子，有时两腿一蹬，就翻了个身。我还以为它睡醒了，其实它还在睡。它睡醒了就翻身起来，用手揉揉惺忪的眼睛，好奇地望望人们，迈着蹒跚的步子走到栏杆的另一边，坐下来好像想清醒一下头脑似的。

3. 大熊猫尾短像熊，面颊似猫。它容姿美丽，毛色奇特，头和身躯呈乳白色，但四肢和肩膀是黑的，头上有一对整齐的黑耳朵，特别是两只黑眼圈，活像戴上了一副“黑眼镜”。大熊猫那种长相，真逗人喜爱。你看它一会儿背靠大树，坐在草地上悠悠自得地吃着竹枝；一会儿拖着笨拙的身体，灵巧地爬到树上玩耍。更有趣的是，熊猫妈妈抱起自己的孩子“爱抚”着，引起观众的阵阵笑声……

4. 这家伙正在抱头大睡，一会儿，它突然来了个前滚翻。哈！醒了。怪不得大家叫它熊猫，原来它有几分像熊，又有几分像猫啊！胖胖的身子，肥肥的四肢，小眼睛，小耳朵，两只眼睛外面有两个黑圈，像戴着一副特大号的眼镜。它具有熊的笨拙，也具有猫的可爱，难怪大家很喜欢它。这时大熊猫伸了伸懒腰，摇头晃脑地朝我们走来。我们以为它要来欢迎我们呢，谁料它看都不看我们一眼，抓起一根嫩竹慢条斯理地吃了起来。

5. 自然界的熊猫，毛色光亮，一身雪白间有几处黝黑的毛色，仿佛是特意设计的。它那竖得圆圆的黑耳朵，像戴着一顶“风雪帽”，猫似的面庞上又戴着一副“墨镜”，四肢穿着黑绒的“尖皮靴”，肩披匀称连接的黑“披肩”，真是神气十足，令人瞩目。更吸引人的是熊猫吃竹子，它折下嫩竹，先将竹茎及叶咬下来，攒在嘴里，再用爪握住竹枝，左一口，右一口，有条不紊地吃着，将一束杂乱的竹枝，咬得刀切一样齐。

其他兽类

好句

1. 小松鼠非常敏捷、机警，身体矫健，四肢轻快，玲珑的小面孔上有几条褐色的条纹，像戏台上的花脸。一双亮晶晶的眼睛，一张粉红色的小嘴。

2. 松鼠有一条美丽的大尾巴，那毛茸茸的尾巴老是翘起来，一直翘到头上，自己就躲在尾巴底下歇凉。

3. 刺猬的背上长满了黑、白、灰等颜色相间的硬刺，简直像个大刺球，胖乎乎的。那小脑袋藏在硬刺下，小红鼻子尖向前伸着，两只眼睛亮晶晶的，像黑豆粒似的。

4. 那只狼龇了龇锋利的尖牙，吐出那长长的、血红色的舌头，大模大样地蹲在厚厚的雪地上。那绿莹莹的眼睛，在暗夜中像团团鬼火，闪闪晃动。

5. 金钱豹全身色呈深黄，背部遍布黑色圆纹，因为圆纹颇似古代钱币，所以人们称其为“金钱豹”。它的身体像蛇一样软，动作敏捷，体态轻盈。

6. 狗熊的头简直像狗一样，圆睁着一双蓝黑的眼睛，竖起一对尖耳朵，紧张地倾听着四周的动静。它有一身黑黑的毛。

7. 河马的一对下门牙，不是向上长着，而是向前方平行探出，好像两把铲子一样。它的尾巴像猪，嘶声如马，皮特别厚。

8. 黑猩猩长着又长又黑的毛，红屁股，红脸，脸上有很多皱纹，像个七八十岁的老太婆一样，嘴巴很大，还向前凸出。

9. 一匹匹斑马膘肥体壮，布满美丽条纹的身躯，在阳光下显得油光滑亮。

10. 大袋鼠的尾巴“功能”可大啦：平时，它用尾巴与后肢组成“三角架”支撑身体；跳跃时，尾巴向后伸直以便平衡腾空的身体不至倾斜；情况危急时，尾巴则成了自卫和进攻的“铁帚把”。

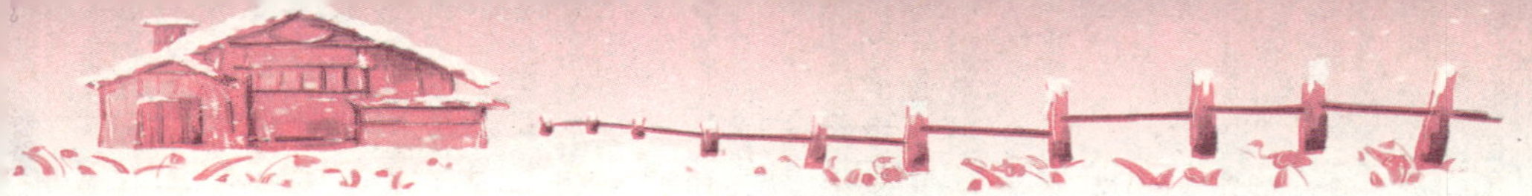

好段

1. 那种目光凶恶、口吻深裂、拖着一个扫帚似的尾巴，到处追逐食草动物的狼，是最贪婪凶残的。一群狼经过之处，任何它们可以吃得下的动物，它们都吃个精光。它们为了吞噬猎物，可以一直紧紧跟踪数百里。只要闻到一点血腥，前面有一点儿“肉食目标”，狼就会成百上千只成群结队来追逐。

2. 松鼠是一种美丽的小动物，很讨人喜欢。它四肢灵活，行动敏捷，玲珑的小面孔上，嵌着一对闪闪发亮的小眼睛。身上灰褐色的毛，光滑得好像搽过油。一条毛茸茸的大尾巴，总是向上翘着，显得格外漂亮。

3. 动物里最有趣的要数袋鼠了。它前腿短，后腿长，肚子下面有个袋子，里面装着小袋鼠。袋鼠走路时，前腿捧在胸前，后腿一蹬一蹬地，每蹬一下，可以蹦出老远。小袋鼠在妈妈的“保险袋”里摇晃着小脑袋，机警灵活的小眼睛骨碌骨碌，不时东张西望，见人一点都不怕，真有趣。袋鼠休息时，一条长长的尾巴撑在地上，与两只后腿形成一个三脚架，保持着平稳。

4. 看！那不是大嘴巴的河马吗？红红的皮肤，四条又肥又短的腿，看上去很像一头大肥猪呢。全身没有一根毛，滑溜溜的。小小的眼睛，小耳朵，这仅仅是一只小河马，要是大河马呀，听说一个小孩儿跳进去，它嘴里还装不满呢！

5. 小刺猬脑袋很小，两个鼻孔挺大，和猪的鼻子相似，十分逗人。两只眼睛如同两个玻璃扣子嵌在鼻子上头。两只耳朵圆圆的，像瓶盖。它的背上长满灰色的硬刺，腹部却是柔软而雪白的茸毛，摸上去十分舒服。四条腿上的皮很粗糙，还有一道道裂纹。脚趾下面还有肉垫，指甲又长又硬，小尾巴总共不到一寸长，比铅笔杆还细呢！

6. 这是一只非常美丽的狐狸。它的全身毛色火红，像涂了一层油彩，在阳光下闪动着华丽的光泽；它的身段优雅、四肢匀称，两只肉感很强的耳朵挺神气地竖立在额角；那条雪白的眉毛使它的鼻子、眼睛和整张脸显得生动传神，甚至还有几分妩媚。

7. 这雪豹可真不错，匀称的体型，在乳白的绒毛中明显地现出一圈圈花斑；那条长长的尾巴，毛茸茸的又粗又蓬松。这是一只虎头虎脑、年轻健壮的雪豹，真不愧为兽中的魁首。

8. 有时，正当海豹躺在浮冰上休息的时候，白熊便蹑手蹑脚地爬近它，突然把它抓住；有时，当海豹刚刚爬上浮冰，白熊则悄悄地潜水过去，出其不意地在海豹面前冒出来，使海豹无处可逃。

9. 乍看去，牦牛的相貌不大雅观，甚至有些吓人。它的身体不算高，但粗壮肥健，重达四五百公斤；周身披满了黑褐色的毛，除了浓厚的绒毛，在肩、股、下腹、肋部生出一尺多长的毛，密密下覆，尾毛也蓬生如帚。凭这身黑色吸热保暖，加之皮下组织相当发达，聚集有丰富的脂肪，使它获得了极耐严寒的天赐装备，常年卧冰踩雪而从容不迫。

10. 小熊猫正趴在一根粗粗的树杈上睡觉。它一身金灿灿的毛，耳朵尖尖的，眼圈和嘴巴是白色的。嘴边翘着几根胡须也是白的。这可笑的样子，像是因为它太贪吃，一下子扭头扎进了奶桶，那几处白色正像沾的牛奶一样。它把两只前爪枕在头下，一只后爪压在身下，另一只后爪垂着，那条大尾巴也垂着。小熊猫的尾巴真美呀！长长的、粗粗的，披着柔和而光润的毛。金黄色的尾巴上还有几个深褐色的圈，它一定是舍不得把它那条美丽的大尾巴压在身下。

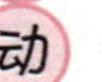

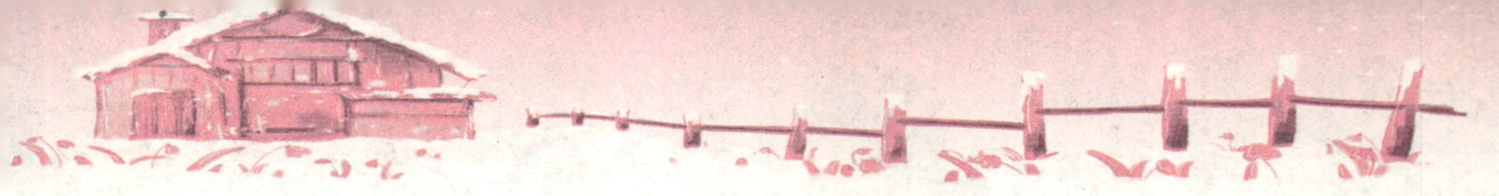

畜

好词

牲畜 畜生 畜力 家畜 幼畜 牲口 六畜 高大 肥壮 威猛 灵活 灵敏 灵巧 笨拙 快马 骏马 宝马 温顺 斗架 淘气 温和 奔驰 飞奔 追逐 嬉闹 畜产 畜牧 奔腾

油亮亮 圆滚滚 肥滚滚 毛茸茸 滑溜溜

六畜兴旺 牛羊肥壮 骡马成群 牛羊成群 猪羊满圈 高头骏马 枣红大马 烈马神驹 浑身雪白 骏马奔腾 通身枣红 摇头摆尾 四蹄生风 马不停蹄 老马识途 万马奔腾 初生牛犊 老牛舔犊 人畜两旺 牛肥马壮 马嘶驴叫 骏马飞驰 快马加鞭 膘肥体壮 撒蹄狂奔 猪叫犬吠 温顺听语 仰颈长啸 狂蹦乱跳 滚瓜溜圆 高大雄健 腾跃撒欢 昂首嘶鸣 万马嘶鸣 马嘶蹄响 摇头摆尾 骏马长嘶 肥猪满栏 狂吠不已 羊如白云

狗

好句

1. 小狗的个子特别大，乌黑发亮的毛，白脖子，立起来时，就像一个身穿黑缎子、围着白围巾的娃娃。

2. 那条长毛小狗，黄里带点红，浑身像涂了一层油一样，亮晶晶、光闪闪，胸毛雪白，脖子上套个黑色的皮圈，确实很神气。

3. 一只可爱的小狗，它全身油亮，一对小耳朵软软地耷拉着，四条小腿又粗又短，那条撅着的小黑尾巴还直摇晃。

4. 这条狗一色黄毛，三尺多长的身子，嘴叉子张开有半尺来长，看上去像个牛犊子。

5. 那条狗长着一身光滑的黄毛，四肢粗壮而灵活，一对机灵的耳朵，加上那健壮的身子，显得特别威武。

6. 我家有只可爱的狮子狗，它全身是灰黑色，只有肚皮的一块毛是白色的，胖胖的，两只大耳朵呼扇呼扇的，看上去虎头虎脑的，真像一头狮子。

7. 这条大黑狗从头至尾，全身没一根杂毛，黑亮黑亮的，像是抹了油。它两只耳朵竖着，四条腿特别长，尾巴卷着。它跑起来，你就是骑着自行车怕也追不上呢！

8. 那条小狗雪白雪白的，活泼泼地跑着、轻吠着，从人们胯下钻过来蹿过去。像人似的立起来走几步，又人似的在草地上打个滚，十分逗人喜欢。

9. 那只猎犬的毛黑得发亮，简直是一团黑色的火焰，只有牙齿是雪白的，发出森冷的寒光。

10. 这条高大的银灰色的狗，胸脯厚，脑袋大，长着漂亮的长腿，能像猎犬一样轻松地跳过栅栏。

好段

1. 我家的“黑豹”“领导”着院里的三只黄狗。它们白天常常躺在坝边晒太阳，我给你舔舔毛，你给我挠挠痒。有时它们还会自己咬着闹着玩，发出声声吠叫；有时也独自静卧，闭目养神。

2. 小花狗的警惕性可高了。它平时睡觉，总是习惯地把耳朵紧紧地贴在地上，就是一点点的声音，也能把它惊醒。小花狗的辨别能力也很强。无论是白天，还是黑夜，家里人出出进进，它从不吭声，可是一听见陌生人的脚步，它就竖起尾巴

"汪汪汪"地叫起来。

3. 姥姥家的小黑狗可漂亮啦！一身乌黑发亮的皮毛，就像黑缎子一样油亮光滑；雪白的小爪儿，像四朵梅花；那条撅着的小尾巴，总是不停地摇摆着；特别是那对黑白分明的小眼睛，总是四处张望，充满着好奇的神情。

4. 大舅家的小花狗狐狐，是我最喜欢的动物。记得我刚到大舅家的时候，它见到我总是不停地叫，可是没几天，我们就成了好朋友。我曾多次偷偷地把自己最爱吃的骨头肉、糖块、糕点等分给它吃。就这样，它渐渐地跟我混熟了。后来，每当它看到我，总是摇头摆尾，跑前跑后，亲手亲脚，还用前肢同我握手。像刚学走路的小孩，让我拉着它往前走，有意思极了。

5. "汪汪，汪汪汪！"一只毛茸茸的小花狗，像绒球似的从草垛旁边蹦了出来，在艾军身边叫着，好像见到久别的伙伴，心里好喜欢！艾军一骨碌爬起来，蹲在地上，伸出左手，手指上下晃动着，嘴里吹着口哨。小狗摇着尾巴，朝他走来。

6. 这只小狗可逗人喜欢了。一身黑亮亮的绒毛，只在眼睛上有两个白点。头上和大腿上的毛很长，几乎拖到地面，直愣愣的耳朵，好像时刻在听着什么动静，又粗又长的扫帚尾巴不时地摇晃着。

7. 去年夏天，我从别人家里要了一只狗。它长着一对发亮的眼睛，两只小小的耳朵，特别是那一身灰褐色的绒毛，非常引人注目。它胖胖的，跳起来，小尾巴向上蜷曲着，全身绒毛颤动，活像一头小狮子，多么可爱啊！

猫

好句

1. 小猫有一对透亮灵活的大眼睛，黑黑的瞳仁还会变：早晨，像枣核；中午，就成了一条细线；夜里，却变成两只灯泡，圆溜溜的，两颗眼珠还闪闪发光。

2. 小黄猫，那一身又长又软的毛，活像用金黄色的丝绸织成的，光泽照人。

3. 猫的嘴巴像个小月牙，里面有两排锋利的牙齿，就像刚磨过的尖刀，一口就能把老鼠咬死。它的胡须非常硬，像钢针一样，还能量出洞的尺寸。

4. 这只小猫全身几乎是银白色的，只是背上有几处淡黄色。两种颜色配起来，闪闪发亮，非常好看。

5. 小猫咪一天天长大了，它十分健壮而且非常清秀。蓝灰色的眼睛变成金色，黑瞳孔周围的一圈是碧绿的，它的毛又细又长，柔软而润泽，在阳光下白得耀眼。

6. 这只小猫浑身雪白，没一丝杂色，一眼望去，活像一团雪球在地上滚来滚去。

7. 这狮子猫真漂亮！圆溜溜的眼睛，就像狮子头上镶着两颗大珍珠，闪闪地发着光，浑身的绒毛蓬蓬松松，又像披了一件金线衣。

8. 小猫那一双大耳朵，一天到晚都竖着，哪个地方有声音，马上往哪边转，活像一架有特殊性能的雷达！

好段

1. 我家有一只小花猫，它的头像老虎一样，身上穿着虎皮似的毛大衣，毛光滑得像擦过油，样子挺神气。它四肢灵活，行动敏捷，每只脚下有五个像钢钩一样的爪子，爪子非常坚硬、锋利，抓起老鼠来可真行。还有一双蓝蓝的大眼睛，像块蓝宝石，在夜间可以把屋子里每一个角落看得一清二楚，再加上一条毛茸茸的尾巴，翘得高高的。嗨！甭提那样子有多好看了。

2. 小花猫静静地蹲在一个旮旯里，把眼睛瞪得大大的，耳朵竖得直直的。它好像闻到了老鼠的气味，屏住了呼吸，脖子上的绒毛全蓬起来了。果然，一只老鼠拖着细长的尾巴，悄悄钻出洞，歪着脑袋东张西望。它见没有动静，就凑到花生米那儿，大口大口地吃起来。小花猫早把这一切看在眼里，蜷缩起身子，前腿撑住，后腿蹬地，两眼紧紧盯住老鼠。正当老鼠吃得得意忘形的时候，小花猫就像离弦的箭，“嗖”的一下，猛扑过去。那只老鼠还没醒悟过来，已被牢牢地按在小花猫的爪下。

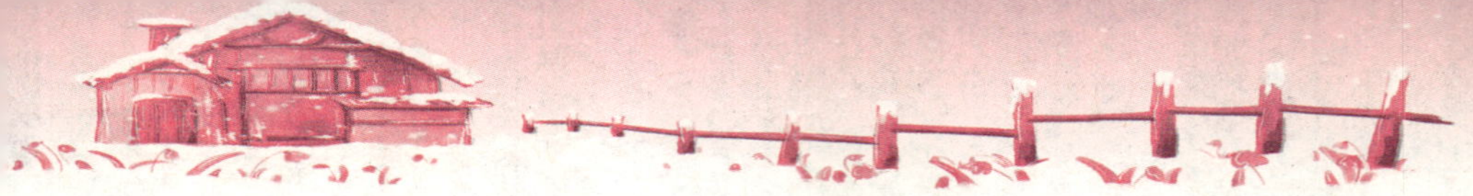

3. 猫有一双明亮的眼睛，即使在伸手不见五指的黑夜里，也能看清东西，再狡猾的老鼠也逃不过它的眼睛。它的耳朵很灵活，能够随意转向声音的来处，只要有声音，哪怕是极细小的声音，它都能及时辨出。猫的脚趾上有锋利的爪，这就是猫能在平地上疾走如飞，还能沿壁上房、爬树跳墙、追捕老鼠的重要原因。猫的爪下有一块软而厚的肉垫儿，因而走路时没有声响，可以悄悄地、出其不意地逮住老鼠。猫的胡须很粗，感觉灵敏，能测量出各种洞口的大小。

4. 外婆家有一只可爱的小花猫，名叫“咪咪”。“咪咪”的眼睛绿莹莹的，像两颗闪闪发光的绿宝石。耳朵似小白兔那样顺风竖着，也像小朋友玩的积木中的一对三角形，还会灵活地转动。鼻子嗅觉灵敏，如果亲人买了鱼，它老远就能闻出鱼腥来，围着篮子喵喵叫。“咪咪”的尾巴像松鼠尾巴一样毛茸茸的。它整天跳上跳下，可从来没见它摔倒过。它的脚掌软绵绵的，像海绵一样厚，常常用来洗脸。它一身黑白相间的毛，就像一块有黑花纹的白丝绒。它浑身白胖胖的，像一只小“熊猫”，显得十分可爱。

5. 我家养了一只胖乎乎的小猫，这只小猫背部是黑色的，腹部是白色的，有人说这叫“乌云盖雪”，是一只好猫。这只猫刚到我家时，牙齿都没长全，它有一双晶亮的大眼睛和机灵的大耳朵。它的眼睛白天是金黄的，晚上就变成绿色的了，什么东西都看得见；它的那一双大耳朵，一天到晚都直竖着，哪个地方有声音，马上往哪边转，活像一架有特殊性能的雷达。

6. 这只波斯猫圆圆的脑袋上，竖着一对小耳朵。天生的一对鸳鸯眼，一只蓝，一只黄，似两颗晶莹的宝石，闪闪发光。它那微红的鼻子下有一张“人”字形小嘴，棕色的胡须又硬又长，向两边伸展着。

兔

好句

1. 小白兔很可爱，胖乎乎的小白脸上镶嵌着一双红宝石似的眼睛，三瓣嘴上还长着小猫一样的胡子，特别是它总把那两只长长的大耳朵竖得直直的，显得十分神气。

2. 小兔子都有一对长耳朵，小嘴上唇中间分开了，成了“三瓣嘴”，一对红宝石一样的眼睛，在灯光下一闪一闪地发光。

3. 兔子的前肢短，后肢长，强有力的后肢在地上使劲一弹，“呼”的一声蹿出去，像飞起了一团白雪。

4. 长毛兔的头滚圆，像个雪球。眼睛、鼻子、嘴都好像长在雪球上。它们的鼻子老是一动一动的，好像闻到了什么香味，耳朵很长，有时候向两边摆，有时候向中间并拢。

5. 小花兔很漂亮，它的毛色是黄、白、黑三色相间组成，两颗乌黑的眼睛睁得大大的，像熟透的葡萄，亮晶晶的。

6. 小白兔的尾巴很短，活像一个小绒球贴在屁股上，蹦跳的时候，一撅一撅的可有意思了。

7. 小白兔雪白雪白的，看上去就像用洁白无瑕的汉白玉雕刻成的。

8. 小白兔那两颗红玛瑙的眼珠子一扑闪一扑闪的，逗人极了。

9. 小白兔有个习惯，就是吃完东西后，总是用前腿擦一擦它那三瓣嘴，好像很爱干净似的。

好段

1. 小白兔是一种可爱的小动物。它全身的细毛柔软而又光滑，好像是披上了一件毛大衣。小白兔的耳朵很特别，耳朵很大又很长，听觉十分灵敏，稍有一点声音，小白兔马上竖起耳朵四处寻找发出声音的地方。我发现它的耳朵很薄，透过耳郭，可以隐隐约约地看见许多弯弯曲曲的小血管。小白兔的眼睛像红宝石一样，真讨人喜爱。它的三瓣嘴里长着锋利的牙齿，吃起东西来可管用了。小白兔吃饱了，把小嘴左右一舔，用“手”洗洗脸，就跑到角落里休息去了。小白兔有四条腿，前两条腿是短的，后两条腿是长的，还长着一条毛茸茸的短尾巴。小白兔不是蹦就是跳，真是活泼可爱极了。

2. 野兔是狡猾机灵的，它那两只高高竖起的长耳朵不停地转动着，周围有一点风吹草动，它都会警惕地伏在地上一动不动，你还没靠近它，它早已一溜烟似的跑得无影无踪了。

3. 小白兔长着一身白色长毛，两只耳朵一会儿竖直，一会儿放平。眼睛红红的，又圆又亮，好像两颗红宝石。小白兔的前腿短，后腿长，善于奔跑跳跃。小白兔的胆子特别小，稍有点声音就缩成一团，准备逃跑，直到声音没有了，才恢复常态。一次我喂它们，无意中吹起口哨，它们立即吞下食物，飞快地蹿回窝里，半天才露出头来。小白兔的胆子可真小啊！

4. 小白兔吃起东西来，三瓣嘴一动一动的，很有趣。有时我喂它一些青菜丝，它见了，急忙一蹦一跳地跑到我身边吃起来。我看着它吃食的样子，耳朵时而向左时而向右，嘴巴一张一合的，蛮有条理。

马

好句

1. 这匹马一身雪白的毛色，没有一点杂色，而且闪闪发亮，就像披了一身银丝。

2. 那马浑身上下火炭般赤红，无半根杂毛；从头至尾，长一丈；从蹄至顶，高八尺；嘶嘶咆哮，有腾空入海之状。

3. 这匹枣红马，长长的鬃毛披散着，跑起来，四只蹄子像不沾地似的。

4. 尖尖的耳朵耸立，闪闪毛滑如漆，俊眼闪光彩，长鬃千条丝，高头迎风，铁蹄踏地，真是一匹铁打钢铸的千里驹。

5. 这匹马全身皮毛黑中发红，红中透白，油光透亮，像刚从油缸里跳出来似的。

6. 我喜欢马。它有一对大得出奇的眼睛，睫毛特别长，深蓝色的瞳孔里能照出影子来。它疲惫不堪的时候，睫毛眨巴两三下，大颗的泪珠就把瞳仁润湿了。看到马哭，人也会跟着一道难受。

7. 这匹马，浑身上下像光滑无比的青色锦缎，没有一丝花，没一根杂毛。

8. 那匹老母马，四肢似雪霜，身披黑鬃，颈上有一圈白毛，就像围着一条白围巾，是那样漂亮。

9. 那紫红马一股旋风卷出去，“哒哒哒”飞起一片马蹄声，像一阵骤雨穿过了草滩。

好段

1. 这马全身没有一根杂毛，毛色赤红，和熟透的枣一样颜色，谁见了都说是好马。那时我还不到它脊背高，却老想骑上去跑跑。可是它的性子像把烈火，人一凑近前去，它就颤抖着鬃毛，“嘶嘶”地叫起来，如果你还不走开，它就甩蹄子踢你了。

2. 这是一匹典型的蒙古改良马，个子高大，浑身每个部位都搭配得那么得当，每块肌肉都显示出力量，让人一看就觉得那么柔和，那么健美。它的耳朵神经质似的不时抖动一下，仿佛在捕捉寂静原野里的每个动静，尤其是它那双闪着光芒、前后左右扫射的眼睛，只要明眼人一看，就会赞不绝口：好马，好马！

3. 好俊的一匹大白马！四条腿长得十分匀称，身上很光滑，油亮亮的。脖子上的毛一绺一绺有顺序地垂挂下来。它两只耳朵竖得像“天线”，瞪着又黑又大的眼睛看着我，仿佛在问：“你是谁？”

4. 只有一种强烈的欲望支配着它，那就是酷爱奔跑。它常常领着一帮同龄的儿马，纵情驰骋。它一马当先，像颗金色的流星似的，急驰而去。有一股无穷无尽的力量驱赶着它，使它不知疲倦地奔上峻岭，冲下山坡，越过怪石嶙峋的河岸和陡峭的隘道，穿过丛林和谷地。哪怕到了深夜，当它在星空下酣睡的时候，它仿佛还梦见，大地在它脚下飞驰而过，风卷着鬃毛在耳边呼啸，马蹄又急又快，像铃铛那样，清脆悦耳。

5. 姑妈家有好几匹马，一匹匹膘肥体壮，油光水滑。你看，那匹老母马四蹄白如雪，身披黑鬃鬣，颈上有一圈皎洁的白毛，就像围着一条白围巾，是那样漂亮。

那小栗马的眼睛像碧蓝的玻璃球，闪亮发光，四肢长而有力，走起路来，像踩着两对风火轮。它总爱在草地上东蹦西跳，一刻也静不下来。还有那匹枣红马，腰背滚圆，跑起来四蹄腾空，更是雄姿勃勃。

6. 有一次，一群野马远远地朝我跑来，活像草原上掀起了一阵黄色的波浪，转眼间来到帐篷附近，围成半圈，突然站住，朝我歪头看看，又一阵风似的跑掉了。眼看就要淹没在草原深处，又一阵风跑了回来。当群马站定时，在日出的草原上，可以看见它们那长长的鬣鬃一直披垂到膝下。

7. 看那群马，有的四蹄腾空，势不可当，大有飞跃腾空之举；有的踏着野花，奔驰在无边的草原上，真有春风得意之势；有的腾空而起，飞跨流水深深的小河，恰似蛟龙出海之势；有的想是落后了，正在奋起拼搏，大有英雄筹谋之势。

牛

好句

1. 这头牛膘肥体壮，四只大柱子似的腿，棕黄油亮的毛，两只弯弯的角很神气，那条粗大的尾巴在后面甩来甩去，似乎很有劲。

2. 大黄牛头上长两个像织布梭子似的大耳朵，耳朵前面长着两个尖尖的硬角，长长的脸上镶嵌着一双铜铃似的大眼睛，那圆圆的鼻子下面长着一个宽宽的大嘴巴。

3. 小牛犊那四只黑褐色的小蹄儿，像玉雕琢成的，透着亮光。

4. 那条花牛迎着落日的晚霞，不停地甩动着尾巴赶着苍蝇，摇晃着脑袋，好似醉了一样，懒洋洋迈着方步向村里走去。

5. 这头老黄牛，昔日高耸的肩峰已耷拉下来，往常金缎子般闪亮的毛色已黯然无光，以往饱满的肌腱已萎缩得不成模样。

6. 小牛摇着尾巴，伸出舌头、舔舔这舔舔那，蹬蹬蹄子又刨刨地，还不时地东

张西望，它那副样子逗得我们大家都笑了。

7. 那黑牛性子暴烈、凶恶，两眼大如乒乓球，红如火焰，头上两只尖角，利如锋刃。

8. 小牛犊才好哩！四条又粗又壮的腿，虎虎实实的脑袋，金黄金黄的毛，像那闪亮的缎子，两只又圆又亮的大眼睛，就像两盏灯。

9. 这些奶牛，身上白一块黑一块的，好像穿着花棉袄。

好段

1. 这头小黄牛长得很威风。头上长着像小橛子一样的两个犄角，毛茸茸的耳朵灵活地摆动。脸上长着铜铃大的眼睛，油光的鼻子上穿了一个铁环，环上系着绳子。它的脖子很粗，但很灵活。它的肚子鼓鼓的，一次可以吃下五六筛子草。它粗壮的大腿像小柱子一样，黑蹄子是分成两瓣的，走起路来一踩就是一个坑。它长着细长的尾巴，左右摇摆着，驱赶蚊蝇。小黄牛的性情温顺，喜欢让人给它抓痒。它的力气很大，拉上千斤的东西毫不吃力，人们犁地、平地、播种、运东西全用得着它。小黄牛真是农家之宝。

2. 牛一见我来，像见到久别重逢的亲人一样，发出亲昵的叫声。我没到它身边，它就迫不及待地把头从栏缝里伸出来，鼻子里直哼哼，喷出了股股暖气，还伸出舌头舔着我的手。

3. 这头母牛很大,它的两只眼睛炯炯有神,嘴很大,头部两侧竖着一对灵敏的耳朵,随着声音微动着。鼻孔喷气,发出“呼呼”的响声,耳朵旁边长着两只弯弯的牛角。它有柱子般的四条腿,还有一根绳索似的长尾巴,一甩一甩地赶着脊背上的牛虻。

4. 大黄牛的身体非常高大，“国”字头，鼻子“呼哧”、“呼哧”地喘着气，鸡蛋大的眼睛炯炯有神。头两边竖着一对灵敏的耳朵，不时地摆动着。耳朵两旁弯而尖的牛角像两把钢钻，用来决斗护身。它有柱子般的四条腿，瓦盆大的四只蹄子，还有一条钢鞭似的尾巴，一甩一甩地赶着背上的苍蝇、牛虻。

5. 牛一见到鲜嫩的青草，就“唰唰唰”地大口吃起来。它伸出舌头把草卷进

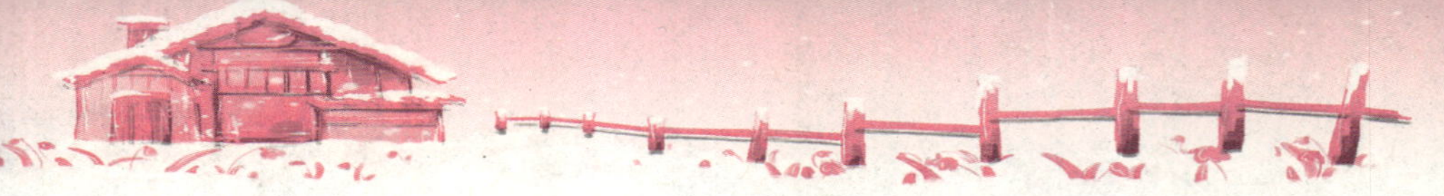

嘴里，吃得津津有味，尾巴欢快地甩动着。它一边吃草，一边不时抬起头来，用温和的眼光望着我。

6. 牦牛身躯高大，两只角非常锋利，像插在头上的两把尖刀，这就是它防身的最好武器。在封冻的水面上或雪山上，牦牛走起路来就像走在平地上，轻松自如。

乍看去，牦牛的相貌不大雅观，甚至有些吓人。身体不算高，但粗壮肥健，重达四五百公斤，周身披满了黑褐色的毛，除了浓密的绒毛，在肩、股、下腹、肋等部位生出一尺多长的长毛，密密下覆，尾毛也蓬生如帚。凭这身黑毛吸热保暖，加之皮下组织相当发达，聚集有丰富的脂肪，使它获得了极耐严寒的天赐装备，常年卧冰踏雪而从容不迫。

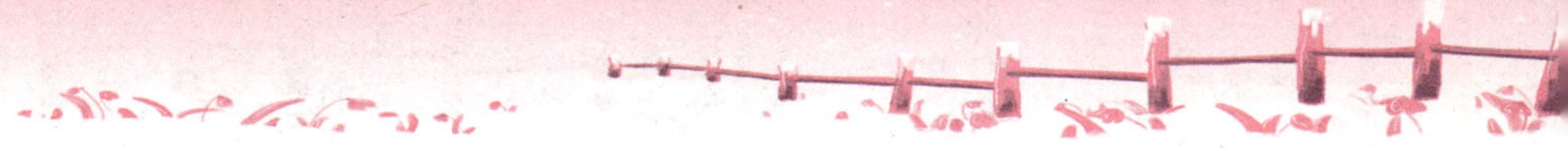

水族

好词

沉入　潜入　浮沉　游动　戏水　跳跃　追逐　鱼汛　鱼群　划动　打挺　灵巧
嬉戏　敏捷　巨大　庞大　小巧　弱小　透明　坚硬　光亮
光闪闪　光滑滑　直挺挺　亮晶晶　静悄悄
鱼米之乡　鱼水相连　鱼游虾戏　群鱼争食　鱼跃水面　鱼鲜蟹肥　鱼群如云
悠然自得　穿梭来往　游来戏去　鳞光闪闪　活蹦乱跳　鱼游大海　水美鱼肥
嬉戏追逐　鱼跃人欢　鱼跃荷开　浮游水中　栖息水底　浑身披甲　银光闪闪
水清鱼活　穿来游去　游鱼历历　鱼贯而入　横冲直撞　摇头摆尾　鱼翔浅底

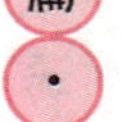

乌龟

好句

1. 乌龟整个身子套在坚硬的甲壳里，活像个小装甲车，四肢、尾巴露在外面，脖子上长着鳞片，头部像蛇，四肢比较短，性情非常温顺。

2. 小乌龟背上的硬壳上“刻”了13个六边形的图案，真像古代将军身上穿的“铁甲”。

3. 这只小龟穿着一件深褐色的格子“外套”，油光闪亮，像是将军身上的铠甲。“外衣”上有十来个近似六角形的格子，很像一个棋盘。

4. 小乌龟长着一个三角形的脑袋，两只小黑豆似的眼睛东张西望，腿很短，脚趾中间长着蹼一样的肉。

5. 小乌龟把脖子和脑袋都缩进硬壳里，四肢一伸一伸的，好像在做广播操，有趣极了。

6. 这几只小乌龟脑袋慢慢地伸出来了，它们眨巴着眼睛，伸长脖子，东瞧瞧，西看看，然后一个个迈开步子，摇头晃脑地向前爬去。

7. 乌龟的头是三角形的，皮肤是灰黑色的，脖子上有许多褶皱，伸缩的弹性很大。

8. 几只乌龟从静静的冬眠中醒来了，在沙子上慢慢地爬着。它们披着背甲、摆着四肢，活像几个身穿铠甲、神气十足的将军。

9. 小乌龟摔了个四脚朝天，慢慢地把头伸出来，看看四周的动静，然后把硬硬的嘴往地下一顶，四只爪子抓挠着，挣扎了一会儿，终于翻过身子来了。

好段

1. 我看见了一只拳头大小的苍青色的龟。我把它拾起来，翻过来一看，不禁笑了：它那由八块方形小板拼合成的腹甲，红灿灿的，像天边的晚霞！那些小板闭合着，和背壳紧扣在一起，把头尾和四条腿都藏在里面，一丝不露地保护起来。

2. 这三只乌龟都穿着一身异常坚固的“铠甲”，伸着四条粗壮的腿，威风凛凛，活像三个“大将军”。但如果让它们“临阵”，就一个个地成了名副其实的缩头乌龟了。不要说“临阵”，就是有个人影在它们前面晃几下，也会把它们吓得只剩下龟壳——头、尾、四肢全缩了进去，过了好一会儿，它们才相继把脑袋偷偷地探出来。这时，如果再有什么风吹草动，它们便又赶紧把头缩进去，好久不愿“现身”。

3. 乌龟身上有个大硬壳，脑袋是三角形的，鼻子下面是一张轻易不张的嘴。乌龟爬的时候，脖子伸得很长，露出黄绿相间的美丽的花纹。它的四条腿和头一样能伸能缩。它还有一条小尾巴，平时，尾巴缩起来，爬的时候，随着后腿摆动，尾巴也就伸出来了。乌龟很谨慎、胆小，干什么都小心翼翼的。它刚到陌生的环境里，头、腿、尾巴都缩至壳里。有时四周没人，它便伸出头来张望，一见有人来，脑袋又立刻缩回壳里。

4. 一天，我把水桶故意倾斜，两只小乌龟见水到了另一边，就赶忙向有水的地方爬去，争着往水里钻。可是，水不多，只能供一只小乌龟在里面游玩。于是，一场有趣的争夺开始了。大一点的乌龟仗着自己力气大，用屁股把小乌龟使劲向后推。慢慢地，小乌龟被推到了没水的地方。大一点的乌龟却爬回来懒洋洋地卧在水里了。小乌龟在没有水的地方静卧了一会儿，好像想起了什么办法似的，迅速爬到大乌龟背上，使劲地转动起身子来，对大乌龟来了个突然袭击。大乌龟受到这样的戏弄，发怒了，它的身子向上一拱，小乌龟被弹到了大乌龟的前面，大乌龟又用老一套方法把小乌龟推走了。可是，还没等大乌龟往前爬，小乌龟乘其不备，钻到了大乌龟的前面——有水的地方。看到这情景，我不禁哈哈大笑起来，小乌龟多么机灵呀！

5. 小乌龟可有趣啦，它摇头晃脑的，有时转圈圈，有时在沙地上打滚，有时伸长脖子转脑袋，两只眼睛眨巴眨巴的。有时它想直立起来，便贴着缸壁直撑起来，刚向上爬一步便摔倒在沙地上，吓得它四只脚缩了起来，脑袋和尾巴也缩了起来。好一会儿，它又勇敢地站了起来，可刚迈步，“砰”，往后面一倒，来了个四脚朝天。

6. 小乌龟可乖巧了！你给它吃什么，它就吃什么，从来不挑食。有一次，我在它的面前放了一小块肥肉渣子，它一看见，吓得缩回了头。过了一会儿，它看看周围没动静，便又伸出了头，对着肥肉渣子看来看去，似乎在看是什么东西。慢慢地，它的胆子大了起来，对着肥肉渣子猛咬一口，然后叼着肉渣子躲到一个阴暗的角落里吃了起来。

螃蟹

好句

1. 螃蟹披着一身青紫色的盔甲，舞着一对“大刀”，圆鼓鼓的眼珠子直瞪着，

简直就是一个八面威风的大将军。

2. 螃蟹依靠它的全副武装，手持两把板斧，横冲直撞、凶气十足，难怪人们叫它“横行武士”。

3. 螃蟹长着一对绿豆大的眼睛，你要一碰，那眼睛就会缩进大盖子里。

4. 螃蟹挥舞着肥大的螯，鼓凸着两颗黑眼睛，八只脚横着行走，活像个蛮不讲理的霸主。

5. 青蟹的形状就像一辆坦克，背着盾似的壳，一只只小蟹钳像一支支矛，扁而圆的后钳像一口口青龙刀，螯钳又像钢叉似的，一双眼睛生在螯钳中间。

6. 螃蟹的眼球乌黑、透亮，眼睛像电视机上的拉杆天线，可以做360度的旋转。

7. 螃蟹的背上驮着一个青紫色硬邦邦的大壳，壳的两旁各龇出三个小尖叉，就像京剧里武将背上插的小旗儿，显得那么威风。

8. 螃蟹的步足由七个小节组成，像一条“七节棍”，尖端的一节呈爪状，其余各节的形状如扁棒或短柱形。

9. 螃蟹有两片方形的嘴唇，喝水的时候一张一合，有时还吐出一串串珍珠似的水泡儿。

10. 螃蟹那像老虎钳子似的大夹子和那副凶神般的模样，使人一见就浑身发毛。

11. 螃蟹的外壳除了腹部以外都是青绿色的，好像披着一件翠绿的外衣。它的腹部都是乳白色的，好像穿了一件雪白的衬衫。

好段

1. 螃蟹有八条腿，它的爪很细、很尖，爪上还长着一些细毛毛。它是横着走路的，怪不得它在水里“横行霸道”呢！它走起路来，八条腿灵活地抬起、落下，沙沙地响。它的腹部有一个白色的鳞片，像一扇大门，三角形的是公蟹，圆形的是母蟹。母蟹产的卵是黄色的，粘在一起，像一些很小的米粒。它的卵就藏在“大门”里面。小螃蟹刚出生就被妈妈关在“大门”里，就像袋鼠藏在妈妈的口袋里一样。也许螃蟹妈妈害怕小螃蟹出来和邻家的“小孩”打架。螃蟹有两片方形的嘴唇，喝水的时候一张一合，有时还吐出一串串珍珠似的水泡儿。

2. 螃蟹的背上驮着一个硬邦邦的大壳，壳的中央有几条几乎看不清楚的白色花纹。我凑近一看，哈！活像是一位老翁慈祥的面容。壳的两旁伸出三个小尖叉，就像京剧里武将背上插的小旗儿，显得那么威风。大壳底下，除了两旁各伸出一只大腿外，还各伸出四只小腿，每只小腿分四折，最后一折像一只小铁钩。螃蟹的大夹子可真厉害，两只夹子张开着，就像两把老虎钳。“钳口”上下各长着一排又小又尖的像狗牙一样的小齿儿，大夹子上面还有黑乎乎的毛呢！

3. 螃蟹的壳很硬，上面有一些淡淡的花纹。它的眼睛很小，像两颗黑色的米粒，一碰就缩回去。螃蟹的两只前爪像钳子，被它夹一下很疼。如果你用草棒逗它玩，它就发怒了，两只“钳子”举得老高老高，像电视剧《射雕英雄传》里梅超风的铁砂掌，可厉害呢！

4. 螃蟹很好斗。它们在玻璃缸里，舞着大钳子，在水里忽儿上，忽儿下，威风凛凛，神气得不像是缸中的“俘虏”，倒像是凯旋的将军。它们仿佛不甘寂寞，两只螃蟹竟然打起架来。在“开战”之前，它们鼓着圆眼珠儿，恶狠狠地逼视着对方，一碰上，就用钳子夹，八只“脚”乱踢乱蹬，那扇小门似的嘴里吐出一串串白泡沫，一进一退，一上一下，斗得挺凶。那只稍大一点儿的螃蟹，用自己的钳子和背甲顶着另一只螃蟹。被顶翻的那只螃蟹，肚皮朝天，费了九牛二虎之力才翻过身来，又向那只大螃蟹猛扑过去。

5. 螃蟹，它那硬邦邦的身子，活像穿了一身盔甲。一对粗壮的蟹钳，似乎摆起“拳击”的架势，八只尖锐的硬爪，好像一把把利剑，随时准备搏斗，走起路来总是横着爬行，有点“横行霸道”的样子。

6. 一只只螃蟹多威武啊！它们的两只前钳就像长了一对虎牙，碰到东西就张牙舞爪地冲过去，使劲夹住，牢牢不放。更逗人的是它们走起路来也与众不同，满地乱爬，神气十足，活像个横冲直撞的醉汉。

鱼

好句

1. 金鱼体态端庄，神情自若。它时而慢慢地游动，时而静静地休息。

2. 红金鱼的头上长着红瘤子，像戴着一顶红帽子，尾巴边沿是花色的，像一条花裙子。它游动起来，像一朵红霞在飘动。

3. 金鱼那迷人的眼睛，水晶球似的通明透亮，特别是它那轻盈而且潇洒的尾巴，像彩绸那样柔软，像朝霞那样妩媚。

4. 红鲤鱼宛如一块块红绸在水面上下舞动。

5. 只见这条金鱼瞪着两只圆溜溜的大眼睛，尾巴在身后甩来甩去，像是立了大功似的。

6. 那一条条大金鱼聚拢在一起，追逐食物，多像盛开在池中的朵朵大菊花呀。当它们簇拥上来抢食时，鱼群就像一朵五彩锦簇般的大花忽地盛开了。

7. 这条金鱼的身体是红色的，一条薄纱般的大尾巴布满了红色的花纹。从远处看，就像一团团红艳艳的大绒球。

8. 这条芙蓉尾才漂亮呢！你看那尾巴，柔软得像棉絮，宽大得像罗伞。

9. 瞧，一条大鲤鱼跳出水面，那片片鱼鳞，在阳光下忽闪忽闪的，真像穿了一身银亮的盔甲。

10. 只见飞鱼纷纷跃出水面，扭动着苗条的身躯，好像轻盈的银燕，飞落在远处的波涛中。碧波万顷的海面上，有如朵朵银花迸发，此起彼落，瑰丽异常。

11. 有时一条银亮的鱼跳出水面，在强烈的阳光下一闪。鱼塘的水面上，不时发出“泼啦”、“泼啦”的声音，鱼群嬉戏着，追逐着，畅游着。

12. 这鲤鱼，背墨黑墨黑的，像盔甲；尾巴一扇一扇的，像船桨。

13. 那条金黄色的金鱼，尾鳍上有金黄、乳白二色，边缘还镶着一条黑色的边，摆动起来就像薄薄的彩纱一样飘荡在水中。

14. 红金鱼的肚子很有节奏地一收一鼓，两边的鳍轻轻地上下摆动，好像在做广播体操。

好段

1. 我非常喜欢那条粉红色的金鱼。它的眼睛鼓鼓的，张开小嘴就像一年级小朋友念的拼音字母“O”。它的鳞片是粉红的，在阳光的照耀下，还能发出微弱的光。它身体两边的鳍就像两把船桨，在前后划动。我特别喜欢那条粉红美丽的大尾巴。近看，这条尾巴像一个美丽的大扇子；远看，像一个天真活泼的女孩子身上的纱裙。多美丽的金鱼啊！

2. 大鱼缸里有十几条活泼而逗人喜爱的小金鱼，清澈见底的水底下长着嫩绿的小草，小金鱼在水里自由自在地游来游去。在清晨阳光的照耀下，鳞片上闪着红蓝色的光彩，摇头摆尾活泼可爱。尤其是那条黑得发亮的金鱼，它一边摆动着犹如黑纱的大尾巴，一边顽皮地吐着水泡。还有金黄色和大红色的小金鱼，我分别给它们取了名字：黑的叫“黑头大王”，金黄的叫“金黄（皇）后”，红的叫“红牡丹”。

3. 金鱼在缸中快乐地游来游去，嘴一张一合，吐出大大小小的水泡，它们是那么自由自在，就像在空中飞翔。“珍珠”鼓着大眼，那轻柔似纱的银白色的尾巴，就像撑开的大纱裙；“水泡眼”鼓着两只灯泡似的眼睛，拖着白绸般的长尾巴，在碧草中悠闲地穿行着；“墨龙”通体乌黑，和一条朱红色的金鱼戏要着；一条遍体金鳞的“公主”，头戴“金冠”，缓缓而行，显得特别高傲……

4. 池水中成百上千的红鲫鱼聚集在三堆睡莲周围，摇头摆尾地尽情游动着，嬉戏着。鱼儿们有的三五成群，互相追逐。有的一会儿聚合，一会儿散开；有的静静地待在一旁，小嘴巴一张一合地吐着水泡儿；有的像跳高运动员，侧身从水中跃出，然后扭曲身躯来个急转身，最后背脊朝下落入水中；有的像跳远运动员，背脊朝上，肚皮贴着水面或莲叶，从一处跳到另一处。

5. 小金鱼美丽极了。鼓鼓的眼睛，圆圆的嘴儿，胖胖的身子，长长的尾巴。金鱼尾巴也像船舵，胸鳍像船桨，背鳍像船帆，它们自由自在地在清水里游荡。小金鱼穿着各色鲜艳的“衣裳”，有红的、白的、黑的，还有花的，轻飘飘的，像披着鲜艳的尼龙衫。有时它们还换“衣裳”呢！我就看见过一只小鱼，由黑变花，又由花变红了。

虾

好句

1. 这只虾的头上有一块红红的斑点，阳光一照，灼灼发亮，像一块红宝石，又像一顶小红帽，真是好看极了。

2. 对虾的甲壳又薄又透明，体内的神经索，长圆形的胃，暗红色的肝脏，黄白色的心脏，细直的肠子，都可以看得一清二楚。

3. 大龙虾的两根须又细又长，身上披着紫色的盔甲，只要你一碰它，它就举起钳子，拉开进攻的架势，好像要打一套什么虾拳似的。

4. 秋天的溪水清澈透亮，欢快地流着。许多小虾攀着一根草在水里游荡，有时又弓着身子一弹，远远地望去，好像很快乐。

5. 小虾的尾巴像小扇子，头上的须子比身子还长，透明的小眼睛在水里东瞧西看。

6. 一只只对虾都穿着白色透明的盔甲，头顶伸出两条触须。当它在海底爬行的时候，两条柔软而细长的触须总是不停地摆动着，显得十分威武。

7. 虾的外形特点是足多须多，背上像披着古代武士的铠甲。

8. 你瞧这只大龙虾，橘黄色的身子弯曲着，嘴上长着三对长须，真像个驼背老人。

9. 龙虾的身体像圆锥，那三角形的头上，长着一双灯泡似的眼睛，那两只像变形金刚的“手”，左右摆动，非常吓人。

10. 那通红的龙虾，眼睛睁得大大的，鲜得耀眼，在水中悠然自得地游来游去。

11. 那只虾青白色半透明的身子在水里飞蹿，无数对小爪刷刷划动，两只黑豆眼显得格外分明。

12. 那透明塑料片似的外壳，透着全身红里带紫，一对钳似的大螯左右开弓，好像在向谁挑战。

好段

1. 忽然，一只虾打破了大家庭的静寂。它一口咬住另一只虾的尾巴，那只虾也不甘示弱，回头来反咬一口。第一只虾吓得连忙松了口，两虾对视，摆出了一副绅士决斗的样子，其余的虾仿佛没有看见自己身边发生的事情，依然悠闲地扇着尾巴。看样子那只被咬的虾不甘心，凶狠地扑过去，另一只灵巧地躲过，又闪电般地死死咬住对方那长长的须子，僵持不下。我实在不忍看它们打斗下去，用一根小木棍轻轻一挑，两只虾便像触电一样跃出水面，溅起小小的水花。那只被咬的虾得救了，它扭身就跑，另一只紧追不舍。这样一前一后，绕过山石，穿过水草，追来追去，平静的“家庭”立刻被它们搅得动荡起来。

2. 小虾的长相可怪了：头骨露在外，就当脚使；神经系统长在腹部，而不在背部；脑子吗，总该长在什么好地方吧！嘿！这脑子偏要长在咽喉上。吃食时总是先用小钳子去试探一下，然后迅速后退，接着再试，直到它认为没有危险了，才放开胆子，大口大口地嚼起来。

3. 夜晚，在海底沙滩上匍匐前进的虾群，开始腾跃而起。九月，尤其在那没有月亮的晚上，黑沉沉的夜空罩着黑沉沉的海，天地间被黑色融成一片。猛然间，海面上掠起点点星火，一闪即逝，但紧接着又亮起来。“刷刷刷……”一阵急促的骚动声，成千上万只大虾涌离海面，在波浪上疯狂地弹跳，涌起一片蓝色的火花。这火花越来越烧得炽热了，每一只飞蹿的虾就是一道蓝色的火线，千万道飞蹿的火线激烈地交织，仿佛千万只装满电光弹的枪口交错开火。

4. 那只大虾可威风啦！它身上布满淡褐色的斑点，从半透明的腰身里，隐约可以看到它的一些内脏。它有六条健壮的腿，八条触须又细又长，两只粗大的钳子来

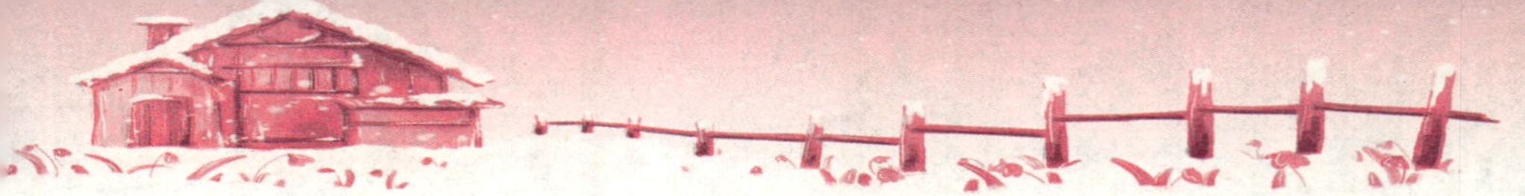

回地摆动着，看上去真有些盛气凌人的样子。

5. 龙虾背上的外壳是紫红色的，腹部的硬壳是鲜红色的，它那细长的身躯和能藏起来的尾巴，真像一根拐棍呢。它们游泳的时候，两只大螯从头的两端直伸出去，尾巴上下拍打着水面，表现得很出色。

6. 小虾——也就是我现在思念的那小生灵正静静地蹲在那儿。我轻轻地走到离它只有两步远时，一只比小黑虾大得多的青壳虾，突然冲到它面前，挥舞着大螯，吹胡子瞪眼的，那意思是：你快给我滚开！没想到小黑虾身子一弓，尾巴一甩，挺着螯冲到大青虾面前。大青虾好像没料到小黑虾敢反抗，不由自主地向右一退，小黑虾乘势用力一甩尾巴，两只螯活像两支小黑剑似地刺向大青虾，夹住了大青虾触须的根部，大青虾慌了，但没有放弃抵抗，也用大螯发了疯似的狠命夹住小黑虾。双方都奋力斗着，我在一旁看呆了，但心里却在为小黑虾鼓劲、拍手。渐渐地，双方都不行了，但小黑虾依然奋力拼搏，小螯越夹越紧。大青虾终于退却了，用尽全力猛一挺，“倏”地一跃，径直向水草丛中钻去。

其他水族

句

1. 这只青蛙，两只大眼睛，像两颗晶莹透明的玻璃球，鼓得高高的，一眨一眨，可机灵了。

2. 海豹圆圆的头，尖尖的嘴，身上长着又粗又硬的黑色短毛，背上花斑灿烂。

3. 一只青蛙两条后腿一蹬，一纵身，敏捷地将后腿一蜷，跳起老高，舌头一伸，就像吸尘器一样把飞虫吸住了。

4. 在海藻繁茂的海底，生活着一种像黄瓜样的动物，它们披着褐黑色的或苍绿色的外衣，身上长着许多突出的肉刺，这就是海参。

5. 海蜇像一顶顶青蓝色和粉红色的圆伞，在绿波里柔软地伸缩着，似在翩翩起舞。

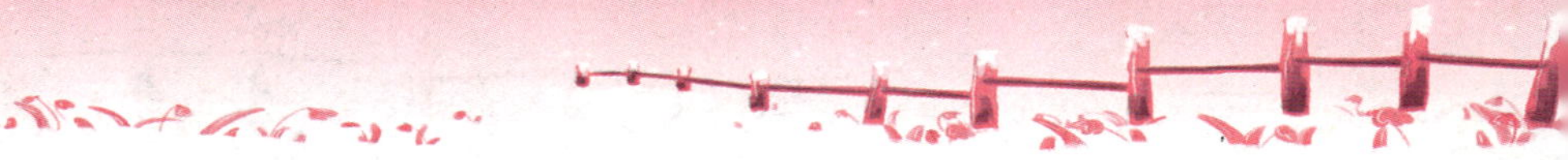

好段

1. 一只海豹从水里露出头，光滑滑，圆溜溜的。两只细小的眼睛东张西望，好像看到了什么。瘦精精的嘴旁，长着短短的胡须，大鼻子“呼呼”地吐气喷水，活像个老鼠的头，不过就是太胖了。漆黑光滑的大肚皮上有些浅绿色的斑纹。它一会儿浮上水面，翻个身，肚皮朝天仰游起来；一会儿又沉到水底，蹿来蹿去，只能隐约看到一点影子，可真像个小潜水艇。

2. 青蛙最喜欢吃昆虫。苍蝇、蚊子、白蛉、蚱猛……它都爱吃。它鼓着一双大眼睛，蹲在地上、池塘边，只要有虫子飞过，它“噌”地跳起来，舌头一伸，就把飞虫卷进嘴里去了。

3. 蝌蚪在水里自由自在地游着，一会儿浮上水面，一会儿直冲而下，有的肚子朝上浮在水面上装死，用手一碰，它把尾巴一甩，一个翻身又游走了。

4. 蚌觉得安然无恙，扇形的外壳又微微张开，雪白的肉又显露出来，水柱又从小方口处喷出来了。

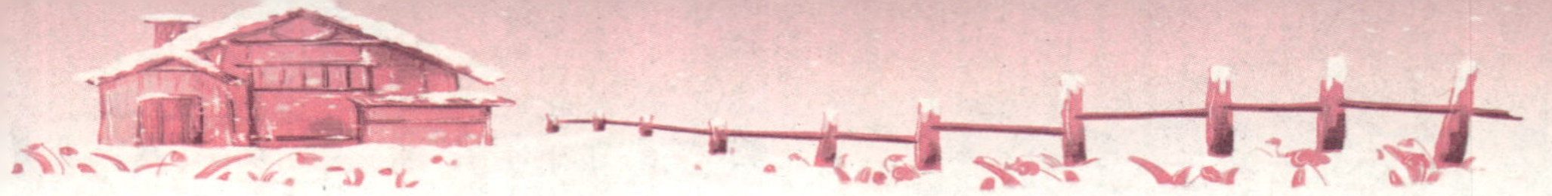

昆虫

好词

昆虫　虫子　益虫　害虫　毒虫　条纹　花纹　灵敏　轻巧　扑动　飘动　蹦跳
蠕动　飞舞　吟唱　低吟　机敏　斑点　苏醒　爬虫　蜷缩　秋鸣　低鸣　滚动
纹路　冬眠　触角　翩翩
轻盈柔美　婀娜多姿　款款而飞　婆娑起舞　迎风飞舞　蜂来蝶往　蝶飞蜂舞
轻吟浅唱　凤蝶如团　成群结队　纷纷扬扬　流萤点点　彩蝶纷飞　蝶舞蜂喧
蝉声不绝　香飘蝶舞　昆虫啾鸣　粉蝶追戏　萤火闪闪　秋虫争鸣　群蜂采蜜
虫噪蝉唱　春蚕吐丝　蝉声断续　低吟细唱　临风飘动　萤火如灯　穿梭飞行
翩然飞舞　婀娜轻盈　振翅鸣叫　蜻蜓点水

蜜蜂

好句

1. 蜜蜂是人们最熟悉的一种小昆虫，它们能酿出我们最爱吃的蜂蜜。蜂蜜不仅味道浓郁、甜美爽口，而且营养丰富，有极好的补虚健身作用。

2. 蜜蜂是在酿蜜，又是在酿造生活；不是为自己，而是为人类酿造最甜美的生活。

3. 扇动着金翅的蜜蜂像阳光的万颗金点在云絮间放射着闪烁不定的光芒。

4. 阳光射到蜂房上，蜜蜂嗡嗡地钻出蜂房，钻在六角小窗上，展开翅膀，一个个飞到花园里采蜜去了。

5. 在明媚的阳光下，那一群忙碌的蜜蜂宛如金星飞溅，令人不得不驻足观看。

6. 小蜜蜂是一位勤劳的酿造师，它跑尽千里路，博采万朵花得来的花粉，精心酿制成甜甜的花蜜，贡献给人类。

7. 蜜蜂的巢一行一行排得非常整齐，每一行有许多六角形的小格，结实而又轻巧。格子里放蜜糖、花粉，喂养小宝宝。

8. “嗡嗡嗡”一群小蜜蜂飞来了。它们穿着黄黑相间的背心，挎着小花篮，唱着歌，从这朵花飞到那朵花上，忙着采集花蜜。

9. 一只蜜蜂飞来了，飞到桃花上，竖起翅膀，嗡嗡地发出声响。它用两只前腿扒在花瓣上，腿上的两簇长毛像两把刷子，把花粉送到毛茸茸的两条后腿上。从这朵花飞到那朵花，忙着传粉。

10. 一群群金色的蜜蜂，像一片片金色的云，铺天盖地地向百花盛开的苜蓿地扑去。

好段

1. 蜜蜂很勤劳，每天早上很早就出去采蜜，一次又一次。到了天黑，吃几口蜜糖后，马不停蹄地对采来的蜜进行加工。蜜蜂的外形并不起眼，生命也非常短暂，只有 3 个月左右，可它一生都不休息，勤勤恳恳地工作。它们对人类毫无所求，却为人类酿造了甘甜可口、营养丰富、用做良药的蜂蜜。

2. 每一朵花都含笑欢迎蜜蜂，用花瓣轻轻地抚摸着它们。小蜜蜂迅速地扇动着翅膀，转动眼睛，快乐地张合着口器，挥舞着六只小腿，不大一会儿，它们的小腿上全都穿上了由花粉织成的金色袜子。

3. 蜜蜂酿造蜂蜜却是一项十分辛苦的劳动。一只蜜蜂酿造一千克蜜，必须在 100 万朵花上采集花粉，要在花与花、花丛与蜂房之间飞行大约 45 万千米路程，这差不多等于绕地球赤道飞行 11 圈。

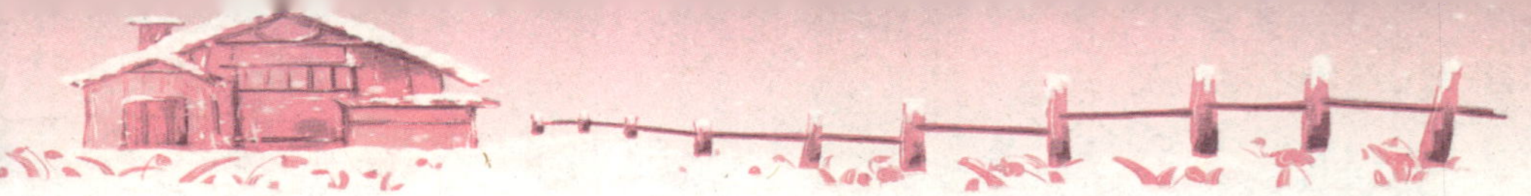

4. 阳光是这样美好，花朵是这样鲜艳。小蜜蜂兴高采烈，“嗡嗡嗡”地飞着。它一下飞到玫瑰花上面，一下飞到丁香上面，接着又飞到橘子花、柠檬花上面。迅速扇动着双翅，转动复眼，快乐地张合着口器，挥舞它的六只小腿。

5. 蜜蜂是机灵鬼，别看它不会说话，但它可以用舞蹈表达意思，而别的蜜蜂很快就能从它转圈的方向和摆尾的次数中明白蜜源的方向和距离，马上动身飞到那里采回它们爱吃的花粉。这个秘密就是蜜蜂的语言，就是当蜜蜂在跳圆圈舞时，说明花丛就在不远百米之内。如果摇摆腹部，绕着“8”字形跳舞，还把采回的新花蜜给大家尝，那就是说，在较远的地方发现了新蜜源，让大家快去采。

6. 蜜蜂蜷曲着毛茸茸、金黄色的躯体，在4月橘色的夕阳照耀下，它竟像是一粒透明的琥珀。它鼓动着透明的翼，在花朵上时进时出，“嗡嗡”的声音在花园里振荡着。细碎的花朵，小雨般地洒落到地上来。

蝴蝶

好句

1. 蝴蝶的头很像蜻蜓的头，长着两只大眼睛。在两只大眼睛的中间，向上斜伸着两根细线，这就是它的触角，触角的顶端比较粗，而且有点弯。蝴蝶的嘴长长的，盘成一圈。

2. 菜园里、花园中，成群的蝴蝶，像是从空中撒下来的五颜六色的纸片似的，随风飘来，又随风飘去。

3. 看那美丽的花蝴蝶，穿上漂亮的花衣裳，在花枝间、在草丛中悠然自得地飞来飞去，把春天的花园点缀得生机盎然，异常美丽。

4. 这些蝴蝶翅膀的背面是嫩绿色，停在地面就像一片绿草，翅膀的正面却是金黄色，上面缀着一些花纹，飞舞时就像跳动的朵朵金花。

5. 阳春三月，蝶儿如落英，如流云，时而戏追逐，翻飞于万绿丛中百花间；时而婆娑起舞，轻盈柔美。

6. 成群的蝶儿时聚时散，绚丽多彩的翅膀在阳光映照下仿佛极美的绸缎。

7. 玲珑素雅的凤蝶，成双成对地在花间盈盈地飞逐，尾翼长如丝带，临风飘动，舞姿真是优美极了。

8. 两只带黑色斑点的蝴蝶，上下翻飞，追逐嬉闹，像两个顽皮的孩子在嬉戏。

9. 有一种金凤蝶，穿上漂亮的花衣裳，身上有五彩花纹，翅膀上像是有层金粉，在阳光下飞舞时，金光闪闪，美丽极了。

10. 这只奇异的蝴蝶，远远看去像倒挂在树上的一片枯叶，要是你伸手去摘那片树叶，它却飞了。

11. 五颜六色的蝴蝶，姿态轻盈，在娇艳的花丛中穿梭往来，络绎不绝，把初秋的山冈点缀得更加妖娆、美丽。

12. 那蝴蝶全身闪闪发光，翅膀上有两个小圈圈，红、黄、绿、紫、黑等颜色匀称地分布在翅膀上，就像是一朵五颜六色的花。

13. 蝴蝶歇在一丛野花上，两只带斑点的翅膀不时扇动着，那如网的金色脉络熠熠闪光，那一对浅蓝的触须，纤细得像云锦。

好段

1. 这些蝴蝶大多数是属于一个种类，它们翅膀的背面是嫩绿色的，上面还有美丽的花纹，这使它们在停住不动时，就像是绿色的小草一样。它们翅膀的下面却又是金黄色的，上面也有着美丽的花纹，这使它们在扑动翅翼时又像是朵朵金色的小花。在它们密集的队伍中间，仿佛是有意来作为一种点缀，有时也飞舞着少数的、巨大的、黑底红花、身着飘带的大木蝶。

2. 我喜欢蝴蝶，因为它多姿多彩；我喜欢蝴蝶，因为它楚楚动人；我喜欢蝴蝶，因为它无私奉献；我喜欢蝴蝶，因为它还为人们开辟了一条致富创新的道路。

3. 在一片金黄的油茶花中，有一群蜜蜂和几只蝴蝶在轻盈欢快地追逐嬉闹。蜂飞蝶舞，花蝶相映，美丽极了。看着金黄的蝴蝶飞入菜花地的情景，我不禁吟起了杨万里的诗句：儿童急走追黄蝶，飞入菜花无处寻。

4. 我喜欢蝴蝶，喜欢它那艳丽的色彩，喜欢它那对美丽的翅膀，更喜欢它那翩翩飞舞的姿态。每当暮春初夏，宅前宅后，菜园里，花圃中，成群成群的蝴蝶，像是从空中撒下来的五颜六色的纸片似的，随风飘来，又随风飘去。我脱下小衫，掖在身后，悄悄地盯住一只蝴蝶，猛然间扑过去，然后掀开小衫一看，啊，逮住了，一只多美的蝴蝶！我用两个手指轻轻地将它拈住，夹在书里，一只，两只……教科书、小人书里都夹得满满的。

5. 色彩斑斓的蝴蝶，喜欢在灼热的阳光下飞舞，在花枝烂漫的丛林中嬉戏。牧蝶人发现，蝴蝶喜爱色彩，也喜欢在色彩中觅食。它们常常飞舞在鲜花丛中，用特有的蜷曲自如的长喙吸食蜜汁。不同种类的蝴蝶，食物品种也不一样，有的喜欢吃花蜜，有的乐意吃烂果或被虫蛀的树枝流出的汁液，有的则光临人畜粪便。就是那些喜欢吃花蜜的蝴蝶，也不是所有的植物的花蜜都吸食，而是专门吃某些植物的花蜜。

6. 一对淡黄色的蝴蝶在野菊花上轻盈、欢快地上下追逐。我兴奋地扬起网对准蝴蝶扑了上去，蝴蝶像是被吓了一跳，双双飞到空中。又有一只美丽的蝴蝶，张着翅膀落在树边的草丛中，我举起网，轻手轻脚地走近蝴蝶，然后迅速扣下去。“捉住了！捉住了！”我高兴得叫起来。蝴蝶在网中扑打着翅膀。我按住蝴蝶，把它轻轻地装进三角纸袋里。我还是第一次看到这么美丽的蝴蝶，橘红色的前翅，白色的后翅，细长的身体上还有白点点。

7. 枯叶蝶姿态奇丽。它长 3 厘米，前双翅正面是青绒般的黑底，上面点缀着几个白色小斑点，一条金黄色的曲边宽条横在前双翅中间，如同佩上的一条绶带；双翅的外缘镶着波浪式的浓褐色花边，十分逗人喜爱。当它停息在树上时，两翅竖立，收合在一起，遮盖着身躯，却展示出翅膀的背面。这时，可见它的周身呈古铜色，色泽和形态都酷似一片枯叶。一条黄褐色的条纹，纵贯前后翅的中央，极像树叶的中脉，其他的翅膀又像是树叶的侧脉，翅上几个小黑点好似枯叶上的霉斑，后翅的末端拖着一条长“尾巴”，又像叶柄。我想这就是枯叶蝶之所以得名的缘故罢。

8. 据说台湾还是个“蝴蝶王国”呢！在那里有一只叫“黄裙凤蝶”的蝴蝶，它后翅有金黄色的花纹，是蝴蝶世界中独一无二的，还被誉为“蝶中皇后”呢！

9. 过了不一会儿，五彩蝶的虫卵蠕动了。它的壳变得越来越薄，最后就像蒙着一层纱，隐隐约约可以看见里面活动的小生命了。接着，壳上最薄的地方破了一个很小很小的洞，从洞里探出个尖尖的小脑袋来。它可能还不习惯这样的环境，又马上把小脑袋缩了回去。又过了很久，它才小心翼翼地探出头来东瞧西看，鬼鬼祟祟地爬了出来……这时，它的身体由乳白色变成浅绿色，渐渐又变成了淡青色。

蜻蜓

1. 啊，好漂亮的小蜻蜓呀！它的一对大眼睛像蓝宝石一样，一双翅膀像透明发亮的轻纱一般。

2. 蜻蜓的身子上面长着两对薄纱似的翅膀，身子下面是六只尖细的腿，身子后面是长长的尾巴，这尾巴由许多小节组成，能自由地弯曲。

3. 蜻蜓那薄薄的翅膀十分轻巧，大大的眼睛发亮透明，圆溜溜的脑袋骨碌碌地转动着，显得灵巧又滑稽。

4. 蜻蜓从水面掠过，像矫健的春燕，在空中滑行，似打旋的雄鹰。

5. 看！蜻蜓展开了双翅，多像一架架小飞机，当空飞舞，又像一只只小风筝。它们头上那对裸露的复眼，像透明的玛瑙，又像晶莹的珍珠。

6. 蜻蜓扇动着四片透明的羽翼，两只凸起的、圆溜溜的大眼睛晶莹透亮。

7. 蜻蜓是食肉性的，能捕食大量的害虫，它和蜘蛛一样同是益虫，因此我们要保护蜻蜓及其后代。

8. 蜻蜓的整个身躯细长、苗条、柔美、轻盈，圆圆的脑袋上长着一双突出的、

绿宝石似的大眼睛和一张铁钳似的嘴巴，两对又长又薄的翅膀显得十分轻巧。

9. 蜻蜓有它的飞行特技，它忽上忽下，忽快忽慢，能滑翔，会点水，翅膀稍一抖动，就能来个急转弯。

10. 蜻蜓的飞行速度也十分惊人，每秒能飞5~10米，高速冲刺飞行时能达到每秒几十米，并且连续飞行很长时间不用休息。

11. 天要下雨时，蜻蜓成群结队地在低空飞行，飘飘洒洒，玻璃般透明的翅膀鼓动着，像一架架轻盈的小飞机。

12. 蜻蜓的眼力也非常好。它的眼睛由很多小眼构成，最多的有两万八千多只呢，而且可以灵活自如地转动。它的整个头部差不多都让两只凸出来的大眼睛给占满了。细看起来，有点像科幻小说中的外星人。

好段

1. 一只美丽的蜻蜓落在阳台的花盆上。它全身是红色的，身上还有一道道花纹，两对又长又薄的翅膀显得十分轻巧，一双大大的眼睛晶莹透明，圆溜溜的脑袋骨碌碌地转动着，显得玲珑而又滑稽。

2. 蜻蜓和别的昆虫一样，眼睛是由许多小眼睛组成的，少的有几十只，多的有几万只呢！可是眼睛虽多，一只小眼睛也只能看到一个很小的区域，只有无数只小眼睛合起来，才能看清较大的范围。怪不得蜻蜓那么容易抓。原来它们分辨不出自己面前的物体是“好友”，还是“天敌”。

3. 蜻蜓飞翔的舞姿像一位技术娴熟的驾驶员，在天宇尽情飞翔。那羽翼像绢一样薄，然而却能产生搏击风云的力量。它堪称“动物飞行师”中的佼佼者。飞翔的时候，它们忽而高、忽而低、忽而快、忽而慢，有时竟悬在半空，一动不动。落下时，几双灵巧的小爪轻轻地抓在草尖上，尾巴一翘一翘的，待完全平衡后，翅膀灵巧而迅速地向前一收便一动不动了。

4. 蜻蜓的一生大部分是在水中度过的，因为蜻蜓妈妈产下卵孵化成幼虫后，要在水中生活1~2年，能够最后爬上陆地化成蜻蜓的，只有少数。

蚕

1. 春天，小米虫似的蚕宝宝从黑色的卵壳里爬出来，只见像蚂蚁那么长的黑黝黝的小虫子爬来爬去，它们在宽宽的蚕匾里蠕动着，嚼着细碎的桑叶沫。

2. 蚕开始织起美丽的丝房来。看，它的头抬得多高，它认真地选择建房的地点，先将吐出的丝粘在纸上，然后不停地移动自己的头，不辞辛劳地日夜工作，终于织成了像花生一样洁白的丝房。

3. 小蚕向桑叶的边缘爬来，等嘴触到桑叶边时，嘴一拱一拱的、大口大口吃起来，不一会儿就见叶子边上出现一个月牙似的大洞。

4. 蚕匾里，蚕宝宝们如细浪荡漾着，争食着那又肥又嫩的桑叶，发出一阵阵细雨轻风般的沙沙声。

5. “唰、唰、唰”，像秋天细雨的声音，所有的蚕都在那里吃桑叶，不大一会儿，桑叶吃完了，只剩下一些叶子的脉络，蚕的灰白色的身体完全露出来了，在那里蠕动。

6. 蚕吃的是桑叶，吐出来的是金丝、银丝，它把自己短暂的一生献给人类，真是“春蚕到死丝方尽”啊！

7. 蚕娃娃身上透亮透亮的，像满肚子都是金丝银丝，结茧的时候到了。

1. 看到这一个个小生命的诞生，我很激动。于是，我把它们用毛笔一个个刷到鲜嫩的剪碎的桑叶上去。几天以后，小蚕长大了些，我又开始细细地观察它们的行动。小蚕爬起来可慢啦，样子有点像海参，身子一缩一伸，可有意思啦。又过了几天，许多蚕不吃也不动，如同死了一般。我很着急，早晨起来看看它们，中午、晚上我都要去看上好几遍。后来我才发现，原来它们在蜕皮。可惜，我错过了看小蚕蜕皮的机会。

2. 蚕吐丝时的样子很好看，时而低着头，时而昂起头，挺起胸，头慢悠悠地左晃右晃，吐出长长的丝，吐啊吐啊，没完没了，好像蚕肚子里有团丝线，永远抽不完，扯不断似的。那柔软闪亮的细丝在不停地缠绕着，那样子简直就像灵巧的绣女在挑线绣花。

3. 蚕宝宝吃桑叶十分有趣，吃吃这儿，又吃吃那儿，把一片桑叶吃成各种形状：有的被吃穿一个大洞，有的被吃得像一张地图，有的则被吃成碎片。它们吃得又快又多，如果不及时补充的话，它们甚至把桑叶的茎也吃掉。在蚕宝宝吃桑叶的时候，我用毛笔去逗它们玩，不管我怎么用笔尖去扫它，它也是不理不睬，仍然忙着吃桑叶。蚕宝宝吃桑叶的时候，会发出“沙沙沙”的声音，这声音就像一首美妙动听的歌。

4. 蚕开始蜕皮了。它先把身体紧缩，接着尾部一挺——啊！一对金黄色的小脚首先从肚子下面露了出来，这样一直到尾部，不动了，大概是在休息吧。不一会儿，它又用嘴咬住皮、尾巴一缩，皮又蜕去一点儿……也不知过了多长时间，它终于把土黄色的脏旧皮蜕去了，蜕得白白胖胖，柔软而富有光泽的蚕身，好像穿上了一件雪白的衣衫，可漂亮了。

其他昆虫

句

1. 蜘蛛小脑袋，大肚子，外表黝黑，又长着八条腿，真是其貌不扬，可它是捕捉蚊蝇的“英雄”，确实是我们的朋友。

2. 蚂蚁整天辛勤地劳动，没有一个偷懒的。它们也很团结，见了面就互相摇着触角打招呼。

3. 不知什么时候，有几只蚯蚓在花盆的泥土里安了家，我一浇水，它们就像耕耘机一样出来松土。

4. 时断时续的蛐蛐儿叫声像阵阵优美动听的小夜曲。

5. 螳螂是一位杀敌的“猛将”，它很爱捕捉苍蝇、蛾子、蝴蝶、青虫等害虫，捕捉害虫的时候，它就像猎人捕捉野兽一样，猛追不放。

6. 雄蝉的腹部两侧，各有一个大而圆的音盖，下面生有像鼓乐似的听囊和发音膜。这发音膜内肌肉收缩振动时，蝉就发出声音来。

7. 萤火虫全身黄褐色，两只触角像两根头发丝，有一对硬壳一样的外翅和一对纱一样的内翅。

8. 萤火虫成群地在夜空中飞翔，像星的河流，灯的长阵。

9. 蝈蝈儿、蟋蟀、油葫芦，一声声，一阵阵，一片片，远远近近，组成一部宏大的秋天交响乐。

10. 蜗牛的头圆圆的，上面有四只小触角。两根带眼睛的长触角总是向上竖着，还一摆一摆的，活像两根电视天线。它的背上背着它的小房子。

11. 壁虎的头呈三角形，有一条尾巴，四条小腿，形同“四脚蛇”，脚板上都生有一种蹼状吸盘，全身能平稳地贴在玻璃上面。

好段

1. 壁虎的脚趾粗大，趾下的皮肤形成很多横褶，在横褶的边缘上长有一道道长短不齐的细毛，有的毛还分叉，正是这些无数的长短不齐的细毛使壁虎能在垂直的壁上爬行，不会掉下来。

2. 几只蜘蛛在树丛中织着网，好似一个勤劳的织女。这些蜘蛛网编织得十分精巧，有的像姑娘编织的窗帘，有的像古人摆出的神奇的八卦阵，有的又像多边形几何图形。

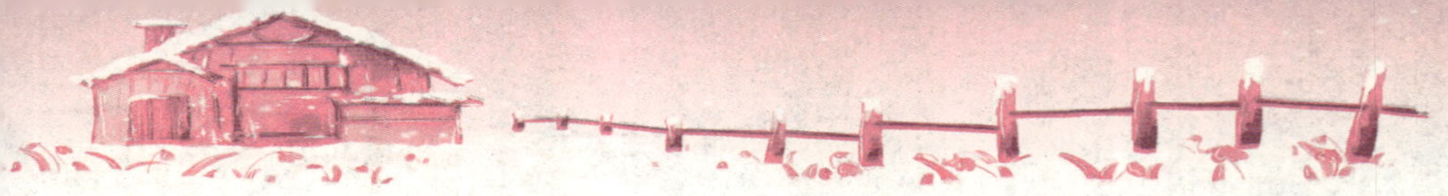

3. 蚯蚓不愿在别人面前炫耀，只是在地下缓慢蠕动，不声不响，马不停蹄，不辞辛劳，坚持不懈。为促进庄稼生长，它不要人们的报酬，总是默默地尽着自己的力量，这是多么高尚的品德啊！

4. 螳螂一见到蝗虫，两翅就斜斜地伸向两侧，恰像装在背上的"帆"，尾端剧烈地上下摇动，发出呼呼的响声。同时，两对后足把整个身体高高撑起，全身呼地直立起来。它瞪着大眼睛，把两把大刀用力缩在胸前，大有气功师运气的架势。蝗虫刚想逃跑，可是螳螂已运足了气，用两把大刀向蝗虫砍去。

5. 蚂蚁的身子就像三个小球连在一起。它的头比较大，顶着两只触角，嘴好像两把弯钳；胸部有点小，六条又长又细的腿就长在这儿；它的肚子圆鼓鼓的拖在后边。

6. 这些蜗牛的眼睛、鼻子到底在哪儿？我把菜叶放在一只蜗牛的面前，只见那只蜗牛先伸出一对较长的触角碰了碰，这才大口大口地吃起来。我想：大概这一对是眼睛，另一对是鼻子吧？可是到底哪对是眼睛，哪对是鼻子呢？我又取了一片树叶，再拿来差不多大小的白菜叶，分别放在另一只蜗牛面前，由于差别不很大，这下蜗牛眼睛可派不上用场了。

7. 蝈蝈身体是绿色或褐色的，腹部大翅膀短，善于跳跃，爱吃植物的嫩叶和花，眼睛像两粒黑色的宝石，肚子像个嫩黄瓜。它有六只脚，长满了刺，两条后腿最长，而且有力。雄的前翅有发音器，能发出清脆的声音。

文具 玩具 生活用品

实物

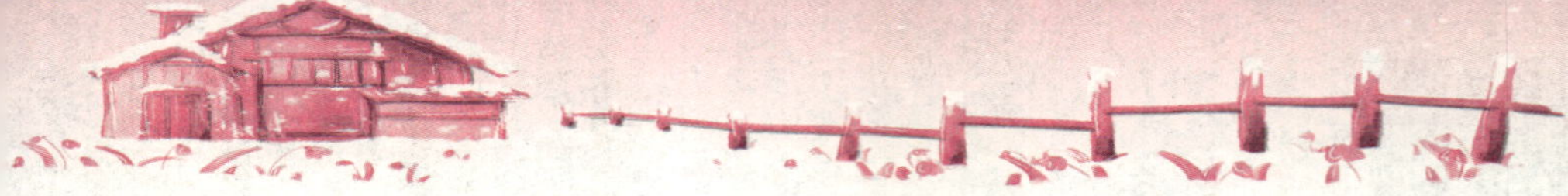

好词

大方 古朴 美观 实用 别致 精致 造型 新鲜 鲜艳 新颖 耐用 精美 精巧 形状 质地 素雅 明亮 清楚 整洁 典雅 崭新 陈旧 光泽 时新 庄重 新巧 奇特 简朴

亮光光 明晃晃 黑亮亮 圆滚滚

一模一样 小巧玲珑 五颜六色 歪七扭八 光彩夺目 式样新颖 构思新巧 别具匠心 图案新颖 造型美观 形状奇特 造型逼真 精巧别致 经久耐用 典雅素洁 庄重精巧 清新明快 古朴典雅 美观实用 质地优良 美观大方 物美价廉 色彩鲜艳 惟妙惟肖 结实耐用 惹人喜爱 粗细均匀 种类繁多 简朴实用 清晰明快 自然流畅 蜚声中外 整整齐齐 抒写酣畅 质地粗劣 图案美丽 别具一格 别出心裁 古香古色 活灵活现 精雕细刻 洁白无瑕 精巧细密 变化多端 爱不释手 妙不可言 形态各异 栩栩如生 身手不凡 姿态迷人 晶莹光洁 以假乱真 造型生动 技巧娴熟 画面逼真 迥然各异 趣味盎然 与众不同 神态各异 色泽明亮 精巧细腻 小巧别致 截然不同 一尘不染 晶莹剔透 闪闪发光 方方正正 五彩缤纷 乌黑发亮 大大方方 弯弯曲曲 各具特色 玲珑剔透 巧夺天工 别具风韵 雅致大方 匠心独运 朝夕相伴 精彩美妙 优雅流畅 恬静优美 轻盈舒缓 线条清晰 神韵无穷 结构完整 典雅素净 神秘莫测 变化无穷 纹理清晰 新颖奇特 维护保养 琳琅满目 色彩斑斓 书写流利 精巧可爱 自然流畅 色彩艳丽 笔墨纸砚 洁亮细润 经济适用 用途广泛 错落有致 各种各样

文具

好句

1. 铅笔的外观虽然都是圆柱体形，可笔芯并不相同。有的铅细，有的铅粗；有的铅硬，有的铅软；这是因为它们的用途不一样。有的是木工用的，有的是画画用的，有的是学生写字用的。

2. 这支钢笔小巧玲珑，笔杆是乌黑的，笔帽是银白色的，亮得发光。笔尖小小的，写起来可真流利。

3. 文具盒下边的中间装着一块亮晶晶的电镀的吸铁石，把文具盒盖上的铁片吸得紧紧的，把“门”守得严严的。

4. 现在学生喜欢用自动铅笔，因为它用起来很方便。只要向笔杆里插进一根0. 3mm 或0. 5mm 的铅芯，再把帽戴上，使劲儿按它一下，细细的铅芯就会从笔头露出来了。

5. 毛笔的种类十分繁多。若按写出字的大小来分，可分为大楷笔、中楷笔、小楷笔；若按笔毫的硬度来分，可分为硬笔毫、软笔毫等；按笔杆的用料分，有竹杆笔、紫檀木笔、象牙笔、犀角笔、玉石笔等。

6. 这个文具盒精致极了，它不但外表漂亮，而且简朴、实用，实在太好了，是我学习上的好朋友。

7. 圆规的上面有一根起固定作用的短而圆的柱子，下面是两条“长腿”，尖尖的脚。使用它时，让一条腿站住，另一条腿按照一定的距离围着这条腿转一圈，就完成了它的工作了。

8. 我有一块香橡皮，像一块奶糖。有了它，我的作业本和图画本可干净漂亮了。

9. 粉笔虽只有二寸来长，很不起眼，但它缩短了自己的身躯，铺长了同学们的知识之路。

10. 小小地球仪，把世界七大洲、四大洋全部展现在我眼前。每当我看地球仪上的海洋、陆地时，就像亲身游览世界一样。

11. 地球仪的底下有一个银白色的底座，还有一个银白色的半圆形的纬度标，既精致，又漂亮。

12. 现在的书包有各种形状、各种颜色、各种质地的。但它们都有一个共同的作用，就是所有学习用品都能整齐地码放起来。

好段

1. 我有一个造型精巧、十分美丽的塑料铅笔盒。它是长方形的，是红、棕、黑三色的双面铅笔盒。盒盖的正面印着一位穿着浅绿色裙子、披着一件灰色斗篷的灰姑娘。灰姑娘身边有一只闪闪发亮的水晶鞋，她的眼睛一直望着那只水晶鞋。盒盖的背面印着一位穿着一身浅绿色衣服、披着一件白色印花披风的王子。王子头戴一顶鸡冠帽，脚穿一双马靴，身佩一把宝剑，手里拿着一朵黄色的玫瑰花。打开正面的盒盖，里面有一个透明的塑料小口袋，可以插课程表。盒里有三个黑色的格子，细长的格子可以放尺子，窄小的格子放橡皮，宽宽的格子上有四个棕色的笔套用来插笔。笔盒背面只有一个大格子，我用它放老师发给我的奖品。盒边上镶着一块磁铁，每个盒盖上都包着一块铁片，磁铁把铁片牢牢吸在一起，盒里的文具就掉不出来了。我喜欢它，因为它是我学习的好朋友。

2. 文具盒不仅外表美丽，打开看看，居住在它里面的成员也不少：有活泼可爱的橡皮，有性格爽真的钢笔，有沉默寡言的直尺，有锋利的小刀，有散发着清香的香水铅笔，虽然各个成员的性格不同，可是相处得挺和睦。

3. 文具盒里面有个透明的塑料袋，袋里面放着一张抄得整整齐齐的课程表。文具盒里面分为上下两层，上层放着五颜六色的铅笔；下层放着一把绿色的小刀，一把透明格尺，一块橡皮，还有我最喜欢的“英雄牌”钢笔。这个文具盒装满了我的学习用具。

掀开上层，下面一层又分好几个格：沉默寡言的直尺“躺”在为它特制的

“小床”上，多自在呀！中间比较窄的格子里，放着一个活泼可爱的白色橡皮，橡皮上画着一个小黑熊抱着圆皮球。挨着直尺的“大房间”里，“躺着”锋利的小刀和收音机形状的卷笔刀。虽然这些成员的性格、用途不同，可相处得还挺和睦。

4. 在我漂亮的文具盒里，躺着一只可爱的“小花猫”，一提起小猫，你一定会想到它那顽皮淘气的样子。可是，我这里的“小花猫”不能走动，也不会叫。你一定会想，这到底是什么呢？原来它是一支小钢笔。这只小猫圆圆的脸上嵌着一双炯炯有神直闪绿光的大眼睛，好像在注视着什么猎物似的，身上穿着红花衣裳，脖子上还系着金光闪闪的领花。虽然它不是真的，可工人伯伯把它打扮得比真的还漂亮，再看看它的里面到底是什么样？打开它的腰，肚里藏着尖利的笔尖，每当我在纸上写字，墨水就顺畅地流出来。使唤“小花猫”写字，我可高兴了。这只“小花猫”不吃鱼不吃虾，只喝点墨水就行了，有时我写着写着，怎么也写不出来。拧开它一看，噢，原来是肚子里没有食儿了。

5. 尤其是盒盖上的那幅色彩鲜艳的风景画，更是美丽迷人：蓝蓝的天空，一尘不染；草地上开着一簇簇五颜六色的鲜花；远处是片树林，微风阵阵吹来，绿叶飒飒；树林边的草地上坐着一个放羊娃，他正用短笛吹奏着动听的乐曲，一串悠扬的笛声在原野上空回荡；离他不远的地方，雪白的羊群正在津津有味地吃着嫩绿的青草。

6. 我有一个漂亮的铅笔盒，盒面上的图案很美丽，色彩可鲜艳了。打开磁铁吸住的盖子，里面装满了学习用品。文具盒内分上下放两层。上面一层的套子里插着几只削得尖尖的铅笔，它们安静地“躺”在那里，好像正在酣睡。一支在阳光照耀下闪烁着金光的钢笔，也静静地排在那里。掀开活动的上层，下面一层又分成好几格，长格子里横放着一个红色的小小“热水瓶”，其实那是一支红钢笔。旁边宽大的格子里，放着一只收音机状的转笔刀。底边的格子里放着一块红色的橡皮，橡皮上画着一只小白兔抱着一个大萝卜，正往家里走呢！

7. 文具盒的盒面上画着一只可爱的小白兔，一只捧着鲜花欢呼的乌龟，还有一只举蓝旗的狐狸。看样子它们在开运动会。从画面的情境看，好像狐狸喊了声：“预备——跑。”乌龟就拼命朝前冲去，小白兔飞快地跑呀跑，一会儿就把乌龟甩得老远老远。小白兔回头一看，连乌龟的影子也看不见了，就躺在树荫下美美地睡觉了。等它睁开眼一看，乌龟正捧着一束鲜花蹦呀跳呀，已经取得了胜利。

8. 我有一个小小的兔形卷笔刀。小兔的全身雪白雪白的，头上两只耳朵竖得很高，一对殷红的眼睛，像两颗晶莹的宝石，可爱极了，我非常喜欢它，每次削好铅笔就小心地放进铅笔盒里。有时，我还特意把它从铅笔盒里拿出来玩赏一番。

9. 在我的课桌上，摆着一个小巧玲珑的地球仪。漆黑的底座像个墨盒，托住了整个球体。远看，地球仪好像是一个蓝色的球；近看，上面五颜六色，还划分着各种形状的国家、海洋、岛屿，还有很多密密麻麻的数字，使人眼花缭乱。看着这个小小的地球仪，我仿佛在周游世界。

10. 我有一个光彩夺目的地球仪。地球仪的下面有一个银白色的底座，这个底座好像是一个小喇叭。地球仪上还有一个银白色的纬度标，这个纬度标，好像是个小月牙。上面刻着许多阿拉伯数字，纬度标的中间还穿过一根轴，使地球仪可以自由转动。球体五颜六色，像是一个花皮球。球体上，写着许多大小不一的黑体字。球体上面还有许多标记，有圆形的、笔直的、弯曲的、倾斜的。最吸引我的是约占地球面积百分之七十的海洋，这意味着海洋比陆地的面积大得多，标志着海洋的颜色是蔚蓝的、天蓝的、湛蓝的、海蓝的。总之，使人看后感到眼前无比的开阔，仿佛一望无际的大海就出现在眼前。

11. 我的地球仪小巧玲珑，它的底盘是银白色的，有个半圆形的支架，支撑着整个球体。近处看，地球仪上的海洋部分用蓝色表示，岛屿与陆地用其他各种鲜艳的颜色表示。而南极洲却是用白色表示。地球仪上还有许多曲线、数字、汉字、英文……密密麻麻，让人看了眼花缭乱。

12. 我珍藏着一个极普通的书包，它的颜色差不多已经褪尽，将要变成白色了，它的身上还打着补丁。即使是这样，我还是十分珍惜它。它脏了，我把它认认真真地洗干净；它破了，我把它一针一针地缝补好。我深深地知道，这个破旧的书包，蕴藏着母亲对我深厚的爱。

13. 毛笔的结构就像“笔”字的结构，上面用竹管制成，下面套一些毛，就成了毛笔了。下端的竹子就是笔杆，呈圆柱形，溜光圆滑。上端的笔头就是一些毛，呈圆锥形，从总体上看去就像一杆倒提的红缨枪。毛笔的种类十分繁多，若按写出字的大小来分，可分为大楷笔、中楷笔、小楷笔；若按笔毫的硬度来分，可分为硬毫笔、软毫笔、兼毫笔等；按笔杆的用料来分，有竹杆笔、紫檀木笔、花梨木笔、象牙笔、犀角笔、玉石笔等。毛笔不但是写汉字的特有的工具，也是作画不可缺少的工具。今天，钢笔虽然得到普遍的应用，可毛笔的使用价值是永远不会被人们遗忘的。尤其是汉字书法艺术日益被尊重的今天。

14. 每当我写字时，就轻轻地打开墨砚的盖。它的每个部分的设计是那样合理，墨砚的最右边有一块凹地，是放墨汁的地方，占整个墨砚的二分之一可以灌很多的墨汁；还有一半地方是荡笔的，这地方还不算宽，可你先别急，墨盖的后面还有一大块荡笔的地方。荡笔处很平，很光滑。这个墨砚真是我学习书法的好朋友啊！

15. 前年，爸爸出差路过苏州，给我买了个漂亮的墨砚。只见它呈长方体形，长有 16.5 厘米，宽有 11 厘米，墨砚盖上有一幅鹅图，鹅图旁边刻着《枫桥夜泊》这首诗："月落乌啼霜满天，江枫渔火对愁眠。姑苏城外寒山寺，夜半钟声到客船。"整个砚四四方方的，很像个长方形的墨匣子。我打开砚盖一看，啊，真美！砚底是一头精雕的水牛。这头水牛活灵活现。瞧，它的眼睛又大又圆，嘴巴张得大大的，像在喝水。爸爸开玩笑地对我说："你呀，也得多喝点墨水才能有出息！"大概爸爸买这个墨砚有这个意思吧。再看那牛角，又弯又长，像把镰刀，四只脚像四根柱子，稳稳地托住那庞大的身躯。如果把水灌进去，还真像一头在水里游的水牛呢！

16. 我最喜欢的是语文课本，别看它只是薄薄的一本，里面的知识可多着呢。它带领我从东到西，从南到北，从高山到平原，从江河到大海到处游览；它带领我来到长江大桥，看到一列火车鸣着汽笛从桥上呼啸而过；一叶叶扁舟在波浪滚滚的江面上行驶；大桥像一条钢铁飞龙卧在江上，在明媚的阳光下显得十分壮丽。我想：工人叔叔的本领真大啊！语文课本带着我坐上轮船，轮船驶进了大海。我一眼望见辽阔的大海，碧绿的海水，海鸥在天空中飞翔。我坐上潜水艇进入海底，看到各种各样的鱼，在水中快活地游来游去。五光十色的珊瑚，有的像鹿角，有的像扇面，有的像菊花，有的像树枝，美丽极了！语文课本又把我带到重庆红岩，带进关押小萝卜头的监狱。我看到大脑袋的小萝卜头，穿着妈妈给他改小的囚衣，正用小石子在牢房的地上写着、算着，他多用功啊！语文课本又把我带进幸福的校园……带到首都天安门城楼……语文课本使我获得了许多知识，我爱我的语文课本。

玩具

好句

1. 这个可爱的小娃娃有一头乌黑的“青丝”，被巧手的玩具工人精心地梳成一条条长长的辫子盘在头上。

2. 布娃娃有着金黄的头发，卷曲着，像烫过似的；碧蓝的大眼睛，像两汪水，清澈透明；穿一身白纱做的连衣裙，真像童话里那可爱的公主。

3. 我用手将不倒翁一推，它摇摇晃晃，左右摆动，就是不倒。啊！不倒翁，我很喜欢你那逗人发笑的模样，更喜欢你那不屈不挠的品格。

4. “音乐娃娃”的身后有一个发条，她的头会随着音乐转动，真是有趣极了。

5. 小瓷象长长的鼻子向上翘着，好像在左右摆动，两颗匕首似的牙齿从嘴里伸出来。

6. 小瓷兔睁着那双大眼睛望着月亮，仿佛要和月宫里的小白兔招手谈话呢。

7. 玩具狗的脖子上用绿色的绸带拴着一个黄色的小铜铃，毛茸茸的尾巴微微向上翘起，四条小腿有力地支撑着身体。

8. 我特别喜欢那枣红色的玩具马。我不仅喜欢它外观美，给人以朝气蓬勃、向上的力量，更喜欢它具有与众不同的特点：自动“悬崖勒马”。

9. “七品芝麻官”那小巧玲珑的鼻子可有趣了，有一块小白斑，像贴上了一块橡皮膏。

10. 小洋娃娃头发金黄金黄的，一直披到肩上，红扑扑的脸，两条弯弯的眉毛下衬着一双又黑又亮的大眼睛，睫毛又细又长，向上翘着，真是可爱极了。

11. 这是一只快乐的电动小狗。它的脖子上系着一根红色的电线，它是小狗的神经中枢。这根电线伸进小狗的肚子里，指挥小狗运动的小电机就安装在里面。

12. 小熊最令人发笑的是嘴巴上翘着一个粉红色的朝天鼻，一双短短的小胳膊伸在圆鼓鼓的肚皮两边。这玩具小熊真是憨态可掬。

13. 我有一辆自动玩具汽车。蓝色车身、大红顶子，而轮子却是雪白的。它可以向各个方向开动，碰到障碍还会自动拐弯，十分有趣。

14. 我过生日时，爸爸送我一个骑毛驴的“阿凡提”，可是它不会说话，也不能活动，原来是个储蓄罐。

15. 妈妈给我买了一架电子琴。它外形美观、雅致、音质好。它是给我增添快乐、解除烦恼的好伙伴。

好段

1. 我有一个漂亮的布娃娃，这是妈妈送给我的生日礼物。她披着长长的金发，戴着一顶漂亮的小红帽，那弯弯的眉毛下面有一双圆溜溜的大眼睛，浓密的睫毛长长的，还会一眨一眨的；小嘴红红的，微微向上翘着，好像要说话似的；穿一身洁白的礼服，看起来真像一个美丽的公主。

2. 这个“不倒翁”是个小女孩，她有一头金黄色的头发，一双像蓝宝石一样的眼睛，眼眉长长的，一张粉红色的小嘴。她穿着一件用缎面做的衣裙，肩上还是蝴蝶形的，领边向下垂着，那白色的裙子下面还镶着一圈美丽的花边。她的脖子上挂着一条红色的项链，手中拿着一条小手帕，手帕上有用红线绣成的“友谊”二字。你轻轻把她向后推，她的左手就向后，身体也向后倾，右手却向前伸，就像一位漂亮的仙女正在翩翩起舞；你把她推倒后，她马上又会爬起来。她有坚强的意志，无论如何也不会倒下，就像一位不怕困难的勇士。

3. 这匹小瓷马浑身乌黑发亮，唯独四蹄、马鬃和尾巴是雪白的。那白鬃像镀上了一层白银，在阳光的映射下泛起一片白光；四只蹄子雪白雪白，大约是刚从雪地里走出来吧！金黄色的鞍子架在马背上，更给小瓷马增添了几分雄姿。马脖子底下还有一个小铃铛，让你感到马在奔跑时铃铛“丁零零……”地响个不停。我记起来了，这不是三国时张飞骑的那匹“雪蹄乌骓”吗？我不禁为工人叔叔的高超手艺而赞叹不绝。我想他们一定仔细读过《三国演义》的，不然，怎会做得如此形象？

4. 妈妈给我买了一个玩具小熊。小熊浑身雪白，毛茸茸的，非常可爱。小熊的头圆圆的，头的两侧长着一对半圆形的耳朵，头戴一顶粉红色的小帽子，帽子上挂着一个蓝色的小绒球。一双又黑又亮的圆圆的眼睛下面长着一个三角鼻子，鼻子上有两个黑黑的鼻孔，小熊穿着一件蓝色的小夹克。胳膊胖胖的，腿又短又粗。这个玩具熊很讨人喜欢，至今还在我的床头陪着我。

5. 瓷马的头大致是三角形，顶端处叉开，噢！那就是它的嘴。瓷马正张着嘴高声嘶叫，引吭高歌。嘴的上部，便是那双炯炯有神的大眼睛，它是那样传神，又是那样惹人喜爱。瓷马的耳朵竖在脑袋上面，和马鬃紧紧相连。马鬃分成七绺，每一绺都十分逼真，好像银制的一样，在阳光的照耀下，闪闪发光。喉咙下面，是又粗又长的脖子，让人觉得它是那样结实。从脖子往下，便是它那俊美的身躯，显得肌肉丰满，体格健壮。在瓷马的屁股上，有一条美丽的大尾巴，艺术家们把它雕刻得十分精细，让人见了赞叹不已。最美的还是有力的、形态各异的四肢，一条似弯弓，一条似飞龙，一条像神松，一条则像将要展开的翅膀。好一匹矫健的黑瓷马！它昂首挺胸，四蹄奔腾，引吭高歌，斗志昂扬，让人看了信心百倍。

6. 这是一只快乐的电动小狗。小狗的脖子上系着一根红色的电线，它是小狗的神经中枢。这根电线伸进小狗的肚子里，指挥小狗运动的小电机就安装在里面。小电机连着一个绿色电池盒，里面装着两节电池。只要你用手把电池盒外面的杏黄色的按钮往上一扳，小狗就会慢条斯理地走起来。它的四条腿有节奏地迈动着，头扬得高高的，现出一幅惹人喜爱的神态，好像在说：“你看我怎样，像不像一个赛跑冠军啊？”只要你把按钮扳到下面，小狗就会汪汪地叫起来，还向左右两边摇摆着头，两只像小扇子一样的耳朵也会骤然竖起来。在它“汪汪……”叫的时候，脖子上的小铜铃也发出“叮当叮当”的响声，听起来是那样清脆悦耳。

7. 天空中翻飞的风筝种类很多，五彩缤纷：有美丽的花蝴蝶；金黄色的小蜜蜂，翘着两只透明的翅膀，好像在百花丛中飞来飞去；那鲜红的大金鱼，尾巴一摆一摆的，好像在水中游动；还有威武的雄鹰，在天空中翱翔；在高空，还有精致的小卫星，在阳光照耀下闪着金光，仿佛在宇宙中飞行……

8. 小兔儿的确做得细致：粉脸是那么光润，眉眼是那么清秀，就是一个七十五岁的老人会像小孩子那样的喜爱它。脸蛋上没有胭脂，而只在小三瓣嘴上画了一条细线，红的，上了油。两只细长的白耳朵上淡淡地描着浅红。这样，小兔儿的脸上就带出一种英俊的样子，倒好像兔儿中的黄天霸似的。它的上身穿着朱红袍，从腰以下是翠绿的叶与粉红的花，每一片叶子与花瓣都精心地染上鲜明而匀调的彩色，使绿叶红花都闪闪发亮。

9. 说起这个不倒翁，那可真有意思！它是电影《七品芝麻官》中那个县官的形象。一件大红袍，裹在他那又圆又胖的身上，右手捏着一把折扇，左手提着玉带，脚上套着一双笨重的大黑靴。他那葫芦似的头上戴着一顶乌纱帽，帽子上还有一对纱翅呢！乌纱帽下，“芝麻官”高高的额头又光又亮，眉梢稍微挑起，一双小小的眼睛眯成一条缝，扁平的鼻子上有一块白斑，大大的嘴上长着两撮往上翘的小胡子，显得十分神气。

10. 我这只玩具狗，样子有些滑稽，让人一看就发笑。它有一身洁白的毛，身子又圆又胖，四肢又短又粗；两只乌黑的大长耳朵垂到双肩，其中一只耳朵上系着一根红绸带，还打了一个蝴蝶结；它的嘴巴很像《米老鼠与唐老鸭》中的那只狗的嘴，总是笑口常开；小小的鼻子，像一颗圆圆的黑纽扣；睫毛又细又长，眼睛是月牙形的，总是笑眯眯的。它穿着粉色连衣裙，还扎着一条红腰带，裙子下面藏着一条小尾巴。裙子上面印满了这只丑狗的小肖像，肖像的旁边写着“BELLE”，妈妈说这只狗的名字叫“比尔”，英语的意思是“美女”，我听了以后哈哈大笑起来。

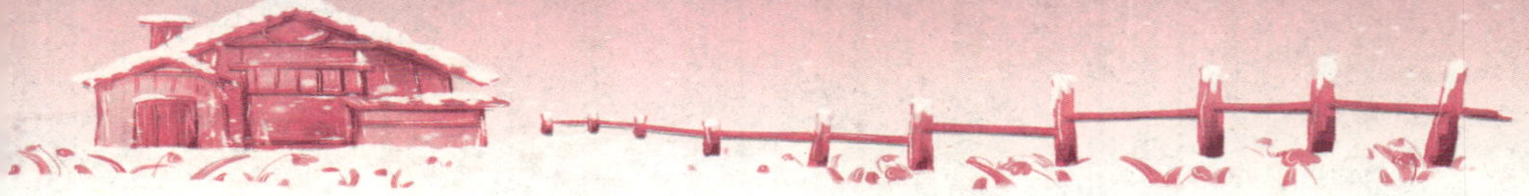

灯

1. 我家有一盏漂亮的台灯，远看就像一个大蘑菇，下面是黑色的圆台形的底座，上面是一个椭圆形的灯罩。

2. 我家台灯外形美观，灯光柔和，一到晚上，就好像好朋友似的，和我一起看书、学习。

3. 这盏台灯的灯柱是由七块晶莹发亮的棕色玻璃砖连在一起的，每块玻璃成梯形连接着，坐落在红色的有机玻璃底座上，浅蓝色的纱制灯罩像把伞，遮住了整个灯泡。

4. 台灯座上，一只孔雀已经展开了五彩斑斓的大尾巴，另一只头顶金黄的翎子，像戴着一顶皇冠，站在那里四处张望，好像正等待着适当的时机展示自己的美姿。

5. 客厅中悬挂着几盏各式吊灯，罗汉灯、玉兰灯、葵花灯、走马灯……一盏盏排列有序，犹如满天星斗。

6. 旋转顶灯像是无数的眼睛，射出一束束各色灯光。

7. 只见天花板上有无数盏电灯，像满天繁星，中央是一盏红五角星大灯，放出灿烂的光芒。

8. 小台灯是我的好伙伴。它那柔和的灯光洒在桌面上，小台灯陪伴我完成各项作业。它给我带来了光明和幸福，它将陪伴我度过金色的童年。

9. 大厅内吊灯争妍斗丽，有的似焰火一般，喷涌而出；有的像许多花瓣构成了一朵大花；有的是飘着流苏的八角宫灯，洋溢着东方的情调。

好段

1. 我家有一盏非常精致的台灯。台灯的底座是由四个花纹美丽的海螺黏结而成，既美观又稳当；灯柱是由三个形状奇特的海螺连接起来的，灯口的周围有一排整齐的贝壳，像一串珍珠做成的项链，挂在台灯的“脖子”上；灯泡上还罩着带有花边的彩色灯罩，淡蓝柔和的灯光均匀地投射在桌面上，让人感到格外舒服。

2. 这盏小台灯的灯罩是红色半透明的，透过纱制的灯罩可以看到亮晶晶的玻璃灯泡和缀在开关拉链头上的那块小石头。它的灯柱像一个个小花盆连接在一起，底坐上落着两只精致漂亮的小孔雀。小孔雀披着蓝绿色的羽毛，在阳光照耀下闪闪发光。我从来没有见过比它更好看的台灯。

3. 这盏台灯是“明可达”公司出品的，全名叫做：明可达高效力保健视力电池式台灯。它满身是棱角，显得钢硬有力。它那长方形的、银色的灯座，由四个乌黑的橡皮球支撑着。灯座是整架台灯的重要部分——“心脏”，由操纵和动力两大部分构成。它的表面是一层银白色的铝层，里面是几十个密密麻麻的互相咬合的齿轮，还有几个长、短连动杆，日夜不停地辛勤工作着。再往上是一根能长能短、可左可右的软铝管，连接着灯罩的电频接收器。台灯的灯罩是银白色的，它有两根浑白色的电频二极管，接收了灯座传来的电频，虽然功率只有40瓦，可是能发出100瓦的光亮来。

4. 奶奶家的正间堂屋里，一盏荷花形大吊灯高挂着。它全身乳白色，六片荷花瓣微微翘起，中间一个脸盆大的圈，四周是十多条珠链组成的一个圆形珠帘。再瞧四周，淡蓝色的墙壁上两只憨态可掬的熊猫擎着一盏火炬形壁灯。

沙发旁边，靠墙角的地方还有一盏半人多高的落地灯，那淡紫色的灯罩上印着欣欣向荣的图案。

钟表

好句

1. 小闹钟的外壳是浅蓝色的。银白色的时针、分针、秒针，天天都“咔咔”地走着，显得精神极了。

2. 在小闹钟圆圆的表盘上，时针、分针、秒针都自觉地围绕着表盘中心转动着，没有谁想脱离轴心。三根针像兄弟一样互相配合着，它们团结互助，步伐协调。

3. 闹钟的表盘上有长短不一的时针、分针、秒针，“滴答滴答”不停地走着，像是在催我不断进步。

4. 每当小主人启动发条的时候，闹钟上的三根针有规律地旋转起来，活像三兄弟一样在日夜不停地赛跑。

5. 拂晓时，它就“丁零丁零”地发出清脆悦耳的响声，催促我早起，开始一天新的学习和生活；晚上，它陪着我孜孜不倦地复习功课。小闹钟啊，你陪伴我度过多少个清晨和黄昏。

6. 这个小闹钟和其他闹钟不一样，在钟面上十二个数字上各有一个小白点，小白点在晚上能发出绿莹莹的光，即使在伸手不见五指的黑暗处，也照样能看清钟点。

好段

1. 我家的小闹钟是英雄牌的，它真是名副其实的英雄，一天到晚“嘀嗒嘀嗒”走个不停。每当夜幕降临之后，人们已经入睡了，它还是一刻不休，仍有节奏地走动着。当人们在灯下紧张、辛勤地工作时，它的走动更加欢快，响声更加动听。它那凸透镜似的钟面周围镶嵌着闪闪发亮的圆点，让人看清它正争分夺秒地走动着。它从不讲条件，无论是把它放在桌上，还是挂在墙上，都不停地向前，向前……

2. 你看，它圆圆的表盘上，时针、分针、秒针都自觉地围绕着表盘中心转动着，没有谁想脱离轴心。三根针像三个兄弟，老三腿脚最快，它匆匆转动一圈，老二走一个小格；老二辛辛苦苦转动一圈，老大才移动一大格。它们之间，到底是谁带动谁，谁最辛苦，谁也不去计较，反正为了工作。它们团结互助，步伐协调。

3. 我的桌子上摆着一只小闹钟，红色的外壳，银色的蒙面，表盘上有明显的指时针，“嘀嗒嘀嗒”不停地走着，像是在催促我不断进步。早晨，它“铃——”地响起来，催我起来锻炼身体，下午它陪伴着我一起写作业。它“嘀嗒嘀嗒”的声音，像是在提醒我：抓紧时间，认真仔细。晚上，我进入了梦乡，它还在“嘀嘀嗒嗒”地走着，不知疲倦地工作着。几年来，小闹钟已经成了我离不开的好朋友，它那不知疲倦的精神时时鼓励着我，鞭策着我，使我有了很大进步。我从心里感谢它。

4. 回到家里，我赶忙拿出小闹钟仔细端详起来。小闹钟可真漂亮！六角形的钟面上，有一层又明又亮的薄玻璃，玻璃里面是一个漆黑的钟盘，钟盘上面镶着十二个金光闪闪的阿拉伯数字，两个雪白的指针一大一小，形状像两个被拉长的葫芦，再配上个红色的小秒针，真是美丽极了！钟的外壳是不锈钢做成的。钟的顶端立着两只不锈钢做的小花鸡，随着秒针的走动，它们有节奏地互相点头，好像在问好。钟座是一个不锈钢做的圆盘，它的右下端有一个小金球支撑着；它的左下端有一个小圆柱支撑着。这座小闹钟真漂亮，我把它擦得干干净净的，摆在我床头的写字台上。

5. 我家有个小闹钟，它的样子又漂亮又滑稽。说它漂亮一点也不夸张，透明的玻璃罩，鲜红的外壳，表面上围着一圈闪光发亮的金属圈；说它滑稽也不过分，它那两只细小的腿托着圆圆的身躯，再加上那个提手，活像戴上了巴拿马小草帽，样子真可爱！辛苦的是表盘上的“劳动者”：时针、分针和秒针。它们按照规定的运行轨道准确地走着。看！墨绿的秒针走得多么急促，像是有什么东西在追赶着它；漆黑的分针走得又那么稳健，像是在无忧无虑地散步；时针吧，别看它停着不走，其实它和伙伴们一样，一刻也没停止。

6. 小闹钟的表面是金黄色的，圆圆的，像面小铜锣。小闹钟的“头”上有两个碗形的铃铛壳，像小姑娘头上挽起的羊角辫。中间有一个小槌，用来敲击铃铛壳的。上面有一个圆铁环，这是提手。后面还有许多旋钮，有上弦的，有定时的，有调表的……只要你按时给它上紧弦，它就会“嘀嗒嘀嗒”地走个不停。

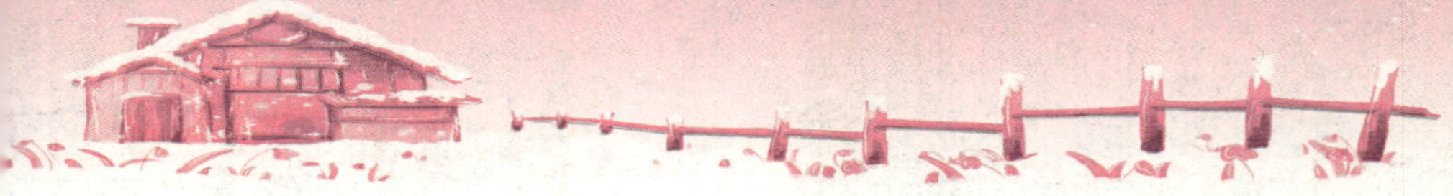

电器

好句

1. 我按动遥控器，打开电视，画面出现了，听到音乐了。瞧，多么清晰的图像，多么柔和的颜色，多么悦耳的音响，真是太好了。

2. 我家有台洗衣机，四只小轮子撑着天蓝色的身躯，个儿只有半人高。别看它不怎么显眼，但它是妈妈的好帮手。

3. 我家有一台高质量的电子管收音机，配上装有 12 英寸低音喇叭的共鸣箱，听起音乐来，别提多雄浑动听了，地板都在微微颤动。

4. 每当我经过电脑公司的橱窗时，总是被电脑显示出的程式吸引住；每当我又多了一个新的电脑软件时，总会高兴地雀跃起来，就像第一次切生日蛋糕似的，不停地观赏着，爱不释手。

5. 人们有了电视机，真是“秀才不出门，便知天下事”。

6. 只要转动一下定时开关，洗衣机就“咕隆隆、咕隆隆”地响起来，缸里的脏衣服连同水，一会儿向左旋转，一会儿向右旋转。

7. 这是一台 29 寸的大彩电，银灰色的外壳，宽宽的屏幕，式样新颖大方。

8. 打开电冰箱，冰箱里的上边是冰室，下边分三层。下面的第一层有一个灯泡，只要打开冰箱，灯泡就自动亮了，什么时打开冰箱，都能看清各种物品。有了它，生活方便多了。

9. 我的收音机各个部件都井然有序，同时又美观大方。我每天都用它学英语、听音乐、听广播节目，它成了我的好朋友。

10. 洗衣机有三个琴键似的开关和一条乳白色的排水管子。只要拧开水龙头，泡上洗衣粉，放进脏衣服，一按电钮，洗衣机就轰隆隆、哗啦啦地快乐地工作了。

11. 我家有台蝙蝠牌电风扇。那乳白色的身躯，草绿色的扇叶，亮晶晶的护罩，琴键式的开关及圆盘式的定时器，很是美观。

12. 微型电子计算机虽小，本领却挺大，每秒钟能进行12万次计算。

13. 电脑是我的好伙伴。做完作业，我就与电脑下一盘棋或打一场球，以解除疲劳。

好段

1. 这台空调机外形既简单，又大方，整体长方形，全身白色，它由主机和风机两部分组成。主机有机心和外壳，外壳光滑明亮，机心结构复杂，有许多螺丝螺帽、垫圈和密如蜘蛛网一样的电线。主机正面，是进气格栅，这些进气格栅像精心编制的竹帘一样均匀、细密，冷空气就是通过这格栅进入室内的。空调机下面，有两片长形的调节风向的风门片，只要用手轻轻一按，风门片就会上下慢慢地摆动。这时就可以看见空调机里面的左右风向调节片，随着风门片的上下摆动而左右慢慢地晃动起来。在室外制冷机的作用下，冷气就从室内空调的出口吹出来，不多时，室内就会十分凉爽。

2. 电视机啊电视机，每当夜幕降临的时候，你就活跃在千家万户的观众面前。你通过那小小的荧光屏上的图像和主持人，真实地向人们报道国内外发生的大事，介绍祖国各条战线上的最新成就，展示祖国的大好风光，风土人情。人们有了你，真是“秀才不出门，便知天下事”。电视机啊电视机，你播出的戏曲歌舞、故事片、连续剧、体育比赛、知识讲座等，男女老少都很喜爱。如今你成了社会不可缺少的成员，还从家庭走进学校的课堂，你给人们带来了欢乐，你为我们增长了知识和力量。

3. 传说中的齐天大圣——孙悟空有七十二种变法，那么电脑就是现代的“孙大圣”。因为它的本领多：当它与它那令人快活的伙伴——游戏软件合作时，就会像磁铁一样吸引力十足；它如果被它的绳子——工程设计软件绑住时，便会变得很听话……这些软件深深吸引着我，带领我走进它那神秘莫测的世界。我可以在电脑上玩那些变化无穷的电子游戏，愉悦身心；可以借助电脑演算数学题，以提高演算的速度和准确性；可以从电脑上学习许多书本中未能学到的知识而增长见闻。啊！电脑的好处真是太多啦。

4. 我家买了一台日本东芝双门电冰箱。长方体的个儿，差不多和我一般高，翠绿色的外衣，给人以素雅大方、清新的感觉。打开它的两扇门，箱壁是乳白色的，小门里面用来冷冻各种饮料，大门里面可以冷藏鲜肉、蔬菜和瓜果。

5. 我十岁生日那天，爸爸给我买了一台熊猫牌台式收录机，它的机箱是木质的，深橄榄色，光滑滑的表面能照出人影。机箱正面是银白色的塑料板，很像金属做的，板面左右上方镶着两只喇叭，外面是方形的黑色护罩，两个喇叭中间有一块有机玻璃，那是装录音磁带的盒座门，板面上下还装有收音、录音用的各种开关、旋钮、仪表、插孔、指示灯等，这些都排得井然有序，美观大方。我每天用它学英语，播放音乐，收听广播节目，它成了我的好朋友。

6. 我的外观很特别，那像电视机的部分是监视器，也叫显示屏，这是我和大家进行对话的窗口。主体部分叫主机，前面有键盘，上面有阿拉伯数字、英文字母、运算符号和一些专用符号。主机内部才是我真正的“脑”，装有中央微处理器、运算器、控制器和存储器等，具有逻辑判断、计算和“指挥”及“记忆”的功能。此外，我还有会写字的“手”——打印机，会唱的“嘴”——磁带录音机。我虽然“五官”不全，但“人不可貌相，海水不可斗量”，我可神通广大哩！

7. 到了晚上，奇迹出现了，一台崭新的电视机放在了我卧室窗户下的电视柜上。我迫不及待地打开了电视，只见电视画面是那么清晰、亮丽，声音是那么清楚、响亮，我心情舒畅极了。

8. 妈妈买回一台吸尘器。它的外壳是大红色的，底下四只轮子是黑色的，像一辆漂亮的小轿车。有一次，妈妈看到地上脏了，就把吸尘器拿出来，还拿出一根又长又软的管子和三根又短又硬的管子。先把那根长管子一端装在吸尘器接口处，接着在另一端一节一节装上三根硬管子，最后装上专门吸地上灰尘的一个吸头。装好以后，妈妈把吸尘器电插头插在插座上，再用脚踩一下吸尘器后面的开关，吸尘器顿时发出嗡嗡的声音。只要把吸管头一靠近地面，附近的灰尘和纸屑什么的就一下子不见了。

9. 电脑分为两个部分。一部分是硬件，它包括鼠标、键盘、显示器、主机。这些是我们看得见、摸得着的。另一部分是软件，就是电脑的“灵魂”，电脑的“思想”。软件的种类很多，有学习软件、游戏软件等。

10. 洗衣机一运到家，我们就七手八脚地拆去纸箱，一台崭新的洗衣机便出现在眼前：它身穿淡绿色的“外套”，矮墩墩、胖乎乎的。一张白净的“脸”，两只大旋钮，像一对神奇的大眼睛；两个琴键式的开关，像两只大耳朵；还有一根乳白色的橡皮排水管，像一条“长尾巴”，真惹人喜爱！小伟拍着手说：“真像个机器人！”小磊揭开盖一看，跳着叫着：“真棒！还是双缸的！”我也凑趣地说：“本来嘛，这是‘誉满全球’的荷花牌洗衣机，还能不棒？”

11. 电饭锅有一个橙黄色的外壳，壳上安了两只“耳朵”，就是端锅的把手。壳内装有一个铅锅，上面有刻度，表示装水量。锅盖中间有一块圆形的透明玻璃。外壳下面有一个像“嘴巴”一样的东西，里面有两颗“牙”是插电线的地方。另外还有一对红玻璃“眼睛”，这是操作过程的显示器。用它做饭可省事了。

12. 这台饮水机的上方倒立着一只圆形饮水桶，里面盛有燕京矿泉水。饮水机是方形的、雪白雪白的箱子，靠下有两个小水笼头，一红一蓝，表示热水和冷水龙头。在上方后面有开关，只要一开，前面指示灯就亮了，等到灯变成绿色，就可以沏茶了。在最下边有一个长方形的盒子，是接漏水的小水槽。

其他生活用品

好句

1. 我有一个小书架，专门码放我用的书箱。书架分为三层：第一层是儿童故事书和童话书，第二层是作文书及各科学习的辅导资料，第三层是连环画及各种杂志。

2. 那辆自行车是女式的，弯弯的、对称的、亮光光的车把，小小的轮，有个低矮的车座。

3. 我最心爱的是这台珍贵的天文望远镜，它给我装上了“千里眼”，使我懂得了很多的知识，给了我欢乐和美好的理想。

4. 乌黑的琴体，雪白的十八个琴键，三个变音踏板，底部由三条“小腿”支

撑着。这就是我心爱的钢琴。

5. 我的那辆“凤凰”自行车真漂亮。车身乌黑油亮，轮圈、钢线明晃晃，耀人眼目。蹬一下，它就一个劲儿地向前蹿，轻松而又欢快。

6. 来往的小轿车如织如梭，千盏万盏车灯汇成一条急驰的灯河。

7. 火车挂着一节节绿色的车厢，好长好长，就像一条绿色的长龙卧在铁轨上。

8. 镜筒上有一个像钢笔那么大的瞄准镜，它不但使望远镜更漂亮了，还能帮助我更快地找到月亮和星星。

9. 停机坪上，一架架飞机在阳光下银光闪烁，像搭在弓弦上的箭，随时会射向天空。

10. 快艇像一匹脱缰的野马，在平静的湖面上疾驰，船头两侧水浪高高冲起，像银色的翼，一会儿又慢慢落在水面上，艇后就出现两条长长的银链，拖在尾后。

好段

1. 吉普车在大草原上迅速行驶的时候，真像一匹烈性的骏马。它纵情驰骋，跳跃咆哮，人坐在车上，像在荡船里一样。

2. 我的妈妈有一辆小巧玲珑的“飞鸽牌”二四型自行车。它穿着一身浅蓝色的衣裳，还披着雪白的纱，显得十分潇洒。它有一只弯弯的把，好像一对羚羊角。把头，有一对黑黑的把套，好似戴着一双黑手套。线闸弯弯卷起，宛如两条龙须缠绕在车把上。圆圆的车铃轻轻一按，“丁铃铃”的声音清脆悦耳。一根直斜的梁上画着一只飞鸽，它好像在祖国的蓝天上轻快地飞翔。车座黑黑的，坐上去软绵绵的，像是坐在沙发上，很舒服。你看：那车轮多小！嘿！你可别小看它，它可是最主要的部件。

3. 看看自行车，一群“凤凰”、“飞鱼”飞来了，紧跟着是一群“永久”如骏马一样奔驰着。颜色有红、绿、黑、蓝等。后面还有“海狮”、“飞鸽”一闪而过。这里是自行车的王国。

4. 我们的歼击机像打雷似的怒吼起来。它们扬着头，翘着尾，一架跟着一架，用闪电般的速度在跑道上飞驰，一眨眼工夫便腾空而起了。不一会儿再看，银色的飞机已变成一个个小白点了。

5. 我小心翼翼地打开了皮套子，啊！好漂亮的照相机呀。长方形的黑色机身上镶着两道悦目的银边，中间是一个又圆又大的镜头，就像是眼睛一样炯炯地注视着前方，在镜头的外围还有几圈可以转动的圆环，上面刻有一些红色的数字，是用来调节光圈和距离的。它的上方有一个像小窗户似的取景器，下方还有几个亮光闪闪的按钮。在机身的背面上装饰着一只振翼翱翔的海鸥。

6. 火车带着一阵巨大的轰隆声风驰电掣般地冲过来，机车喷出的一团白雾，罩住了小树丛，接着是震耳的机器摩擦声。从车底卷出的激风，吹得两旁的树丛在摇晃，像要被拔起来似的。

建筑物

古代建筑
现代建筑
园林景物
桥梁建筑

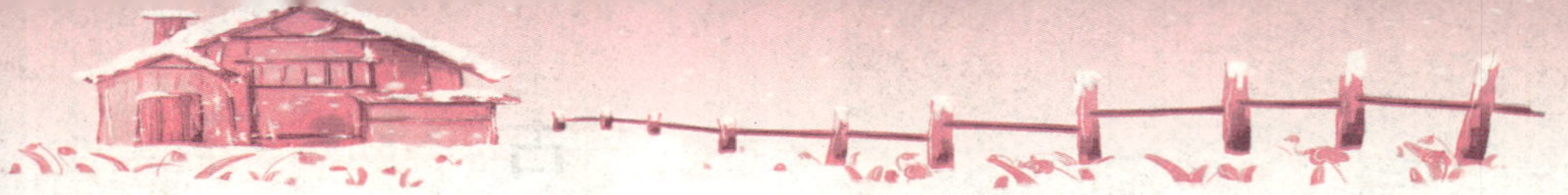

好词

大厅　大楼　大厦　故居　公馆　官邸　宅院　茅舍　斗室　私邸　古楼　阁楼
塔楼　主楼　辅楼　别墅　礼堂　厅堂　楼台　卧室　书房　陵墓　山陵　陵寝
墓志　墓碑　墓穴　碑文　屹立　耸立　高耸　矗立　清静　幽静　幽雅　肃穆
优雅　威武　威严　高大　矮小　狭窄　宽敞　喧闹　寂静　修建　建造　修缮
壮观　庄严　雄伟　坐落　瞻仰　文物　陈列　陈设　皇宫　行宫　宫廷　宫殿
宫墙　大殿　古庙　山寺　文庙　古刹　宝殿　庄园　秀美　奇特　别致　朝廷
花坛　造型　典雅　盘绕　肃立　美妙　明朗　布局　亭台　景观　远眺　俯瞰
近观　奇观　错落　坐落
古香古色　古朴典雅　庭院深幽　深宅大院　庄严肃穆　环境清幽　墙高院深
幽雅美丽　朴素大方　朴素淡雅　布置得体　历史悠久　文化遗产　保存完整
规模宏伟　华丽美观　小桥流水　古老庄严　金碧辉煌　高大坚固　富丽堂皇
现代装潢　井井有条　回廊曲径　气势雄伟　不落俗套　布局巧妙　巍巍壮观
巍然耸立　精心布置　碧瓦飞檐　青砖素瓦　光线柔和　设备齐全　灯火通明
格调清雅　装潢讲究　窗明几净　曲径通幽　描龙绣凤　别有洞天　清水显幽
景色宜人　渐入佳境　光怪陆离　形神兼备　美不胜收　尘封土积　引人入胜
假山怪石　亭台楼阁　美轮美奂　荷池曲径　阳关大道　状如蛛网　车水马龙
川流不息　车来人往　大街小巷　拥挤不堪

古代建筑

好句

1. 一路上，我不禁为两千多年前的能工巧匠们有如此卓越高超的技艺而赞叹，为中华民族如此灿烂的文化遗产而自豪！

2. 钟楼，从地面到光辉灿烂的镏金顶，共高 36 米，面积是 1377.64 平方米。

3. 不知什么时候，晚霞烧红了半边天，我们依依不舍地离开了兵马俑博物馆。

4. 走进楼内，只见四根粗大笔直的柱子威镇四方，高 17 米。因其从楼底直通楼顶，故名“冲天柱”，真是恰如其分。

5. 在南京紫金麓，有一座雄伟庄严的建筑物——中山陵。

6. 这座古宅年代悠远，园中古柏参天，各式各样的怪石点缀其中，不免有股阴森之气。

7. 北京有一座城中之城，这就是举世闻名的紫禁城，现在人们叫它故宫。

8. 房子的周围是一片盛开着的花木，丁香花、紫罗兰、玫瑰花，开得锦绣般灿烂鲜艳，把这所古老的住宅衬托得更加幽静、美丽。

9. 紫禁城是明、清两代皇帝住的地方，是我国现存的最大最完整的古代宫殿建筑群，有 500 多年的历史。

10. 一弯新月高悬在精致的角楼上空，给高墙内洒下一轮朦胧昏黄的光，宫殿里显得神秘而安静。

11. 这里不仅宽阔，而且还很华丽，真可谓是雕梁画栋，金碧辉煌。

12. 梁柱上都是油漆彩画，有展翅欲飞的凤凰，有张牙舞爪的金龙，有花鸟虫鱼，有山水风景，真是五彩缤纷。

13. 御花园里，古柏参天，每一棵都长得十分茂盛，各式各样的怪石异花点缀在园内。

14. 古代宫殿的琉璃瓦顶，黄澄澄的，高高翘起，恰似一座金色的岛屿。

15. 离杭州西湖不远的地方，有一座听不到念经诵佛之声，也听不到悠扬钟声的寺庙，它就是岳王庙。

16. 那掩映在绿树丛中的寺庙，杏黄色的院墙，青灰色的殿脊，苍绿色的参天古木，全都沐浴在玫瑰红的朝霞之中。

17. 在高大的橘红色的“佛光普照”丝绸帐里，释迦牟尼佛慈祥端庄地坐在莲花宝座上，两旁有两尊佛低头膜拜。

18. 那宝殿长檐上的两条龙，金鳞金甲，活灵活现，似欲腾空飞去。

19. 殿堂中央供奉着一尊大腹便便，笑容可掬的金弥勒佛，他挺着大肚子，手中一串佛珠儿，似乎在为人们祈祷呢。

20. 这古老的寺庙在朦胧夜幕的笼罩下，像一幅飘在浮云上面的剪影一般，显得分外沉寂肃穆。

21. 正中的莲花宝座上，盘坐着一尊头戴紫金冠，身披袈裟，二目微合的释迦牟尼佛。他两手合胸，显得非常慈祥。

22. 我们看见了粉刷一新的塔尔寺，只见八个小白塔整齐地排列在一边，仿佛八个守卫着寺院的威武战士。

23. 一进殿门，只见佛帐佛幡挂中央，大鼓大钟架两旁，描金佛桌堂前摆，青钢炉鼎飘烟香。

24. 首先映入眼帘的是天王殿，屋顶是由红、黄、绿三色琉璃瓦构成的、光彩夺目。

25. 殿内东西墙边有十八罗汉，有的笑容可掬，有的慈眉善目，有的静坐沉思，有的合掌拜佛，有的捻珠诵经……千姿百态，逗人喜爱。

26. 寺庙每天钟磬常鸣，经声琅琅，烟火缭绕，香客不断。

27. 殿两旁立着四大金刚：一个凶猛，一个严肃，一个威武，一个神气。金刚手里拿着擒妖宝物，个个魁梧高大。

28. 寺庙两旁，各有一只雄伟精致的石狮，它们毛发倒竖，龇牙咧嘴，岿然屹立，镇守山门。

29. 四大天王威严地肃立在大殿两旁，红脸的，白脸的，蓝脸的，青脸的，一个个都头戴金冠，身披金甲，脚蹬虎头战靴，拿着红罗伞，配着青龙剑。

30. 这是一座土木结构的藏式平顶建筑，大经堂里非常昏暗，更增添了它的神秘色彩。里面有许多大柱子，我和几个同学好奇地数了数，竟然有 160 根。

好段

1. 走进大殿，正中是一个约 2 米高的朱漆方台，上面安放着金漆雕龙宝座，背后是雕龙围屏，方台两旁有 6 根高大的蟠龙金柱，每根大柱上盘绕着一条矫健的金龙。仰望殿顶，中央藻井上有一条巨大的雕金蟠龙，从龙口里垂下一颗银白色的大圆珠，周围环绕着 6 颗小珠，龙头、宝珠正对着下面的金銮宝座，梁材间彩画绚丽，鲜艳悦目。红黄两色贴金龙纹图案，有双龙戏珠，单龙飞舞；有行龙、坐龙、飞龙、降龙，多姿多彩，龙的周围还衬着流云火焰。

2. 大雁塔建于唐代，迄今已有 1000 多年的历史了。据说是唐玄奘西域取经归来藏经的地方。大雁塔高 64 米，有 7 层，底部是长方形，上小下大，像一个方形角锥。尽管它经历了漫长岁月的风风雨雨，还是那样巍然耸立在这片古老的土地上。

3. 走过大成门，来到我国三大殿之一的大成殿。这座巍然而立的重檐九脊顶的庞大建筑，斗拱交错，黄瓦盖顶，像是一座金銮殿。前面并排有十根石柱，每根石柱上都雕刻着两条巨龙，一条在上面，一条在下面，他们盘绕升腾，腾云驾雾，向中间游去；中间呢，有一颗宝珠，围绕着一些火焰。喔，两条巨龙在争夺宝珠呀！

4. 我曾多次去过长城。当我站在长城的烽火台上，眺望这前不见头、后不见尾的巨龙的时候，真为我国古代劳动人民的无比智慧而惊叹不已。这长城，蜿蜒于群山之中，气势磅礴。啊，在过去，它是抵御外国侵扰的屏障；今天这里有不同肤色的国际友人来观光游览。在他们看来，到了中国而不登长城简直就是莫大的遗憾，甚至觉得没有来到中国。这世界上七大奇迹之一的古建筑，又成为我国人民同世界人民友好交往的纽带了。

5. “深宫”在故宫的最里面，是太后、妃子们起居的地方。屋里阳光充足，并有华贵的摆设，窗台上都摆着镶满钻石的各式钟表。每间屋里都有一张华丽的床，床上的被褥叠得整整齐齐。桌子上还有一支白色的蜡烛，蜡烛上刻着一条张牙舞爪的龙。屋内都是按以前的原样摆设的。

6. 穿过庭院，迈上九重台阶，就到了金碧辉煌的大雄宝殿。据说，这是明代仿唐建筑，殿高10多米，四个飞檐挂有铜铃；微风吹过，就“叮叮当当”地奏起乐来，真棒！进入大殿，只见一尊5米高的如来佛正含笑坐在莲花台上。听爸爸讲，这尊大佛全是赤金贴塑。我凑上前去仔细地观赏着，佛像呈古铜色，浑身亮锃锃的，大佛两旁有弟子、菩萨、力士、天王、罗汉等，个个慈眉善目，容貌安详。

7. 当我登上台阶时，顿时被那一件件巨大而精巧的仪器吸引住了。这些仪器全用青铜铸成，形态各异，它们不但是观测仪器，还真可称为艺术瑰宝呢。这些仪器制成于明、清两代，上面雕刻着精美的图案。我在“玑衡抚辰仪”前面停下来，只见六条造型逼真的青龙吞云吐雾，分别拱卫在两根铜柱上。两根铜柱上还各有一条龙盘绕着翘首天空，仿佛要看清宇宙间无穷的奥妙。两根铜柱之间架着几个套圈似的大铜环，形状有点像原子核。架子上面，铜柱中间有一个呈祥云状的铜墩，稳稳地架住整个仪器。从这些仪器的铸造中，可以看出我们祖先高超的冶炼、制造技术和灿烂的文化。看到这仪器，我又想到无数科学家，如张衡、僧一行、郭守敬、徐光启……为了人类文明呕心沥血，兢兢业业，献出了毕生精力。我从书本上知道，东汉天文学家张衡等创立的“浑天说”中认为，地球是圆的，这比欧洲得出同样理论早几个世纪；元代郭守敬测定一年是365.2425日，比欧洲得出同样的结果早300年……想到这些，我心中充满了对伟大祖国的无限热爱和对古代天文学家的无限敬佩。

8. 长城！啊！那高耸天边的大青山上，横卧着一条青砖石瓦砌成的巨龙，随山势的起伏，它好像在慢慢地蠕动着，直伸向那遥远的天边。明丽的阳光，映红了天空，也给气势磅礴的长城镶上金边。而那苍翠的山峦，就像广阔无垠的大地毯，覆盖在长城脚下。

9. 我们先来到塔尔寺的中心——大金瓦殿的门前，只见大殿四角高高翘起的飞檐，鎏金铜瓦，闪烁着金灿灿的光芒。用琉璃砖砌成的殿墙，好似给大殿围上了件碧绿的裙子。进入殿内，我仿佛来到一个神话的世界里，四周陈列着数不清也叫不上名字的佛像，他们形态各异，千姿百态，有的像在说话，有的像在睡觉，还有的像在嬉笑……正梁上还悬挂着乾隆皇帝亲笔写的一块木匾。

10. 过了南口，居庸关赫然入目，燕山山脉画轴似的迎面抖开，游龙般的长城也断续可见了。手抚高达8米、宽约6米的厚实坚固的城墙，越过间隔有序、山风吹啸的座座垛口，远眺高踞崇山巨岭之巅的烽火烟台，我不能不被长城的磅礴气势所征服。

11. 沿着走廊向右走，拐一个弯，经过一条僻静的红墙过道，便到了宝光寺的一个主要殿堂——罗汉堂。罗汉堂建于清代咸丰元年，现为国家重点保护文物。

12. 殿里安装了几只很小的电灯泡，却吊着几钵香油，燃着粗粗的灯芯，升腾着几缕黑烟，大佛像周围，点起了许多根粗大的蜡烛，两炉高香，飘荡着黑色的烟雾，整个大殿烟雾弥漫，香气窒人，阴沉昏暗，光怪陆离，有一种浓香的、压抑的、朦胧神秘的气氛。佛像前，大殿中央，排开几张宝案，案上一组一组地规矩地摆着宝幡法器，烛台香炉，经卷圣水。

13. 一进门，满堂鎏金的泥塑罗汉，叫人目不暇接。每个罗汉高约 2 米，形体姿态，皮肤颜色，悉仿真人；衣褶条纹，清晰分明。最引人注目的是，罗汉的动作殊异，姿态万千：有的闭目合掌，有的托腮沉思，有的手握经书，有的低头念经；或高举禅杖，要对谁打来似的；或两手叉腰，像在参加辩论；或张开大嘴，宛若在开怀大笑；或面目憔悴，犹如大病初愈。还有吗？还有，有笑容可掬的，有怒目而视的，有疯疯癫癫的，有如醉如痴的……这些栩栩如生、惟妙惟肖的瑰丽造像，是我省最完整的清代塑像群，有极高的艺术价值，博得了中外游人的交口称赞。

14. 沂南诸葛亮西山公园坐落在沂南县城西山脚下，占地约 5 亩，从县城新华路一直往西走不多远就到了。先是一个圆形院门，进门后，沿着几十级土红色石阶向上走，在一座巨大的水泥混凝土台上面，便是高 4 米、宽 3 米的诸葛亮全身铜像。站在铜像前，抬头仰望，你会觉得自己又矮又小。再看端坐在战车上的诸葛亮，左手轻轻扶着车把，右手握一把鹅毛扇，神态安详、庄重，目视远方，充满智慧，好像他的面前不是万亩沃野，而是千军万马！

15. 爸爸告诉我，目前一共发现 3 个俑坑，大约有 8000 个陶俑、陶马，出土的只有几百个。这些俑人中包括有将军俑、武士俑、车马俑、军史俑等等，他们的身份不同、装束不同、神态也不同。我仔细观察，真的，那些站在队伍最前面的一定是将军俑，他们一个个头戴金盔，身披铠甲，手握宝剑，威风凛凛。后面那些没有盔甲的，一个个挺胸而立，精神抖擞，一定是武士俑……看着这些神态各异，栩栩如生的兵马俑，我仿佛看到了那千军万马奔腾厮杀的古战场，听到了那号角齐鸣，

战鼓咚咚的喊杀声。

16. 屋檐下，“郑和纪念馆”几个大字在阳光下闪闪发光。走进纪念馆的正厅，只见巨大的郑和石膏像栩栩如生，端坐在椅子上。郑和面带微笑，身穿锦袍，炯炯有神地望着前方，神态自若，好像还在沉着地指挥着他的船队。大厅的三面墙上绘着巨大的磨漆壁画，据说是我国迄今为止最大的磨漆壁画呢！它生动地再现了当时郑和出海的壮观情景。

17. 走进正门，高大雄伟、古香古色的蓬莱阁映入了我的眼帘。巍巍蓬莱阁，坐落在蓬莱县城北陡峭而险峻的丹崖山顶。它占地 32800 平方米，建筑面积约 18900 平方米。阁高海阔，水碧山红。海市变幻，云烟缥纱，以其壮丽秀美的身姿，吸引着国内外无数游客。人们来到这里，不仅为仙阁的雄奇赞叹，也为吕洞宾、铁拐李、汉钟离、蓝采和、韩湘子、张果老、曹国舅、何仙姑八位神仙过海路过蓬莱阁的美丽传说所陶醉。

18. 蓬莱历史悠久，源远流长。在我很小的时候，就听人讲过：“蓬莱”二字因汉武帝刘彻至此观海中神山，遂划地筑城而得名。闻名遐迩的蓬莱阁就坐落在蓬莱城北的丹崖山顶。蓬莱阁面临大海，凌空欲飞，阁前松柏苍翠，繁花似锦，是一个寺庙与园林交错的建筑群。这里原有海神庙，宋代嘉祐年间移住平地，而在这险要的山崖上建起高阁，经过明朝改建、清朝重建后，更加宏伟、壮观。蓬莱阁为两层，浑厚凝重，登临环顾，山山水水尽收眼底。北眺海天茫茫，空明澄碧；南望山峦起伏，清奇幽僻。蓬莱阁因其得天独厚的地势，不仅一年四季景色各异，一日之间也变幻无穷。早晨，扶栏远望，看海上日出，红光闪烁，蔚为壮观；入夜，漫步阁下，看月沉海底，听渔歌互答，别有一番情趣。

“海市蜃楼”是蓬莱阁的一大奇观。每年的春、夏、秋三季，时有海市出现。海天相连处，原先的岛屿突然消失，海上或奇峰突起，或楼阁迭现，时而聚会，进而分散，时而崇楼巍峨怪楼高起，时而松柏稀疏，时而宝塔隐现。这种缥缈奇景，引得许多人心驰神往，流连忘返。老虎嘴一带，海水的景色也非常美丽。海水显示着各种各样的色彩，有深蓝色的、有淡青色的、有淡绿色的、杏黄色的、绿色的……一块块一条条地交错着，五光十色，异常美丽。水清清的、静静的，在阳光的映照之下，水面上就像有颗颗珍珠在骄阳下闪烁出璀璨的光芒。

19. 走进大厅，就能看见一队队陶塑的士兵排成方阵，威武地站立在坑道中，犹如真人一般。他们的表情、服饰、队形都非常生动。陶马的个子也和真马像极了，昂首挺立在队列前方，两只眼睛炯炯有神。近万名武士组成四个兵种：有的手执弓箭，有的紧握长矛，有的负弩前驱，有的赶车策马，个个精神抖擞，面向东方。解说员阿姨告诉大家，秦俑坑共有3个，其中最大的要数这一号坑了。一号坑坑长230米，南北宽62米，深5米，中间放置了与真人真马相似的兵马俑6000多个。它展现了2000多年前秦王朝威武壮观的军战阵容，为人们提供了珍贵的历史资料。阿姨还领我们参观了出土的青铜兵器，其中有一件青铜剑在土里埋了2000多年，依然刀锋锐利，放射出凛凛寒光。看着这些文物，我不由得想起古代的劳动人民来，他们是多么了不起啊！在技术不发达、没有现代化机械设备的情况下，他们用自己的聪明才智和勤劳的双手，制造了精美的兵器，修造了这么雄伟的兵马俑坑，给我们后代留下了宝贵的文化遗产。

20. 秦始皇兵马俑，分列在3个大坑里，总面积达2万多平方米。这些兵马俑的大小和真人真马相似。兵马俑身高1.8米左右，陶马高1.5米，长2米。兵俑形象威武，陶马膘肥体壮。它们排列成一队队一行行，真好像当年秦始皇南征北战、所向无敌的一支大军。这种模仿军阵排列的艺术群雕，在古今中外的雕塑史上是绝无仅有的。

秦始皇陵兵马俑是极为精巧的珍贵艺术品。那些兵俑个个栩栩如生。他们有的身穿战袍，有的披着铠甲，有的骑在战马上，有的站立在马前，有的正在挽弓，有的正在射箭。他们的面部神态各不相同：有的头部低垂，若有所思；有的忧心忡忡，凝视远方，从这可以想象出远征将士思乡的心情。那些头戴武士冠、神态庄重的，是负有重任的指挥官；而那些眼如铜铃的，正是为了秦国统一天下而立下汗马功劳的勇猛武士。听讲解员说，自从秦始皇兵马俑博物馆建立以后，每天到这里参观的中外游客不计其数，他们都为这奇妙、珍贵的艺术品赞叹不已、拍案叫绝。

21. 莫高窟的壁画，既不像漫画使人笑逐颜开，也不像中国画充满浓郁诗情，它别具一格。莫高窟的壁画以佛经故事为主要内容，用神话传说的形式，来告诉人们一个深奥的哲理。伫立其间，那流畅的线条、鲜艳的色彩、生动的群像，仿佛令你走进一个连绵不断的美妙画卷，令人惊叹。看，眼前这翩翩的飞天、艳丽的色彩、丰富的内容、匠心独运的构思，真是巧夺天工，令人叹为观止。面对这一幅幅先人的杰作，我们仿佛跨越了千百年的漫长岁月，置身于那一个个神话传说的境界中，体味着超凡脱俗的人生底蕴。

莫高窟的洞窟，既不像金华双龙洞那样蜿蜒起伏，也不像布达拉宫那样辉煌壮观，它更奇特。这里的洞窟修筑在茫茫无际的戈壁滩上，虽历经了千年沧桑，至今却仍保存完好。这里的洞窟很多，到处都是，而且各不相连，因而又被称为“千佛

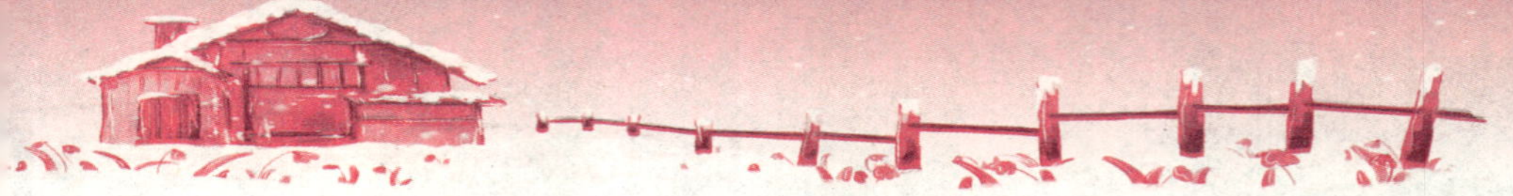

洞”。莫高窟的每个洞窟都建造得非常巧妙，有大有小，形状各异。或像月牙，或像摇扇，别有特色。黄昏临近时，洞窟内的景物若隐若现，更是增添了几分神秘的色彩。

22. 穿过天安门，过了午门，举世闻名的太和殿便出现在眼前。这座大殿远远望去虽庄严、肃穆，但漂亮的外观却又使人感到异常单调而沉重。一到此，我的心情陡然黯淡。不知为什么，我仿佛觉得此时此地，有一群傀儡似的太监恭敬地站立在两旁，香炉里香烟袅袅上升，帝王在殿内高居而坐。太和殿，这座象征封建王权的建筑，一砖一瓦都浸透着“家天下”的意味。遥想当年君王面南而坐，群臣面北而跪，其威风远非白金汉宫、凡尔赛宫中的君王可以比拟。

前殿后宫，一到佳丽三千的后宫，似乎虚伪的气氛百余年而未散尽。东西六宫，似众星捧月一般簇拥着养心殿与乾清宫。漫步在至今仍保留清末布置装饰的东六宫内，遥想当年那些贵为“国母”以及寂寞凄然的后妃们，使人心中不寒而栗。这制度延续几千年而无人非议，这是封建时代中国万民的悲哀。

在珍宝馆、绘画馆、钟表馆里漫步，看着那一件件精美绝伦的工艺品，我明白了中国为什么几百年来停滞不前，以至于丧权辱国的原因。当一个民族的智士们放弃进一步探索前进时，这个民族也就没有了动力和生机。

23. 往南看去，一大片金碧辉煌的建筑展现在我的眼前，这就是举世闻名的故宫。宫殿屋顶上那一片片琉璃瓦，就像一片片金色的鱼鳞，使我想起了“十指不沾泥，鳞鳞居大厦”的古诗句。朱红色的城墙又高又大，城墙下，清澈的护城河像一条碧绿的绸带，环绕着雄伟的故宫。我知道，这是古代劳动人民心血和智慧的结晶。

往东展望，只见一幢幢高楼大厦拔地而起，其中有一座特别引人注目。哦，那就是京广大厦，听说它是北京最高的建筑呢！近处有一座美丽的楼房，那是北京饭店。你瞧，它绿房顶，白墙壁，多么漂亮啊！

向北面眺望，一条笔直的街道向北延伸，原来，那是繁华的鼓楼大街。宽阔的街道上，行人、车辆穿梭似的来来往往。街道两旁的树木像头戴绿色钢盔的卫队一样，站得整整齐齐。

向西投去目光，啊，那是景色如画的北海公园。水平如镜的湖面上，漂着一只只小船，像一只只鸭子在湖面上愉快地嬉戏。小船漂过的地方，留下一条条水痕，在阳光的照耀下，波光粼粼，好像许多银屑撒在湖面上，美丽极了。洁白如玉的白塔像一位白衣少女，亭亭玉立，在绿树成荫的琼岛衬托下，显得更加秀丽。北海西边，更远的地方是起伏的群山，连绵不断。

24. 钟楼，从地面到光辉灿烂的镏金顶的高度是 36 米，面积是 1377.64 平方米。楼基高 8.6 米，宽 35.5 米，四面各有高宽均为 6 米的券形门洞相通，在洞门中间的结合处有四条交叉的石梁，把整个基座紧紧地结合在一起。整个钟楼显得分外庄严、威武。沿着北侧宽阔的石阶登上装饰华丽的第一层，首先看到的是四周朱漆板壁上栩栩如生的雕刻，它们都是远古时代的传说和故事。走进楼厅，只见四根粗大笔直的柱子威镇四角，它们高 17 米，名曰“冲天柱”。因从楼底直通楼顶，故名“冲天”，真是恰如其分。厅中精美的楠木家具，五彩缤纷的吊灯，是那么令人留恋。第二层便是它的最高一层了，但从外面看，钟楼还有三层屋檐，原来，上面的两层在里面看只有一层楼。这种形式既起了装饰作用，又能使下面的屋檐得到保护，真是“两全其美”。四周攒顶的房檐金碧辉煌，上面碧绿的琉璃瓦，在阳光之下，放射出绚丽的亮光。

25. 岳阳有座黄色琉璃瓦砌成的岳阳楼。岳阳楼，远看像个小亭子，近看仿佛就是一座宫殿。尖顶上的天花板，一派古老的景象。闪闪发光的琉璃瓦嵌在古楼上。一楼一进门是一个宽敞的厅堂，首先映入眼帘的是范仲淹写的《岳阳楼记》。沿屋向二楼走去，一对高背椅，面对面地放着。急步登上三楼，展现在我们眼前的是八大神仙之一的吕洞宾。他一手拿书，一手拿酒杯，一边看书一边喝酒，是有名的诗酒神仙，他安详地坐着，毫无表情地接受每一位游客的瞻仰。

我从岳阳楼上的正面向窗外望去，浩瀚的洞庭湖，波涛汹涌，远处天水连成一片，好看极了，让人流连忘返。瞧，湖中心有个小岛，那岛是旅游胜地君山，远看就像洞庭湖的掌上明珠。岛上有湘妃竹、二妃墓、柳毅井、飞来钟……《柳毅传书》的电影就是在这里拍的。洞庭湖位于长江口交汇处，每年潮汛来临，翻滚着的潮水如同千万匹白色战马齐头并进，浩浩荡荡地飞奔而来，那声音犹如千万辆坦克同时开动，发出山崩地裂的响声，好像大地都被震得颤动起来。

26. 灵隐风景最美最迷恋人的要算是飞来峰了。峰上青的草、绿的树是那么的温柔，那么的可爱，那漫山遍野色彩明艳的野花把整个飞来峰点缀得更惹人喜爱。峰腰上数百尊神态各异栩栩如生的佛像象征着古代劳动人民的勤劳和智慧，也是我们杭州人引以为荣的文物国宝。人们更喜欢的是峰下那永不疲倦永不干涸的溪泉。那清澈透凉的溪水从人们手臂上、脚背上淌过，人们嬉水时发出的阵阵欢声笑语是那么舒畅，那么动听。如果你能跑到峰顶看，那又别有一番味道。头顶是那碧蓝的天空，仿佛是一块巨大的绿玻璃。阳光下晶莹的溪水仿佛是一条彩色的玉带，伸向远方。溪水对面红墙金顶琉璃瓦的千年古刹——灵隐寺矗立在绿荫丛中。再往远看，白练似的钱江，明镜似的西湖，美丽的市容市貌尽收眼底。

27. 走进殿堂，眼前供着一尊金黄色的弥勒佛。他袒胸露肚，满面笑容，手里拿着一串佛珠，仿佛正在为人们“祈祷”。他的四周，四大天王威武地站在两边。他们身披金甲，光彩夺目，头戴金冠，分外引人注目，脚蹬虎靴，好不雄壮。一人手拿红罗伞，一人佩戴青龙剑，一人挂着迷魂琴，一人舞着三头蛇，横眉立目守着殿堂。从整个殿堂来看，佛像布局得体，不难看出古代劳动人民建造这个殿堂是煞费苦心的。

28. 沿着小路，我们来到了潭柘寺大门前。首先映入眼帘的是天王殿，屋顶是由红、黄、绿三色琉璃瓦构成的，光彩夺目。殿堂大门上方挂着一块普蓝色镶金边的竖匾，上面写着“天王殿”三个金光闪闪的大字。匾的四周绘有五条彩龙，有的抖动龙须，有的戏弄宝珠，有的昂首凝视，神态各异，栩栩如生。我不禁默默地想：劳动人民的智慧是无穷无尽的，是他们用勤劳的双手建造了这美丽的宫殿。

29. 在罗汉堂里，最引人注目的是济公的塑像。只见他头戴佛帽，身穿破僧衣，脚上穿着烂草鞋。从正面看，他站着，半弯着腰，好像在关心人民的疾苦。他嘴角微开，眼睛微微地睁着。他那似醒非醒、似醉非醉的样子好像是刚从酒家出来，正在回味那美酒的味道。从左面看，他拉长了脸，下眼皮好像哭肿了一样。他似乎觉得自己为人民做的好事还不够。从右面看，他的眼睛笑成了一条缝。他为自己能给人民扫除痛苦、匡扶正义而感到快乐。

30. 告别了镜翠湖，我们沿着条石铺成的道路走进了碧云寺。碧云寺的罗汉堂可真大，里面有五百个罗汉，罗汉各有各的模样，有的合手笑着，有的在喝酒，有的却竖着眉毛，瞪着几乎要蹦出来的眼睛。有一个长了两个脑袋的罗汉，大脑袋上顶着一个小脑袋，那样子真像个大葫芦。他的两张脸上又有不同的表情，真有意思。

31. 走进阁门，展现在我眼前的是一座三层楼房高的木雕大佛，这个大佛就是“万达拉”。它用一根很高很大的檀木制成，总高 27 米，光埋在地下的部分就有 4 米多。佛像虽然有些陈旧，但却体现了古人的精湛雕刻技艺。它头上戴着多角帽，面容沉静，双目微合，左手直竖前胸，右手下垂，让人觉得它像是在思考什么问题。佛身穿着珍贵服装，颈上戴着佛珠，神态安详。这座佛像造型优美，栩栩如生，富有民族特色，是中华民族的瑰宝。

32. 孔庙是祭祀孔子的庙宇。全庙南北长 1 公里多，占地 327 亩。前后有 9 个院

落，院院不同，各具特色。如果把层层大门全部敞开，便可从棂星门直望到大成殿。

33. 在一个枫叶泛红的秋日，我终于登上了嘉峪关城楼。不到大海，不知大海有多么辽阔；到了长城，方知祖国山河的壮丽。嘉峪关位于甘肃省河西走廊的中部，是万里长城西端的终点，它重建于明代，已有600多年的历史了。这座雄关由内城、外城、瓮城组成，在浩瀚的戈壁沙滩上，高大的城楼拔地而起，十分壮观。我顺着方砖铺就的台阶走上城墙。正如教科书上说的，城墙高大宽敞，布满了垛口和望口，城楼更是雄奇壮观，如同一个身披铁甲头戴战盔的将军，镇守着祖国美丽的山河。我站在城楼上极目远眺，茫茫戈壁滩、巍巍祁连山尽收眼底，那蜿蜒盘旋的城墙，如同一条长龙，与山相连，与天相接，更增添了阳关古道的磅礴气势。

34. 这座钟楼巍峨矗立，气势雄伟。钟楼有四个拱形大门，每个大门两侧都有一个用玉石雕成的小狮子把守。接着，我们沿着一条狭窄的、昏暗的、陡峭的楼道上到顶层。钟楼旁边的围墙带有凸字形的垛口，钟楼顶层中央有一座八角楼，重彩描绘，雕梁画栋，真是古色古香！八角楼顶，碧瓦飞檐，被阳光一照，闪闪发光。每个楼角上都挂有一只小铃铛，微风吹来，小铃铛发出悦耳的声音，令人心旷神怡。

35. 大雄宝殿内金碧辉煌，金身大肚弥勒佛正在捧腹大笑，两边四大天王身躯魁伟，栩栩如生。他们各执剑、琴、伞、绳，象征风调雨顺。最引人注目的是罗汉堂，堂内有五百尊金身罗汉，神态各异，还有济公、疯僧和千手观音，造型优美，巧夺天工。

36. 布达拉宫内四周紫红的柱子上龙飞凤舞，雕刻得栩栩如生，活灵活现。五世达赖灵塔和塔殿，位于红宫两侧。塔殿有5层楼高，两旁陪衬着8座银质佛塔。灵塔金箔包裹，珠宝镶嵌。仅包裹灵塔的金箔，就耗费黄金11万余两，极其辉煌壮丽，被称为“世界一饰”。土登嘉措的灵塔，塔名“格列堆觉”，塔高14余米，珠玉宝石遍缀塔身，十分华美。灵塔的前面，保存有一座用20万颗珍珠串成的珍珠塔，是十分珍贵的工艺品。

37. 走进大成门，来到我国三大殿之一的大成殿。前面并排有10根石柱，每根石柱上都雕刻着两条巨龙，一条在上面，一条在下面，它们盘绕升腾，腾云驾雾，向中间游去。石柱的中间，有一颗宝珠，围绕着一些火焰。喔，两条巨龙在争夺珠子呀！这就是有名的“二龙戏珠”。

38. 千佛岩门口，“千佛胜境”几个镏金大字，老远便跳入你的眼帘。沿着弯弯曲曲的小路拾级而上。便会看见石壁上精雕细刻的佛像。它们姿态不一，形象各异，没有哪两尊是相同的。你瞧，它们有的仰卧，有的盘腿而坐，有的挥刀，有的执矛，有的口含玉珠……看得你眼花缭乱，不知该停留在哪尊像前。

“无限风光在险峰”，当我们沿着这条蜿蜒的石阶小路爬到山顶的一个小亭子里时，遥望对面的山，梯田似的山上绿一片，黄一片，仿佛是一匹美丽的锦缎。俯视山下，只见青依江像一条大青龙蜿蜒而过，蓝蓝的江水闪着碧光，好像许多珍珠碧玉掉到河里。无数的渔船游舫穿梭来往，好不壮观。

39. 在云冈石窟的第二十窟里雕刻着一座高达 13.7 米的大雕像。这个雕像面部丰满，两肩宽厚，造型宏伟。周围石壁上布满了浮雕，有姿态不同的仙女凌空飞舞，像云在风里飘荡，又像鱼儿在水中游动。这是云冈石窟的代表作品。

40. 九龙壁，是有代表性的石刻，它长 20 米，高 5 米，厚 1.2 米，是由七色玻璃砖筑成的。早在 200 多年前。我国劳动人民就用勤劳的双手把这九条龙雕刻得如此活灵活现。看，在汹涌的波涛上，朦胧的云雾之中，九条龙在戏耍打闹。一条黄龙张牙舞爪向蓝龙扑了过去，蓝龙把头蜷在身子当中往旁躲闪；那条红龙伸出爪子要抓宝珠，白龙伸出犄角，要顶红龙……

41. 大殿后面是一片碑林，大约有数百块石碑，有高有低，有的顶上刻着龙凤，有的刻着松柏。碑身上密密麻麻地刻满了碑文，有仿宋体，有楷书，有隶书，还有很难认的篆字，这些石碑记载着历朝历代考取状元、进士等文人的生平和主要事迹。

42. 大经堂是一座土木结构的藏式平顶建筑。大经堂里非常昏暗，更增添了它的神秘色彩，里面有许多大柱子，我和几个同学好奇地数了数，竟然有 168 根！再仔细看，每根柱子都裹着彩色毛毯并缀以刺绣飘带，上面还有各种剪贴的佛教故事图呢。堂内是木板地，上面铺着地毯，是喇嘛打坐诵经的地方。大经堂的屋顶别具一格，各式各样的倒钟，玲珑别致的宝塔以及巧夺天工的法轮，把大经堂装饰得富丽堂皇而又富于宗教气氛。

43. 大金瓦殿位于塔尔寺庙中心，这座三层大殿飞檐四方，气势宏伟。底层屋檐是用碧绿的琉璃砖砌成，而第二层和第三层的屋檐都用镏金瓦覆盖。在阳光的照耀下金光闪闪，异常美丽。殿内两侧各有一尊佛像。殿中央矗立着一座 11 米高的大银塔。殿内莲花台上供着各种佛像，有塑的，有绣的，还有绘的，墙上和天花板上都绘有佛教故事图。我国劳动人民早在几百年前就建造了如此辉煌的建筑，充分体现了当年民间艺术家和劳动人民的才能和智慧。

44. 在建国门立交桥附近，矗立着一座雄伟的古代建筑。深灰色的两层方台有十几米高，昂头挺胸仰望蓝天。在500多年的漫长岁月里，它始终屹立不动，似乎要看清天体的一切秘密。这就是明代建成、世界闻名的“古观象台”。

45. 鲁迅故居是一座极其普通的小四合院，有前后两个小院，南房三间，北房四间，东西厢房各一间。南房是书房和会客室，里面摆着几架书柜，一张方桌，几把藤椅。引人注目的是北面正屋，室内陈设简单，北边窗下有一张床，上面铺着单薄的被褥。靠东墙放着一张三屉桌和一把藤椅，桌上放着毛笔、笔架、砚台、马蹄表、喝茶的盖碗等，还放着一盏煤油灯。在这间小屋里，鲁迅先生曾在这张书桌上，在这盏煤油灯下，忘我地工作，写下了不少不朽名篇。

46. 我们步入吴承恩的书斋——射阳楼。书斋中间安放着吴承恩的半身塑像，看上去很庄重。后墙上红色的绒布上，写着“1504～1582”一排金字。左边写着“伏妖以力”，右边写着“取经唯诚”。东山墙上挂着几幅小画，画面表现的是吴承恩小时候认真读书以及后来写作《西游记》时的情景。在这几幅小画旁边，还有一幅水彩画，画的是唐僧取经和孙悟空大闹天宫的情景，无不栩栩如生。西山墙上，挂着当代著名书法家的题词。南面的柜子里，存放着国内外出版的《西游记》各种版本。

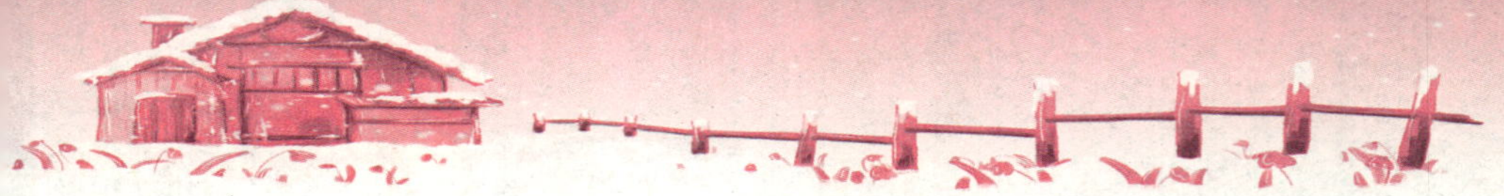

现代建筑

好句

1. 高楼大厦被无数个彩灯勾勒出美丽的轮廓，衬映在忽明忽暗的夜幕上，显得更加雄姿巍峨，奇妙迷人。

2. 茅盾故居坐落在乌镇观前街，黑色的瓦墙和紫色的门窗使故居显得典雅、幽静。

3. 那朱红的大门，以及大门口两旁的石狮子，显得那么古色古香，我们一下子被吸引住了。

4. 房屋深深地藏在很大的花园里面。一进大门，看不见住宅的影子，只有一条长长的幽静的林荫路，向远处伸展开去。

5. 如今，这里四周茶树环绕，郁郁葱葱。场地中央立着一块“叶挺军长永垂不朽”的纪念碑。

6. 远望，这些摩天大楼像石柱子一样，一根一根指向云霄。

7. 我和爸爸随人流进入了大厅，啊！眼前那雄伟壮观的情景使我惊呆了。

8. 远处一座座高楼，挺直地耸入蔚蓝色的天空中，使人联想到山水画里瘦骨嶙峋的奇峰，联想到拔地而起，动人心魄的石林。

9. 跨进高高的门槛，就是一块宽阔的草地，中间一条甬道，两旁种着松柏、水杉等，四季常青。我们顺着甬道一直走进屋去。

10. 那条小街蜿蜒地夹在一排高楼和一片居住区的中间。

11. 走到长安街东端，一座巍峨大厦突兀屹立在眼前，会使人不由得停下步来。它卓然挺拔、伟岸超群，是长安街上最高的建筑。

12. 新建的一片宿舍楼像许多巨人紧挽着胳膊一般矗立着。

13. 教学楼二楼绿色栏杆上悬挂着“团结、活泼、勤奋、向上”八个红色大字，在白底的衬托下特别引人注目。

14. 进了房间，一眼就可以看到一张宽大的沙发床，床头边有一个精致的小茶几。紧靠着窗台是一张大桌子。底柜安放在左面墙角，而右面墙上钉着一个书架。

15. 在鲁迅先生的卧室里，日历停在了1936年10月19日那天，台子上的闹钟正指着5点25分。褪了色的红色薄棉被，白底绣花的帐顶，发黄的藤靠椅，放在小桌子上绍兴式的茶壶套……一切都和当时一样。

16. 曾经消磨了我整个童年的那间“藤花书屋”，依旧没有改变一些样子。一种不知名的藤科植物，从窗外爬起来，带着那些绿得可爱的叶子，一直爬上了屋檐。

17. 八根淡青色的水泥方柱稳稳地托着楼身，显得那么坚固而挺拔。

好段

1. 这里有392级台阶，据说正好与孙中山先生的得力干臣人数相符。台阶尽头是祭堂。我绕过祭堂，走进了墓室，墓室里的气氛庄严肃穆。人们缓缓地围绕着正中的孙中山石像走着，瞻仰着。这位革命先驱，坐在太师椅上，身穿长袍，手握书卷，他似乎在思考着兴国安邦的策略，又似乎在描绘960万平方千米神州大地的宏伟蓝图。他周围安放着鲜花和花圈，这表达了人民对他的崇敬。墓室的墙壁上，刻着由孙中山先生起草的十二条建国大纲。

2. 我沿着小道来到了周总理办公室。这里只有12平方米。迎面墙上嵌着周总理深夜工作的照片，右边放着周总理和邓颖超同志办公用的两张九斗写字台，旁边是两把转椅。桌上有一排毛笔，一叠发黄的书笺。最引人注目的是一盏绿色台灯。

3. 我走向壮丽的天安门广场，在观礼台前停步，向南眺望。在这太阳初升的时候，朝霞荡起万匹红绫，映得纪念堂的柱廊、屋宇辉煌明丽，似巨大的玉雕在广场兀立。那杏黄色的琉璃瓦檐，恰如横跨长天的两道金虹。方形广厦那 44 根环绕的廊柱，犹如擎天的玉柱。玉柱间晶亮的门窗，辉映丽日天光，闪闪熠熠，像千丈瀑布高挂。而那枣红的基座、白玉的栏杆，却仿佛是红霞白云，托起这简明、朴素、雄伟的建筑，使她更加高大挺拔，气势磅礴。

4. 中央广播电视塔在夜空中显得那么高大，雄伟的塔柱高耸入云，圆圆的塔楼好像一颗灿烂的明珠，格外美丽壮观。那 22 层的中央广播电视塔，是当时北京城中最高的建筑物了。

5. 人民大会堂是多么庄严和壮丽啊！它真是当代中国最雄伟的建筑物了。我曾经围绕着它步行了一周，时达 15 分钟。每次走进这座雄伟美丽的巨大建筑物时，那巍然耸立的廊柱，那光可鉴人的大理石地面，那华丽美观的红色绒地毯，那光辉璀璨、花团锦簇似的华灯，总之，无论是它的整体部分还是它的各个局部，都能引起人们一种壮美之感，而且这种壮美的感受还是历久常新的，每次走进去时我都要重温一遍。

6. 新火车站确实巍峨雄伟，远远望去就像一只展翅欲飞的大鸟，两只翅膀高高耸起，给人一种动感的美。两只“翅膀”中间，是一只钟，方方正正的，分针不停地转动。钟的上方是“上虞”两个大字，红红的，笔力苍劲有力。下部是一色的玻璃窗，明亮清透，整齐划一。东西两条弧线形的行车道由低到高，在车站大门交汇，组成一道美丽的“彩虹”。中间是一级级台阶，台阶两旁是错落有致的绿化带、白色的台阶，绿草红花相互映衬，煞是好看。宽阔的广场，用红的、绿的、黄的、白的地砖拼成一个个美丽的图案。广场上、台阶上、候车室里，人来车往，川流不息，好一派繁忙热闹的景象。

7. 从远处望去，绿树丛中，一座银白、淡绿、浅蓝、棕黄色的建筑突兀而起，有的是球体、圆柱体，有的是长方形，有的简直无法准确说出它的几何形状。有的桅杆林立，像准备出海的帆船队；有的平展双翅，像呼啸腾空的喷气飞机；有的裸露着黑色钢铁的框架，线条粗犷有力；有的似微微隆起的绿色沙丘，线条平缓柔和；有的古朴、典雅，诱人发怀古之幽思；有的造型新颖奇特，促人抒发创新的狂想。

8. 北京的夜景美丽极了，每到夜晚，大街小巷灯火辉煌，亮如白昼，五颜六色的彩灯，霓虹灯遍布京城，十分迷人。站在高塔上观看北京的夜空更是奇妙，穿行的各种各样的车辆好像一条火龙，宽敞的马路两旁坐落着各种建筑物，各式各样的彩灯星罗棋布，灿烂的灯光把北京城装点得分外娇娆。

9. 纪念亭的顶端有个葫芦塔，亭顶覆盖着琉璃瓦，下面是6根白色的石柱，每根石柱间的石坊，都刻着花草图案。纪念亭东西两面是通道，南北两面是“V”形的石凳。石凳的表面十分光滑。在纪念亭水泥地的中央立着一块石碑。石碑的底座朝东西通道的两面分别刻着锤子、镰刀、步枪和大刀，朝南北石凳的两面分别刻着桃花和梅花。石碑朝东的正面刻着“路下桥民众暴动纪念碑”10个刚劲有力的字，朝西的一面刻着伍弟奴烈士的事迹，大意是：伍弟奴同志在路下桥一带，带领农民抗租抗税，成立苏维埃政府，点燃了松溪一带的革命烈火。

10. 看，工人的手多么有力又多么灵巧。看那高大建筑物的结构，再看那栏杆上的装饰图案。看大的，看小的；看天地，看江山；看城市，看桥梁；看铁铸的图案上鸳鸯戏水，孔雀开屏。雄伟的是这样雄伟，而精巧的又这样精巧。

11. 步入馆中，第一层楼分左、中、右三个大厅。我们首先参观中间的古动物陈列室。一进门，我的天啊！只见大厅正中，摆着一具巨大的古生物骨骼模型。它可真古怪，小而扁的头骨，细长的颈骨足有八九米长；躯体庞大，它的大腿骨有我的腰粗。我们都惊呆了。这是什么动物呢？讲解员告诉我们，这是动物王国中的巨人——合川马门溪恐龙的骨骼模型，它显示出了中生代恐龙生活的情况。哦，原来是这么一回事。这时，我见一个玻璃柜旁围着一群人。我连忙凑过去，脸贴在玻璃柜上，见里面有一个黄澄澄、圆溜溜、透明的琥珀，就像一颗晶莹光亮的小黄珠子。里面还有一只小黑虫被重重地裹着，它的每一条腿都清晰可见。我们刚学完《琥珀》这一课，原来世界上还真有这样奇异的琥珀。

12. 我随着人流又来到了左边的动物陈列第一室。嗬！这里真成了水生生物世界。陈列有海洋腔肠动物、海洋节肢动物及海洋植物等许多标本。我边走边看，只见同学们指手画脚，又是争论不休，又是啧啧赞叹。忽然张铭跑来大声喊：“周宾，你快看呀！”我顺着他的手指望去，嗬！展橱里面有一群螃蟹，小的只有两三厘米，恐怕上百个也填不满一水杯呢！大的螃蟹要是伸开它的腰，那得有一米左右。它挥舞着一个大钳子，活像一个铁甲武士，好威风呀！我们还看到了蛇，那三角脑袋、红脖颈、短尾巴的，叫响尾蛇；那椭圆脑袋，身上有一道道白圈的，叫银环蛇；那条翘嘴的，叫五步蛇；那脑袋顶上有成队排列的大鳞片、眼睛后面有一条黑纹的，叫蝮蛇。这些蛇吐着信子，好吓人呀！我们还看到了凶猛的扬子鳄、肥大的海龟，又获得了不少知识。

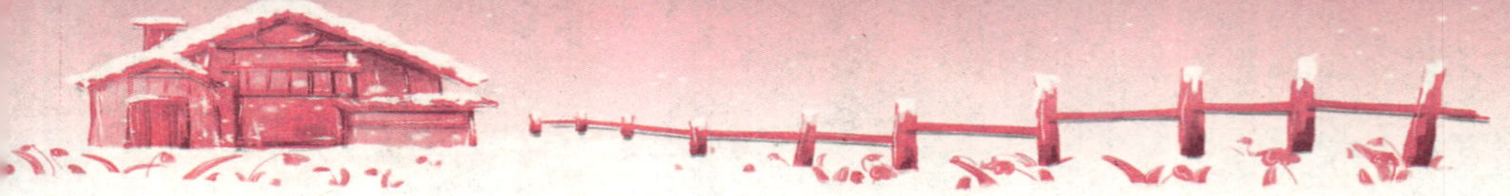

园林景物

好句

1. 张飞庙是长江上游的一颗明珠，它位于云阳县城南岸，号称巴蜀第一胜景。

2. 映入眼帘的是依崖而立的一座亭阁，这座亭子古典、雅致，富有浓郁的民族特色。

3. 连绵万里的长城，东起山海关，西至嘉峪关，跨群山，穿莽原，横瀚海。

4. 仰望雄伟壮丽的白塔，最先迎来灿烂的霞光，披上了瑰丽的金衣。

5. 长城的城楼是那么雄伟，那么坚固，高高耸于蓝天白云之间。

6. 尖塔挺立在重重的云雾里，似隐似现，可望而不可即，充满庄严雄伟的气势。

7. 长城蜿蜒起伏在高高低低的山脊上，矫健地向东西两边延伸，真像一条伏卧在千山万岭上的长龙。

8. 只见秀丽的石塔沐浴着玫瑰色的霞光，仿佛一只鲜嫩的春笋，永远向上生长。

9. 长城便是那腾跃于边塞群峰众谷间，游弋在历史洪波大浪中的一条硕大无比的蛟龙。

10. 层层宝塔翘出的檐角上挂着小小铜铃，微风一吹，发出清脆悦耳的乐声。

11. 园内，那玲珑精致的亭台楼阁，清幽秀丽的池馆水榭，还有大假山、古戏台、玉玲珑等古代园林的杰作，都使我流连忘返。

12. 远眺五祖寺，它雄踞于险峻突起的孤峰之上，与庐山隔江对峙，近看五祖寺犹如一只展翅的凤凰。

13. 亭台楼阁、池馆水榭，映在青松翠柏之中；假山下的荷池曲径，花坛盆景，藤萝翠竹，点缀其间。

14. 这座宝塔耸立在远处，像一个昂首挺立的巨人。

15. 蹬上塔顶凭台远眺，巍巍太行，历历在目；俯瞰全市，古城风貌，尽收眼底。

好段

1. 这座假山是由两座主峰和两座小山拼成的。左边的那座小山顶上，放着一块石头，像《红楼梦》里的飞来石一样。两座主峰是由一块像石桥一样的石板把它们连在一起。石桥的一面，有块像乌龟似的石头，伸着头趴在那里。石桥的下面，有一个圆圆的大洞，有时候，水从石桥上流下来，经过这个大洞，就像《西游记》里的水帘洞一样好看。

2. 登上假山高处，我们身上心上都是阳光了。原来假山前面有个水波粼粼的池塘在熠熠生光哩。耀金闪银的池水簇拥着一个小巧玲珑的亭子。连接亭子和陆地的是一道九曲桥，没有栏杆，几块长方形的石板，在水面上连成一串线条挺拔的几何形图案，池水漫不到桥面上，风起时，偶尔溅起一些水花，给这个图案镶个银边。这座桥给人以飘逸、舒畅之感。

3. 张家界有数千座石峰，拔地而起，气势雄奇险峻，磅礴壮观。这里岩峰见奇，清水显幽，山溪、悬岩、飞瀑汇集在一起，蜿蜒曲折，东流而下，沿岩峭壁万仞，峰峦千迭，妩媚幽深，令人陶醉，恰似一幅水墨山水佳作，被誉为“养在深闺人未识”的风景明珠。在那曲折蜿蜒的山谷里，生长着各种芳草佳木，原始森林和周围许多林场连成一片，碧波万顷，郁郁苍苍，极为壮观。人们还喜欢称它为大自然的“迷宫”。

4. 皇宫里面装修得非常富丽。楼上是给皇帝、皇后、太子、公主们预备的房间，这些房间都面向大海，窗外风景很好，房里的墙壁全用很讲究的木料装成。每一间的色调和布置都不相同，各自与窗上映进来的景色相调和。天花板、地板、墙壁全是用极精致的柔滑的杨木装饰的，墙上镶满镜子，把窗外的海景、山景、园景都收了进来。

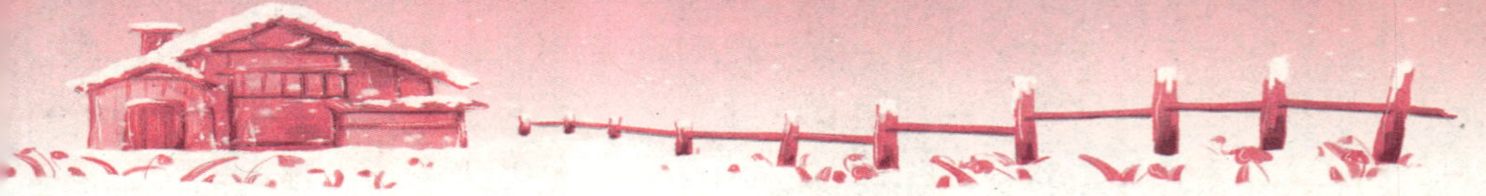

5. 只见极目阁有上下两层，分别有四个翘角，屋檐下挂着五颜六色的彩灯。四周是玻璃门窗。阳光照在玻璃上，闪闪发光，十分耀眼。在极目阁的旁边有一株百年宋樟，树很粗，要三四个人手拉手合抱才能围住。

6. 我们在导游人员的带领下来到了第一层。导游人员介绍说："石花洞第一层全长 348.5 米，洞内由 6 个厅和 6 段廊道连接组成，共有四个景区：曲径通幽，蓬莱仙境，洞天福地和灵霄天界。"我们随导游人员参观了雄狮迎客、猴戏丛林等洞内景观。雄狮迎客是一块形似狮子的乳石，只见它高抬狮头，趴在地上，像在欢迎我们。猴戏丛林是许多块大大小小像猴子似的乳石组成的景观，有的像在奔跑追逐；有的像在互相打闹，真是栩栩如生。但给我们印象最深的是洞天福地和灵霄天界。洞天福地是一个自然形成的大溶洞。一块模样像人的乳石直立在像是男女并坐的两块乳石的对面。导游人员风趣地说："那是孙悟空在给小二黑照结婚相。"我们仔细一看还真像，只见孙悟空头戴僧帽，身穿虎皮裙，手里好像举着照相机，小二黑身穿礼服，扎着领带，脚上穿着皮鞋和他妻子并排坐着，可真美呀！在洞天福地的左上方，有一个十七八平方米的洞。只见里面当中放着一张"龙案"，"龙案"后面有一把"龙椅"。"龙案"两边的台上各缀上了一颗"夜明珠"，用手电筒往上一照，显得晶莹透明。地上五颜六色的彩灯照在洞顶上，五彩缤纷。整个洞里布置得庄重，典雅。导游人员幽默地说："这是玉皇大帝的办公室，为了庆祝小二黑的婚礼，特意腾出来召开舞会的。哪位有兴可以参加！"他的话引起大家一阵爽朗的笑声。

看完第一层，我们又踏着 30 多米长的人工铁梯，犹如腾云驾雾般地来到第二层。这里有洁白如玉的小花洞，富丽堂皇的光明路，各处都布满了千姿百态的石笋、石花、石柱，有龙女的"绣花台"，还有清脆悦耳的十二音响"玉凤琴"等，奇观异景不胜枚举。特别是高达数十米的石瀑布，雄伟壮丽，恰似天池飞瀑，动人心弦，不禁使我想起李白的诗句："飞流直下三千尺，疑是银河落九天"！

7. 我登上石阶，穿过虎牙石，来到了平沙潭。这平沙潭除了一潭碧水，潭边还堆着大大小小的石头，有的像金字塔，有的像仙桃，有的像马，有的像老人。"噢，这些石头就是'沙'吧！"我自言自语猜测着。

顺着山路，我又来到了落雁潭。雁落的地方怪石嶙峋，好像随时要倒下来似的。

"看，那潭更怪！"我顺着人指的方向望去，那潭的形状的确怪，从上向下，三个圆形的潭中间有水道相连，远远看去，三个潭组成梯形，这就是三叠潭了。三叠潭水清亮极了，水中有不少绿草，一条条鱼儿不时探头探脑，吐着泡泡。一阵微风吹来，潭水荡起微波，在灿烂的阳光下，波光粼粼。

8. 向里走真是大洞套小洞，小洞连大洞。洞顶和洞壁上坑坑洼洼的钟乳石，各式各样。有威风凛凛的“海狮护宝”，有气势磅礴的“补天遗石”，还有雅致清幽的“西妮琼楼”，真是栩栩如生，各具特点，使人目不暇接。

9. 山洞内怪石嶙峋，石笋、石柱在灯光下透明晶莹，各种颜色的激光灯交相辉映，洞内烟雾缥缈，仿佛使人置身于仙境之中。瑶琳仙境真是名不虚传。

10. 洞里曲折蜿蜒，时宽时窄，在微弱的光线里，显得朦朦胧胧，影影绰绰的岩石像无数珍禽异兽，那么奇特，那么神秘。我小心翼翼地行进着，隐隐感到自己在渐渐向上走。越走越暗，而且洞里有洞，洞里套洞，颇有宜兴张公洞的味道。不一会儿便黑得伸手不见五指了，我心中一阵猛跳，正在这时，眼前一亮，噢，原来是到尽头了。

11. 我随着人流慢慢向洞里走，只见岩洞曲折有致，里面有很多稀奇古怪、形状不一的石头。有的从岩底长出，形如春笋；有的从岩顶下垂，形如乳头；还有高峻的“山峰”，擎天的“巨柱”，天边的“林海”，真是琳琅满目，神奇无比。这些石笋、石乳、石柱、石幔、石花在彩色荧光灯的照耀下，绚丽多姿，美丽极了。

12. 云水洞简直是个奇妙的世界，一个个石厅犹如一座座富丽堂皇的宫殿。乳白色的雾气像云烟一样，飘来荡去，变幻成各种奇形怪状，真是神秘莫测。洞顶和洞底满是奇岩怪石，有的像珊瑚，有的像雄狮，有的如菜花，有的似古塔，形态万千。

13. 八角亭的周围是一片郁郁葱葱的树林，在绿树丛中有绿色的栏杆。八角亭的正中挂着一块横匾，上面写着四个大字：“江湖汇观”。两旁是一副对联，上联是：“八百里湖山知是何年图画”，下联是：“十万家烟火尽归此处楼台”。四周横槛上雕刻着精美的图案。亭子中间是一根仿大理石的水泥柱子，通向二楼的螺旋形扶梯就以它为支撑点，盘旋而上。二楼有 24 扇窗，可向四周远眺。站在西面的窗口看，就能看到西湖的景色。

14. 半峰亭妖娆别致，给人一种清秀、典雅而含蓄之感。走进半峰亭，我不禁为之惊叹，修筑亭子的能工巧匠们施展手法，各显神通，他们在亭顶上描龙刻凤，有八仙过海、武松打虎、孙悟空三打白骨精等图案。这些图案个个色彩鲜明、栩栩如生，真是妙手生花，使人看得眼花缭乱、目不暇接。

15. 我们兴致勃勃地来到坐落在黄鹤山又名蛇山上的黄鹤楼公园。啊！好大的一座宫殿似的建筑，金黄的琉璃瓦在阳光下闪着耀眼的光芒。楼前一座很大的池子中，一对铜铸的黄鹤，栩栩如生。它那微微高昂的头，轻轻扇动的翅膀，好似在迎送前来观赏的客人。黄鹤楼共有五层，雕梁画栋，金碧辉煌，每一层都有宽大的回廊和休息室，室内布置有仿古的桌椅，墙上有古今名人的字画。黄鹤楼，不愧是镶嵌在汉江平原上的一颗明珠。

16. 湖边的小亭子八面玲珑，鲜艳夺目。亭顶一个大金球，四根红漆大柱子支撑着，从里面看，一幅幅精巧细致的画儿展现眼前：瞧，那只老虎，威风凛凛，张牙舞爪，神气十足；再看这只小鹿，站在草地上，欣赏着自己美丽的身影，一副温柔可爱的样子。我真羡慕这些画画的人们，他们把飞禽走兽画得活灵活现。

17. 经过“中流砥柱，”我们进入中洞。这儿可真大，足有三层楼高，一百多米深，看来容纳数千人开个会，是不会感到拥挤的。仔细察看两旁，左边是一只怒吼的“雄狮”，前爪腾起，仿佛准备随时扑向猎物；右边是一只悠闲的“大象”，甩着鼻子，两只大耳朵低垂着，四条腿像四根巨柱。大自然真是杰出的雕塑家，塑造出如此惟妙惟肖的动物形象，我不禁赞叹不已。

18. 一个个的岩洞，虽不很大，但小巧玲珑。其中以水帘洞最为著名。水帘洞的洞口呈三角形，满布青藤，崖上刻着“水帘洞”三个大字。每逢雨后，山洞的顶壁上，一串串珍珠般的水滴飞洒而下，在阳光照耀下，犹如一道道晶莹夺目的珠帘。古诗赞美它“细看水点崖中滴，疑是珍珠倒卷帘”。洞里边很像一间天然石屋，可容纳三四十人。屋内有古泉一眼，称“灵泉”，清澈见底，水味甘美。走出水帘洞，再往东，还有幽曲奇异的“七十二”洞。这些洞，可真奇妙，洞中有洞，洞洞相通，好一个迷人的洞天世界。

19. 拙政园是苏州最大的名园，建于明朝。我们一进拙政园，首先映入眼帘的就是参天的苍松翠柏，玲珑剔透的亭台楼阁。我们走到荷花池边，看见水波荡漾，大鲤鱼在欢快地游着。我扔下一块面包，顿时鱼儿们争先恐后地来吞食这块食物。园内的假山、池水、绿树，构成了一幅幅动人的画面，令人目不暇接，不愧是江南园林的精华。

20. 园中各个景点中，花窗十分引人注目，从山上下来，我们走进了曲廊。廊上满是各种各样的花窗，图案花纹，变化多端。透过花窗眺望窗外景色，一会儿是一簇花草，一会儿是一堆奇石，一会儿又变成一丛修竹。多变的景色与精巧的窗上图案相映生辉，成了一幅幅天然的图画。看着这奇窗异景，我心里想，古代的劳动人民为我们留下了如此高超的建筑技巧，真不简单啊！

21. 谐趣园，位于颐和园内后湖东端。别看它是一座小园，却结构自成格局，再加上它富有江南园林的特色，明净、精巧而秀丽，因此素有“园中之园”的美誉。

22. 一进谐趣园门，园内的秀色便展现在我的眼前：园中央的荷花池上映着亭榭的倒影。环池 13 座建筑物，古朴、典雅，姿态各异而显得错落有致。那迂回曲折的游廊环抱着一池盈盈绿水，同时也巧妙地连接了岸边的楼台亭阁，使整个园林看上去浑然一体。园中曲廊转处，墙阴檐角还配植了不少的花木，柳枝吐绿，花儿泛红，依稀掩映着。置身园中，我真有如步入江南佳地了。

23. 向下一看，啊！多美的景色啊！那古老的建筑，金碧辉煌，建筑四周，一片绿色，其间还有一些鲜花，在春风中摇曳，闪闪烁烁，就像会眨眼的星星。昆明湖的湖面像一面大镜子，倒映着万寿山。春风吹来，湖面泛起波纹，就像一面大哈哈镜，照出的景物特别逗人。人们尽情地游览，完全陶醉在春天的美景中。

24. 我们爬了一段长长的陡坡终于来到了八大处公园。

迎面巨大的牌子上面画着八大处全景，还有八大处的历史和现状的介绍：八大处是北京著名的风景区之一，始建于唐……庙宇轩昂，佛塔巍巍，松峦叠翠，鸟语花香……它们似八颗异彩的明珠，分别辉映在群山翠岭之间。春看杏林花雨，夏听溪水叮咚，秋观红叶片片，冬赏层峦晴雪。

登上八大处，果然名不虚传。处处庙宇佛堂都掩映在苍松翠柏之间。

25. 看，公园的一角有多美。园中的百花在争芳斗艳，那杜鹃花、牡丹花、月季花绽放出一股股扑鼻的香味。百花前面是一个湖，淡蓝色的湖水清澈见底，好像是一面镜子，又好像柔软的蓝绸缎。湖的中心有一个荷花型的喷泉，栩栩如生的假荷花上，立着一只展翅欲飞的仙鹤，从远处看像真的一样。湖边还有许多奇形怪状的假山，千姿百态。假山前是一个漂亮的亭子，亭子里坐满了人，他们有的在谈话，有的在休息。亭子对面有一个走廊，走廊后面有许多松树、柏树、杨树和梧桐树，这些树柔软的枝条随风摆动，仿佛在朝人们含笑点头。

26. 七星岩中怪石嶙峋，奇形异状的钟乳石构成奇妙无比的图案。“露滴石笋”好像是一棵巨大的倒挂着的竹笋；“叶公好龙”的天龙活像一条真的青龙，回旋盘绕；“珍珠幔”上挂着金光闪闪的、一串串的大珍珠；“花果山”上“结”满了香喷喷、甜滋滋的水果，让游客一见就生爱慕之心。然而给人印象最深的要算“长城”了。弯弯曲曲的石笋，组成了一幅雄壮的图案：在陡峭蜿蜒的群山中，屹立着巍峨的“万里长城”。“长城”随着山势盘绕，时而高，时而低，时而转到左，时而转到右，时而陡，时而平。“长城”上还隐约可见一座座烽火台。这座“长城”气势磅礴，十分壮观，大有真“长城”的气势。

27. “我们去水帘洞吧！”妈妈对大家说。“水帘洞在哪儿？”我问。妈妈指了指瀑布中间的一个洞。一会儿，我们来到洞前，我怀着好奇的心情，跟着进了洞，洞内十分潮湿。那高高的洞顶上集满了小水珠。水珠不时地掉在我的头上，躲也躲不了。我们顺着洞口一条狭窄的小道继续往前走，忽见一股水从面前的洞口上直往下泻，像一幅晶莹的门帘，这时，我才恍然大悟，这不就是水帘洞吗？

28. 踏进园林的大门，便看见一条弯弯的走廊。奇怪的是这条走廊被一堵雪白的墙壁分隔成里外两条。里边依着假山，外边靠着水池，整个设计独具匠心。这就是著名的“复廊”。沿着外面一条走廊游览，只看见池水碧波荡漾，使人心旷神怡。雪白的墙上雕刻着古代精美的图案，图形各异，令人赏心悦目。

走出复廊，假山高处就是沧浪亭。这座园林就以此亭命名。亭子外表美观，正中有一张精雕细刻的石桌和四只石凳，桌面已被磨得闪闪发亮。石柱上有一副对联，上联是“清风明月本无价”，下联是“近水远山皆有情”。对联道出了古人在此观赏景色时的感受。亭子周围古木遮天，花草丛生，百花吐艳，真是美不胜收。

从假山下来便是清香阁，离开清香阁往前走，便是明道堂。据记载，这是南宋名将韩世忠建造的。明道堂的柱子板壁漆得通红，闪闪发亮。地上铺着名贵的大理石，上面挂着一排排宫灯。红木做的古式家具，光可照人。在这里很能激起游人思古之幽情。

29. 黄山的云可真长啊，长得无法用眼睛望到边际，只让你感觉到它是那样浩瀚，像一张大幕把天地都罩起来了。伏在岩石上侧耳倾听，耳朵里仿佛有一种不可捉摸的声音，极远的又是极近的，极洪大的又是极细切的，像春蚕在咀嚼桑叶，像野马在草原上驰骋，像山泉在流动，像大海在澎湃。黄山的云多么妙啊，妙就妙在在缥缈恍惚，给人以充分想象的余地。这真是：“绵绵长飘三万尺，疑是银河降人间”。难怪从黄山归来的人都说“黄山云海是个奇观”呢，的确是名不虚传啊！

30. 龙潭瀑布背倚千丈绝壁，前临幽深碧潭，隐藏在密林丛中的一个山凹间。要想看到它，需要你沿着弯弯曲曲的羊肠小道在山腰间的密林中穿行，还非得费一番功夫不可！当你快要到龙潭瀑前时，透过层层松林，你会听见如大海涌过沙滩，风儿吹过松林的奇妙声音。走出林海，随着地势的缓缓下降，眼前出现一片开阔，龙潭瀑到了！此时，即可见到一条白练悬挂在你眼前，宛如一段银河落于九天，凌空而下。那条白练先是一片铮亮，接下来被尖厉的石头划成几绺，变成了不平滑的布。到了再下边，这些散碎的布被扯成了零星小块，向外飘散，落入碧潭，但却发出排山倒海的巨响，震耳欲聋。

31. 千尺珍珠瀑，四周是陡峭的山崖，青色的崖石上点缀着簇簇绿色的植物，犹如一幅硕大无比的水墨画。拐过山弯，便闻水声。只见一股清泉从一处高高探出头来的悬崖上飞流直下，悬崖下是两个黑黝黝的山洞，两个洞的洞口各有一个很大的鸟巢。见我们到来，几只形似仙鹤的鸟展翅腾飞，冲向天际。走近再看，趣味油然而生。也许是太高的缘故，水流从崖顶上刚一落下，便自然解体，化作无数颗水珠，飘飘洒洒，成串成行，由天而降。经阳光一照，晶莹透亮，如万斛珍珠撒落。

32. 我们乘车从临汾出发，在那条弯弯曲曲，像挂在半空里的盘山道上颠簸了三个多小时。忽然，由远而近的声响轰隆隆传到耳中。我们来到大瀑布前，我不禁被眼前的壮丽景观惊呆了。啊，这就是壶口瀑布。只见上百米宽的河床，在这里突然变窄了，汹涌的黄河水，像是从天而降，翻滚着，怒吼着，拥挤着，争先恐后地从一个壶口般的石槽中直冲几十米深的谷底，一泻千里的河水，形成一道几十米宽的翻腾摆动的大水帘，像是悬挂在石壁上的一条彩练。

河水的撞击，引起阵阵轰鸣，激起冲天的浪花。扩散在空中的水珠，随风飘荡，上下浮游，在阳光的照射下，金灿灿、亮闪闪，如烟如雾，如雨如尘。一道彩虹在如烟的水汽中时隐时现，忽明忽暗，我像置身于云雾缥缈的仙境之中。多么雄伟！多么壮观！我们在瀑布边的石板上欢呼着，雀跃着。我举起照相机，摄下这大自然的千古杰作。

33. 我看见过冰雪覆盖的长白山，游览过红叶似火的香山，却从没有看见过这“云奇山异”的黄山。黄山可真奇啊，一座座玲珑俊秀，有的像雕纹精美的香炉，有的像层层叠叠的彩缎，有的像含苞欲放的莲花……说不尽的千姿百态、奇瑰艳丽，使人疑心它不是天然生成，而是能工巧匠精心制作的盆景；黄山可真高啊，一座座连绵起伏，耸入云端，从山顶向下一看，云在脚下飘浮，人在山上好像仙人那样，能腾云驾雾，悠然而去似的；黄山可真险啊，我有生以来还从没有见过这样陡

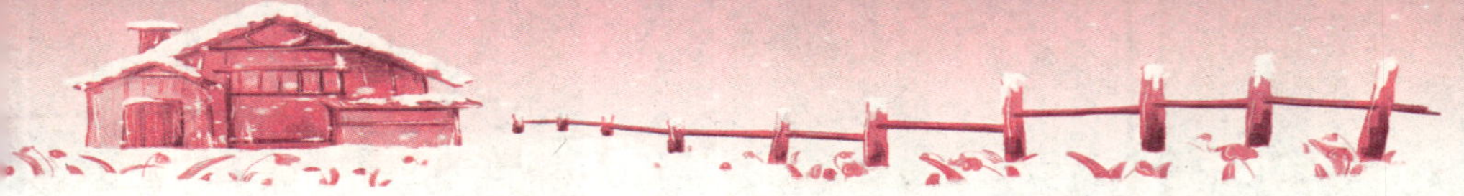

峭的山峰，一座座危峰兀立，怪石嶙峋，崖壁陡似削，山石横如断，几乎是 90 度垂直的石梯，隔老远也让人心惊肉跳，似乎一失脚即刻就会从崖上跌下去，摔得粉身碎骨。

我看见过马尾似的卷云，山峰似的积云，更常看见飘在天空中的浮云，却从没有看见过这像滔滔流水似的人间银河。

34. 来蝴蝶泉赶“蝴蝶会”的人，最难忘的要数蝴蝶泉边的景观了。泉边的游人最多，艳丽的服装更为泉边的美景添姿增彩。大合欢树开满了淡黄色的小花，花的形态就像一只只落在树上的蝴蝶。乍一看，还会以为是真的呢！合欢花散发着淡雅的芳香，吸引了成千上万的蝴蝶翩翩飞来，聚落在合欢树上，飘舞在树的周围。你会发现，品种繁多、色彩缤纷的蝴蝶，一簇簇、一团团的，活像一个个精雕细刻着蝴蝶图案的彩珠，粘着在大合欢树上！这些“蝴蝶珠”与满树的蝴蝶状的合欢花交织在一起，相映生辉，使得合欢树的大树伞更像一个由蝴蝶做成的大绣珠——那景象实在是太奇丽、太壮观了！更使人惊叹不已的是，许许多多的蝴蝶首尾相衔，构成一条条蝴蝶串，从合欢树的枝头悬下来，有的一直悬垂到清波荡漾的水面，它们在大树干的周围形成了一个巨大的“蝶帘”——那景象实在是太美丽，太罕见了！

桥梁建筑

好句

1. 桥拱像一个单峰骆驼的背，从正中突然向空中隆起，很像一个山尖，给人一种险峻的感觉。

2. 在颐和园昆明湖上有座十七孔桥。桥长 150 米、宽 8 米，长虹般地横卧在南湖岛与东堤间。桥由 17 个发卷孔组成。

3. 回首北望，长江千里，大桥横跨天堑，在晚霞映照下，恰似金龙腾跃于山水之间。

4. 原来满身灰尘的大桥，现在被雨水一冲洗，显得干净清爽，比原来美多了，真像一幅刚画好的彩色图画。

5. 这座小桥全是用石头砌成的，上桥的时候就像上楼一样，是一级级的石头阶梯，到了桥的顶面，是几块不大的石头拼成的平地。

6. 湘江大桥像一条巨龙飞跃长江，大江上游出现一个像船一样的火红的陆州。

7. 雪似柳絮，像鹅毛，纷纷飘落在小石桥上。看，小石桥犹如白玉雕出的工艺品，使人舍不得从上边踏过。

8. 远远望去，石桥像一条白玉腰带，系在河水柔软的腰间。

9. 湖心桥像一弯新月跨在东湖正中，公路从它的两端伸向远方。

10. 用石头垒成的三孔小桥倒映在水里，如同弯月。

11. 浮桥很灵活，水涨桥升，水落桥降。水大，桥身可以拉长；水小，桥身可以缩短。

12. 南京长江大桥在明媚的阳光下，显得十分壮丽，波涛滚滚的江水中，九个巨大的桥墩稳稳地托住桥身。

13. 我们来到龙江大桥上。桥上人来人往，热闹极了，汽车一辆接着一辆，像一条长龙在桥上爬行。

14. 这座立交桥工程规模大，设计新颖，造型美观，宛如由五条彩条交织而成，使人看了赏心悦目。

15. 这是一个个巨大的桥墩，恰似一只巨龙的爪子，深深地插进急流之中，稳稳地托住了这条钢铁巨龙。

16. 夜幕降临了，三元桥上亮起了一盏盏明亮的路灯，像是在夜空中撒下的颗颗明珠，美丽极了。

好段

1. 美丽的桥啊！江、云、白鸥、岸景、船、帆、汽笛、闪光、汉口、站在桥上，这一切都尽收眼底。而这一切给人的，不仅是兴奋，不仅是快乐，你将会意识到，这是在跨过长江。你是光荣的人，幸福的人，新中国人！

2. 今天的天气格外好，万里碧空飘着朵朵白云，我们来到武汉长江二桥。大桥在明媚的阳光下显得分外壮丽，仿佛一条钢铁巨龙横卧在长江上面。大桥宽阔的公路上，行人、车辆穿梭似的来来往往。笔直的公路上，一对对玉兰花灯柱像等候检阅的队伍，站得整整齐齐。

3. 波涛滚滚的江水中，9 个巨大的桥墩稳稳地托住桥身。正桥连接着 22 孔引桥，仿佛一条钢铁巨龙卧在大江上面。大桥分两层，底下一层是火车道，铺着双轨；上面一层是公路，公路两旁是人行道。宽阔的马路上，行人车辆穿梭似地来来往往。

4. 我走上武汉长江二桥的正桥。我手扶栏杆，站在大桥上远望江面，江上的轮船像一叶叶扁舟，随着波浪时起时伏。近处有一艘轮船鸣着汽笛从桥下穿过，江面还有时高时低飞翔的白鸥。

5. 桥上的灯亮了，像一颗颗闪闪发亮的珍珠，把大桥的轮廓给画了出来。远看大桥就像升浮在云空里一样。南来北往的列车，飞驰而过，那车灯，那笛声，都仿佛在半空中。近看，你还会发现，这里的灯有绿色的、蓝色的、紫色的……好看极了，好似天上银河落长江。

6. 罗锅桥像一位忠实的卫兵守卫着西村口。它由中间大、两头小的三个拱门洞构成。桥面坑洼不平，10 米来长，4 米多宽，用长短不齐、宽窄不同的条石铺成。桥墩有 2 米高，大方石砌成，拱顶为大城砖，漂亮的“月牙”令人叫绝，磨砖对缝，线直面平。整个桥浑然一体。夕阳下，磨光的条石，灰白的石块，长满青苔的城砖，显得这桥更加陈旧古老！

7. 星桥是一座拱桥，高约 20 米，长约 30 米。桥头的两根大粗栏杆上写着两个斗大的字——“星桥”。二字都涂着红漆，如两个火球，灿烂耀眼。每根栏柱上都刻着二龙戏珠的图案，两只金龙腾云驾雾，张牙舞爪，正在为一只明珠而相互争夺。

8. 走到桥前一看，嗬，雄伟极了！桥长 30 多米，宽 9 米多，中间行车，两旁走人。这么长的桥全部是用带花纹的石头修筑成的。桥身下面没有桥墩，只有一个拱形桥洞，两端稳稳地横跨在 20 多米宽的河面上。大桥顶上的左右两端还各有两个小桥洞。老师指着桥对我们说，这是石匠们模仿隋朝石匠李春建造的赵州桥的式样而建造的。平常，河水从桥洞流过；发大水时，河水还可以从四个小桥洞流过。这样的构造既减轻了流水对桥身的冲击力，又减轻了桥身重量，节省了石料。

9. 我外婆家门前有一座拱形小桥，这座小桥全是用石头砌成的。上桥的时候就像上楼一样，是一级级的石头阶梯。到了桥的顶面，是几块不大的石头拼成的平地。下桥的时候，踏着一级级的阶梯下去。桥的两边是用石条砌成的栏杆。桥的下面是一个半圆形的孔，这个孔和它水中的倒影合起来，就像一个圆圆的月亮。桥上面人们上上下下，桥下面船儿来来往往。有两只小船像比赛似的，飞快地划行而过。只要我经过这座小桥，我总喜欢上下来回地跑几次。

10. 泸定桥离水面有几十丈高，是由 13 根铁链做成的。两边各有两根，算是桥栏，底下并排 9 根，铺上木板，就是桥面，人走在上面摇摇晃晃，就像荡秋千一

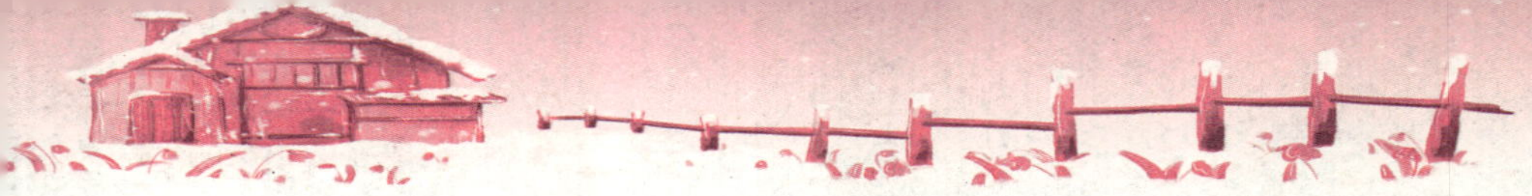

样。现在连木板也被敌人抽掉了，只剩下铁链。向桥下一看，真叫人心惊胆寒，红褐色的河水像瀑布一样，从上游山峡里泻下来，冲到岩石上，飞溅起一丈多高的浪花，水声震耳欲聋。

11. 夜幕降临了，三元桥上亮起了一盏盏明亮的路灯，像是在夜空中撒下的颗颗明珠，美丽极了。那一颗颗珍珠画出的大桥的轮廓，像升在云端里一样，高耸空中。

12. 建国门立交桥工程规模大，设计新颖，造型美观，宛如由五条彩带交织而成，使人看了赏心悦目。桥体的侧壁呈淡雅的浅绿色，栏杆是乳白色的。在环状引桥内侧，矗立着 4 根 15 米高的电杆，每根杆顶安装着一组巨大的伞状华灯，那淡蓝色的灯罩和蔚蓝色的天空互相辉映，显得非常和谐。华灯下是翠绿的草坪和五颜六色的花圃，它们把这座巨大的立交桥点缀得分外壮丽。入夜，高压钠灯射出柔和的黄色的光辉，整个大桥就如同披上一层金纱。

13. 走近桥头，只见桥两边各有一对石狮子守卫着，东边一对朝着桥头，西边一对朝着桥尾。桥下永定河水滚滚翻卷，奔流不息。桥栏上蹲着无数雪白的石狮，雕工细致，至今都能数出鬃毛的根数。有的玩耍绣球，有的抚摸幼狮，真是栩栩如生，美不胜收。至于小狮子更不计其数，它们有的被大狮子踏于脚下，有的趴在大狮背上，有的玩弄大狮胸前的铃铛，还有的被大狮叼着，天真稚气，活灵活现。